旅游研究前沿书系

Tourist Emotional Experience: New Methods and New Approaches

游客情感体验研究
新方法与新路径

李山石◎著

旅游教育出版社
·北京·

致 谢

衷心感谢接受调研的旅游景区和数千名参与者。同时感谢我指导的博士生王露青，硕士生湛珏颖、魏欣燕、李亦琦、郭芷菡、艾尔帕特江·阿不力孜、陈玉菲，以及本科生田文兰对本书实证研究部分的调研和撰写工作的支持。

国家自然科学基金资助项目

本书为作者李山石副教授团队主持的国家自然科学基金面上项目"生理心理学视角下游客情感体验：测度优化、影响机制和调控策略"（项目批准号：72272124）的最终研究成果之一。

前 言

情感体验无处不在，它对我们日常生活中的行为、决策和生活质量产生着深远影响。尤其是在当代社会，随着旅游业的蓬勃发展，游客情感体验作为一种新兴的研究方向，逐渐吸引了学术界和产业界的广泛关注。情感是人类活动的核心组成部分，深入研究游客的情感体验不仅有助于更好地理解游客行为，而且为创新旅游营销策略提供了坚实的理论依据。

本书围绕"游客情感体验研究：新方法与新路径"这一主题展开，旨在多视角、多维度地探索游客的情感体验，结合理论溯源、技术手段与实证研究等途径，全面展现情感体验在旅游活动中的重要作用。具体而言，本书的章节布局如下：

第一章为游客情感体验理论溯源。本章回顾了游客情感体验的理论基础，辨析了情感体验的概念及其主要维度，探讨了情感测量方法，并总结了游客情感体验研究的现状和未来展望。第二章至第五章基于实证研究，针对特定情感体验、情感维度和情感多样性等不同层面的情感研究对象提出了不同的理论假设并进行了合理的验证。第二章结合5G和虚拟现实技术，从行前营销的角度分析了虚拟现实旅游情境下消费者的情感变化。通过生理数据与问卷调查相结合的混合研究方法，深入探讨了关键情感时刻对VR旅游宣传片态度和旅游意向的影响，展示了数字化时代情感体验研究的创新形式。然而，现实旅游体验具有许多不可替代性，这使得仅分析虚拟现实旅游中的情感体验的理论意义相对有限。因此，从第三章开始，书中内容转向探究现实旅游中的情感体验。第三章，聚焦了特定情感体验——道德提升感在游客越轨行为中的抑制机制，并通过现场实验和情境实验揭示了特定游客情感体验在旅游行为规范中的影响力。第四章由特定情感体验的探讨拓展至对积极情感维度的关注，分析了如何通过品味这一积极情感调控策略提升游客的积极情感体验。最后，第五章从单一特定离散情感或单一情感维度进一步拓展至情感多样性，深入探讨了酒店消费者的情感多样性，包括情感的广度（经历的情感数量）和均匀性（每种情感的相对强度），并分析这些因素如何影响消费者的复购意愿及其潜在机制。

通过以上内容，本书力图为读者提供与游客情感体验相关的尽可能全面的理论与实证研究成果，以帮助读者更好地理解和应用游客情感体验的相关研究。

目录

第一章　游客情感体验理论溯源 ……………………………… 001
 第一节　情感体验的概念辨析与理论溯源 …………………… 002
 第二节　情感体验的维度 ……………………………………… 007
 第三节　情感测量方法 ………………………………………… 012
 第四节　游客情感体验研究概述 ……………………………… 020
 第五节　游客情感体验未来研究展望 ………………………… 030

第二章　基于混合方法的虚拟旅游情感动态性研究 ………… 049
 第一节　研究背景及意义 ……………………………………… 050
 第二节　研究述评和研究假设 ………………………………… 056
 第三节　研究方法和研究设计 ………………………………… 078
 第四节　数据分析和研究结果 ………………………………… 088
 第五节　研究启示和展望 ……………………………………… 115

第三章　游客特定情感体验的作用机制：以道德提升感为例 ……… 133
 第一节　研究背景与目的 ……………………………………… 134
 第二节　研究述评与假设 ……………………………………… 143
 第三节　研究方法与研究设计 ………………………………… 154
 第四节　数据分析与研究结果 ………………………………… 155
 第五节　研究启示与展望 ……………………………………… 177

第四章　游客情感体验的积极调控策略：以"品味"为例 …… 193
第一节　研究背景与意义 …… 194
第二节　研究述评 …… 197
第三节　研究方法和研究设计 …… 205
第四节　研究结果 …… 211
第五节　研究启示和展望 …… 223

第五章　游客情感体验多样性：概念与影响机制 …… 235
第一节　研究背景与意义 …… 236
第二节　文献综述与假设 …… 243
第三节　研究方法 …… 250
第四节　数据分析与研究结果 …… 254
第五节　研究启示和展望 …… 279

第一章 游客情感体验理论溯源

情感体验在我们的日常生活中无处不在，它会对个体的行为和决策产生深远影响。因此，对情感体验的深入研究具有重要的理论和实践意义。通过对情感体验概念的辨析及对其理论的溯源，可以更深入地理解其内涵和本质。这种理解不仅丰富了学术界对情感体验的认识，也为心理学、社会学以及神经科学等相关领域的研究提供了宝贵的参考和启示。

第一节　情感体验的概念辨析与理论溯源

情感体验是人类心理活动中一种极其复杂且多维的现象，涵盖了从基本的情感反应到复杂的情感状态。它不仅涉及个体对外界刺激的主观感受和反应，还包括了情感在生理层面的变化以及在社会交往中的表达和互动。为了深入理解情感体验的本质，有必要对其概念进行清晰的辨析，并追溯其理论渊源。

一、概念辨析

情感的理论化在当代旅游研究中备受关注。当前，情感体验研究涵盖了多个领域，包括节庆活动、购物、主题公园、旅游度假和历史遗迹等。为了更全面地理解情感体验，需要对情感的相关概念进行区分。

舍勒（Scherer，2000）将情感（Emotion）定义为"对有机体具有重大意义的外部或内部事件的反应，包括神经生理激活、运动表达和主观感觉等组成部分，同时也包括行动倾向和认知过程的协调变化，以应对机体有重大意义的外部或内部事件"。情感的不同组成部分都有特定功能：认知成分负责评估对象和事件；神经生理激活属于情感的躯体成分，包括中枢和外周生理反应，它们伴随着评估过程并与系统的调节功能相关；动机成分随着行动倾向的变化起着准备和行动方向的作用；运动表达部分包括面部表达、声音表达和心理生理症状，作为反应和行为意图的交流手段；主观感受也指情感体验，具有监控功能（Moors，2009；Scherer，2001）。

关于情感的定义，普遍接受的是帕罗特（Parrott，2001）所提出的观点,即情感是难以捕捉的。这也表明情感并非一种容易观察到的简单现象(Davidson, Bondi, Smith, 2005)。特定刺激对个人或群体目标的评估或评估过程本身都会影响情感的产生(Niedenthal, Brauer, 2012)。情感的特征在于其与特定反应行为相关的强烈感觉(Hosany, Prayag, 2013)。克莱因金纳(Kleinginna, 1981)在回顾了100多种关于情感定义的研究后发现,尽管对情感的明确定义存在分歧,但大多数学者认为情感由三个部分组成:主观体验、表达成分和生理唤醒。

现有研究常探讨的为狭义的情感(Emotion),可与广义的情感(Affect)和心情(Mood)等术语区分开来。狭义的情感(Emotion)通常指的是一种相对短暂、强烈的心理状态,通常由特定的事件或情境引发(Cohen et al., 2008; Hosany, Prayag, 2013)。这些情感通常具有明确的生理反应和行为倾向。例如,当游客发现海滩又脏又挤时,她可能会感到愤怒;当导游耐心又友好时,她可能会感到高兴。广义的情感(Affect)是一个更为宽泛的概念,涵盖了狭义的情感、心情和感受。它不仅包括了瞬间的、特定的情感反应,还包括了持续时间更长的心情状态和个体的感受(Bagozzi, Gopinath, Nyer, 1999; Cohen, Pham, Andrade, 2008)。与狭义情感相比,心情(Mood)是一种持续时间较长、强度较低的情绪状态,不一定有明确的触发事件(Gardner, 1985)。例如,感到"心情愉快"或"心情低落"(Scherer, 2000)。感受(Feeling)是对情感状态的主观体验和认知评价(Sander, Scherer, 2009)。例如,感受到"压力"或"满足"。

二、理论基础

情感的概念相对模糊,长期以来学者一直从神经科学、哲学和心理学的角度对其进行研究(Sander, Scherer, 2009)。在情感心理学领域中,情感理论主要分为三个主导方向(Gross, Feldman Barrett, 2011; Russell, 2014; Sander, Scherer, 2009):基本情感理论(Ekman, 1992; Izard, 2007)、建构主义情感理论(Barrett, 2006; Russell, 2003)和情感评估理论(Roseman, 1991; Scherer, 1984; Smith, Ellsworth, 1985)。然而,关于情感研究的统一理论框架仍未达成共识。迄今为止,不同情感理论对情感的基本过程和定义各有不同(Moors, 2009)。

（一）基本情感理论

基本情感理论在心理学中主要探讨的是情感的分类和构成。达尔文的《人与动物的情感表达》对基本情感理论产生了巨大的推动力，他在书中提出了八个情感种类及其功能（Darwin，1965）。随后，汤姆金斯（Tomkins，1962）基于达尔文的研究提出了一种心理生物学理论，该理论假设了一组基本情感（例如享受、兴趣和惊喜）及其神经运动表达机制。受汤姆金斯的启发，艾克曼（Ekman，1984）分别详细阐述了基本情感理论和差异情感理论。例如，艾克曼（Ekman，1992）列出了六种不同的基本情感，即愤怒、恐惧、悲伤、快乐、厌恶和惊讶，并假设每种情感都是由特定类型的事件触发，从而导致特征性表达模式和生理反应，在人类的社交和生存中起着重要作用。换句话说，基本情感理论认为，每种情感都有其独特的功能结构，有助于产生具有不同可观察结果的独特心理状态（Gross，Feldman，2011）。

基本情感理论还提到了情感的生理和认知基础。生理上，情感与大脑中的神经系统密切相关，特别是扁桃体和杏仁核等区域；认知上，情感涉及对情境的评估和解释，这与人类的价值观、信念和经历有关。虽然艾克曼（Ekman，1999）和艾泽德（Izard，2007）在他们最新版本的理论中强调了情感系统的灵活性以及不同情感成分之间的重叠，但他们仍然认为情感在很大程度上具有跨文化和跨个体的普遍性，他们的研究重点主要聚焦于最基本的情感。

（二）建构主义情感理论

建构主义情感理论学者认为情感不是固定不变的，而是一个持续进行，不断改变和完善的过程。在这个过程中，情感是由很多基本的、不专门与情感相关的元素组合、变化而来的（Gross，Feldman，2011）。詹姆斯（James，1948）将情感等同于身体反应的有意识体验。然而，坎农（Cannon，1927）对此提出异议，认为伴随特定情感的自主反应缺乏特异性。例如，愤怒和恐惧都可能涉及心率加快。为了应对坎农（Cannon，1927）提出的特异性问题，沙赫特和辛格（Schachter，Singer，1962）提出了"双因素理论"，表明刺激最初会引起一种无差别的生理唤醒状态，随后对唤醒本身的有意识认知归因产生特定的情感体验。

受沙赫特和辛格的启发，当代建构主义者拉塞尔（Russell，2003）和巴雷特（Barrett，2006）分别提出了核心情感理论和概念行为理论。具体而言，拉塞尔（Russell，2003）认为核心情感是一种有意识的内部情感状态，包括愉悦和唤醒。不同刺激在愉悦和唤醒方面的反应有所不同，而"情感品质"则是愉悦和唤醒的组合。因此，特定刺激的情感品质可以描述为其改变核心情感的能力。相反，相关的情绪，如愤怒或焦虑，是社会文化建构的结果，仅仅是核心情感的类别。巴雷特（Barrett，2006）的概念行为理论与拉塞尔的论点一致，即基本情绪并非自然存在的。然而，她认为核心情感可以通过部分由具身表征驱动的概念行为（即对核心情感的分类）来区分。与拉塞尔认为核心情感的分类发生在体验之后不同，巴雷特（Barrett，2006）认为核心情感的分类不仅发生在体验之后，而且还受个体的概念知识或文化背景的影响，从而塑造了体验。

（三）情感评估理论

阿诺德（Arnold，1960）和拉扎勒斯（Lazarus，1968）创造了"评价"（Appraisal）一词来描述发生在情感激发过程中的认知评价。此后，评估理论在20世纪80年代初得以发展（Roseman，1991；Scherer，1984；Smith，Ellsworth，1985）。评估理论研究者认为情感是基于一个人对刺激（包括物体、行为、事件和情况等）对其总体幸福感或目标成就的重要性的认知评价。后来的评估理论家通过提出一套不同的评价维度（如目标相关性、目标一致性、期望或新颖性、应对潜力或控制、能动性和意图性）进一步发展和规定了评价标准。例如，拉扎勒斯（Lazarus，1991）提出的目标相关性，解决了关于情感的激发和强度的问题。换句话说，情感是由目标相关的刺激引起的——目标相关的刺激越强，情感就越强烈。同时，目标一致性的评估维度解决了情感区分的问题——情感通常根据刺激是否与个体的目标相匹配而分类为积极或消极。其他评估维度如确定性、应对潜力和能动性，则区分了更具体的情感，如喜悦、恐惧或高兴（Moors，2009）。这一学派与沙赫特（Schachter，1964）的观点一致，认为认知是情感的先决条件。然而，评估理论学者认为，情感引发涉及的认知过程本质上是无意识的或自动的（Scherer，2001，2004）。也就是说，对事件的无意识评估发生在情感之前（输入是刺激），而有意识的认知归因或情感标签发生在情感之后（输入是情感）（Schachter，1964）。

为阐明情感的动态展开过程，当代评估理论学者舍勒建立了情感的成分过程模型（Component Process Model，CPM模型）（Scherer，1984，1986，2001，2004）。情感CPM模型（图1-1）强调了事件或情境后的动态和递归的情感过程，该过程包括五个组成部分，对应五种不同的功能。具体来说，刺激（如事件或情境）通过一套标准（多维评估）有意识或无意识地进行评估，评估过程伴随着生理激活。评估的结果具有动机影响（行动倾向）。这种评估和动机的变化进一步通过身体的神经系统反映出来，具体表现为面部、声音和身体表情。所有这些元素最终都集中在一个多通道整合区域中，而这个中央整合表征的一部分可能会变得有意识并依赖于对模糊情感类别的分配。它们也可能被贴上情感词或隐喻的标签（Scherer，2009）。本文支持舍勒的情感CPM模型（1984，1986，2001，2004），认为情感是一种动态的、逐步显现的现象，源于个体对重要情境或事件的主观评估，这也作为本研究的理论基础。

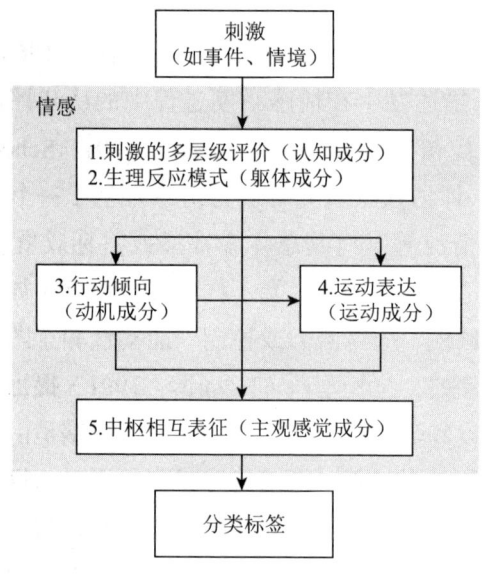

图1-1　情感CPM模型

资料来源：舍勒（Scherer）的情感CPM模型（1984，1986，2001，2004）

第二节 情感体验的维度

在旅游和营销领域,对情感的概念化研究主要采用离散情感法和维度法这两种方法。离散情感法通过将情感分为不同类别,例如喜悦、恐惧、愤怒等,以便于识别和分析具体的情感类型。而维度法则是通过情感的不同维度,如愉悦度、激活度和支配度等,来量化和描述情感的特征。这两种方法都是理解和分析情感的重要工具,提供了不同视角和分析路径。在实际应用中,研究人员通常会根据具体的研究目的和数据类型选择合适的方法。

一、离散情感法

离散情感法(Discrete Emotions Approach)也称为分类法,识别出有限数量的基本情感,并将其他情感视为基本情感的组合。已有心理学研究提出了对离散情感的认识。例如艾克曼(Ekman,1992)列出了六种不同的基本情感(愤怒、恐惧、悲伤、快乐、厌恶和惊讶),而艾泽德(Izard,1977)提出的差异情感理论确定了10种基本情感:内疚、害羞、恐惧、蔑视、厌恶、愤怒、悲伤、惊讶、快乐和兴趣。这些离散的情感被认为从人出生开始就存在,但关于它们的数量或存在,文献中尚未达成共识,如表1-1所示。旅游与酒店管理领域的学者经常采用心理学中的这些基本情感集合来研究顾客的情感。例如苏和斯旺森(Su,Swanson,2017)基于艾泽德(Izard,1977)的差异情感理论研究了两个离散的维度,即积极情感和消极情感,并且揭示了积极和消极情感在感知目的地社会责任与游客对环境责任行为之间的中介作用。

表1-1 基本情感的分类

学者	基本情感分类
Ekman(1992)	愤怒、恐惧、悲伤、快乐、厌恶和惊讶
Plutchik(1982)	惊喜、期望、厌恶、悲伤、喜悦、愤怒、恐惧、期望、信任
Izard(1997)	内疚、害羞、恐惧、蔑视、厌恶、愤怒、痛苦、惊讶、享受和兴趣

续表

学者	基本情感分类
Richins（1997）	愤怒、担忧、悲伤、恐惧、羞耻、浪漫、兴奋、乐观、喜悦、惊喜、不满、爱、嫉妒、孤独、平静和满足
Hosany（2010）	爱、愉悦和积极惊喜
Su，Swanson（2017）	两个离散的维度，即积极情感和消极情感

资料来源：根据相关文献整理

然而，从心理学中借鉴的基本情感集合常常忽略具体情境的细微差别，从而导致了错误的结论（Gilmore，McMullan，2009）。为此，里奇恩斯（Richins，1997）开发了消费情感量表（Consumption Emotion Scale，CES），即 16 种情感描述词，包括愤怒、担忧、悲伤、恐惧、羞耻、浪漫、兴奋、乐观、喜悦、惊喜、不满、爱、嫉妒、孤独、平静和满足，以捕捉消费场景中体验到的情感。为了更好地适应旅游情境，霍萨尼和吉尔伯特（Hosany，Gilbert，2010）开发了一个三维目的地情感量表，包括愉悦（Joy）、爱（Love）和积极惊喜（Positive Surprise）3 个维度，并在后续研究中进一步验证了这一量表（Hosany et al.，2015）。此外，韩（Han H et al.，2010）在餐厅情境中识别了最常体验到的情感（兴奋、舒适、烦恼和浪漫），并开发了一个全服务餐厅消费情感量表。

一些旅游与酒店管理领域研究没有使用现有的心理量表或特定情境的量表，而是采用离散情感法，专注于一种或几种感兴趣的特定情感。例如，卡尼切利-菲尔霍等（Carnicelli-Filho et al.，2010）研究了游客在巴西参加三项冒险活动前后的恐惧情感，纳维恩和彼得斯（Nawijn，Peeters，2010）则关注旅行者的幸福感，探讨了政府为减少航空业二氧化碳排放而进行的干预是否影响了这种特定情感。此外，一些研究考察了不止一种特定的情感，同时比较了具有相同效价的情感如何在行为结果上产生不同的影响（Jang S C S et al.，2013）。例如，有学者比较了在餐厅服务失败的情况下，后悔和失望对消费者转换和负面口碑（WOM）意图的影响，得出后悔预测正面口碑而失望预测负面口碑的结论（Jang S C S et al.，2013）。本研究汇总了近几年关于应用离散情感法进行情感研究的文献，如表 1-2 所示。

表 1-2　近几年关于应用离散情感法进行情感研究的相关文献

作者	测量工具	主要发现
Benkenstein, Yavas, Forberger（2003）	Izard（1977）；Russell, Snodgrass（1987）	休闲服务中的消费者满意度是认知和情感评估的函数，其中情感评估占主导地位
Jang, Namkung（2009）	Izard（1977）	情感被确定为餐厅环境中感知质量和行为意图之间的中介变量
Hosany, Gilbert（2010）	消费情感量表（CES）：喜悦、爱和积极惊喜	确定了游客对享乐度假胜地的情感体验的三个维度
Pearce, Coghlan（2010）	消费情感量表（CES）	游客的旅游动机、活动、情感和满意度之间存在联系
Hosany（2012）	三维目的地情感量表（DES）：愉悦（Joy）、爱（Love）和积极惊喜（Positive Surprise）	对愉悦性、目标一致性和内部自相容性的评价是 DES 的认知评价维度
Kyle, Lee（2012）	消费情感量表（CES）	考察节日背景下消费情感量表的结构效度；在节日背景下，CES 量表测量的消费情感强度被证明是不一致的
Hosany, Prayag（2013）	三维目的地情感量表（DES）：愉悦（Joy）、爱（Love）和积极惊喜（Positive Surprise）	游客的情感反应有五种类型：高兴、不情绪化、消极、混合和热情
Jeong Y, Kim S-K, Yu J-G（2020）	三维目的地情感量表（DES）：愉悦（Joy）、爱（Love）和积极惊喜（Positive Surprise）	在体育旅游背景下，情感体验、新奇寻求、游客满意度和目的地忠诚度之间存在结构关系
周洁玲等（2021）	差异情感量表	探索了遗产旅游中游客心理与行为的联系机制，发现了遗产怀旧、游客真实性、游客满意度等内在机制，阐述了游客心理与行为一致性的内在机制

资料来源：根据相关文献整理

二、维度法

维度法（Dimensional Approach）源于心理学领域的建构主义情感理论，通过确定一组共同的情感维度用于区分特定的情感，使用的两个主要维度是愉悦和唤醒。"愉悦"是指体验的愉悦性，"愉悦"和"不愉悦"通常锚定效价维度的连续统一体。"唤醒"是指内部状态的激活，一般将"安静"状态与"兴奋"状态进行对比。维度法直观且易于区分情感（Huang, 2001; Larsen,

Diener，1992）。在旅游和酒店管理文献中，常见的维度法模型包括 PAD 模型（Pleasure-Arousal-Dominance）(Mehrabian，Russell，1974)、环状模型（The Circumplex Model）（Watson，Tellegen，1985）、情感模型（Russell，1980）和积极消极情感量表（PANAS 量表）（Watson，1988）。这些模型通过检查一系列常见的情感维度来简化情感反应，尽管情感维度的名称和数量存在细微差别。

梅拉比安和拉塞尔（Mehrabian，Russell，1974）提出 PAD 模型。他们最初认为人类情感的全部范围可以通过三个维度来描述：愉悦度（Pleasure）、唤醒度（Arousal）和支配度（Dominance）。愉悦度是指个体在某种情况下感觉良好或快乐的程度。唤醒度是指情感的刺激程度，表示对外部刺激反应的身体和精神警觉性。支配度是指个人能够控制情感的程度。后来，拉塞尔（Russell，1980）认为支配度对不同情感控制的差异很小，因此从模型中省略了这一维度。沃森等（Watson et al.，1988）开发的 PANAS 量表包含了正向情感和负向情感，共 20 个项目，其中 10 个项目代表正向情感，10 个项目代表负向情感。PAD 模型和 PANAS 量表在旅游和酒店管理研究中得到了广泛应用。例如，穆恩等（Moon et al.，2016）基于 PAD 模型测试了航空旅客情感的愉悦度和唤醒度，揭示了愉悦和唤醒在机场物理环境与客户满意度之间关系中的中介作用。

近几十年来，许多基于维度法的研究进一步证实了情感在消费体验中的作用，见表 1-3。然而，营销过程中的情感一般是短暂的，很少以纯粹形式出现。维度法能够将数以千计的情感词通过几个维度进行分类，被认为是较为方便的（Mauss，Robinson，2009）。大多数涉及心理生理学工具的情感研究将情感视为一种多维结构，并通过愉悦和唤醒维度对其进行评估（Gakhal，Senior，2008；Hutcherson，2013；Kappeler，Gravenhorst，Schumm，et al.，2013；Lajante，Droulers，Dondaine，et al.，2012；Wang，Minor，2008）。这是因为在生理学领域很难确定情感特异性（Mauss，Robinson，2009）。更具体地说，维度法具有实质性的解释价值，能够更好地捕捉人类的情感反应。

表 1-3 通过维度法进行旅游情感研究的相关文献

作者	测量工具	主要发现
Donovan et al.（1994）	Russell 的 PAD 模型（1980）	对顾客在购物体验中的情感进行了测量，发现唤醒的影响各不相同，而愉悦感是花费时间和金钱意愿的重要预测因素
Floyd（1997）	Russell 提出的 PAD 模型（1980）	证明了情感在预测猎人娱乐满意度方面的作用
Seyhmus，David（1997）	Russell 的 PAD 模型（1980）	PAD 模型的应用证实了情感形象在旅游目的地定位中的重要性
Mattila，Wirtz（2000）	Russell 的 PAD 模型（1980）	愉悦和唤醒两个维度可以决定购买后的评价
Machleit，Eroglu（2000）	Izard（1997）、Plutchik（1980）情感量表与 Russell 的 PAD 模型	PAD 模型对购物环境的情感反应方面的预测能力最低
Zins（2002）	PANAS、the Circumplex Model 的组合	情感对体验质量和满意度有影响
Chebat，Michon（2003）	Mehrabian、Russell 的 PAD 模型（1974），Lazarus（1991）的情感认知理论	情感认知理论可以更好地解释环境刺激对顾客情感和消费的影响
Bigné et al.（2005）	Russell 的 PAD 模型（1980）	确定了情感、满意度和行为意图之间的关系
White，Scandale（2005）	Russell 的 PAD 模型（1980）	情感是不同国籍探访意愿的最强预测指标
Yüksel（2007）	Russell 的 PAD 模型（1980）	购物环境引发的情感反应会影响与销售人员交谈的意愿，重新审视意图
Del Bosque，Martín（2008）	不同强度水平的积极和消极情感	游客的期望和情感与满意度呈正相关
de Rojas，Camarero（2008）	Russell 的 PAD 模型（1980）	感知质量和情感之间存在显著关系
Bigné et al.（2008）	Russell 的 PAD 模型（1980）	快乐维度已被证明与满意度和忠诚度行为呈正相关
Matzler，Faullant（2011）	PANAS 量表	个人的情感受神经质和外向性的影响最大，这又会影响游客的满意度
Partala et al.（2022）	PANAS 量表	从体验到的情感、心理需求、价值观及个人用餐环境方面研究最积极和消极的个人用餐体验
王馨、白凯（2023）	环状模型	以情感体验为因变量，考察了虚拟旅游临场感、时间失真、视觉感知与虚拟旅游参与者情感体验之间的关系

资料来源：根据相关文献整理

第三节 情感测量方法

由于情感的复杂性,科学地测量情感是具有挑战性的。情感测量的方法多种多样,目前比较常见的方法包括自我报告法、生理心理测量法和行为表达法。与舍勒(Scherer,2005)的观点一致,本研究认为不存在统一的黄金标准可以衡量情感。每种方法都有其独特的优点和局限性,因此需要根据具体的研究目的和情境选择最合适的方法。自我报告法通过受试者自身的描述来获取情感状态,简单直接但可能存在主观偏差;生理心理测量法通过监测身体反应(如心率、皮肤电反应等)来推断情感状态,客观但对设备要求高;行为表达法通过分析面部表情、肢体语言等行为来识别情感,直观但易受外界干扰。本节将详细介绍这些常见的情感测量方法,探讨其应用场景、优缺点及发展前景,以期为研究人员在不同情境下选择和应用适当的情感测量工具提供参考。

一、自我报告法

在大规模研究中,自我报告法是捕捉个人情感反应相对简单且易用的方法(Poels,Dewitte,2006),可以测量过去的情感、预期的情感、当前的情感和一般的情感(Jacobs et al.,2012)。常见的自我报告法有口头自我报告法和视觉自我报告法两种。

(一)口头自我报告法

口头自我报告法要求个体在接触广告刺激后,使用一组词汇、短语或陈述来评价他们的认知或情感反应(Poels,Dewitte,2006)。口头自我报告法在研究消费者对广告的情感中最为常见(Micu,Plummer,2010)。例如,使用这种方法测量情感时的一个示例问题:"在观看广告后,你感到有多兴奋?"但是通过这个方法,被试对自己的情感描述和真实情感之间可能存在偏差。因为情感不是基于语言的,它需要通过认知来描述体验到的情感(Hazlett,1999),而被试在这个过程中可能涉及认知偏差,这将导致消费者扭曲对广告的原始情感反应。同时，被试出于对社会期望的担忧可能不愿意透露他们的实际情感（Paulhus，2002）。

（二）视觉自我报告法

视觉自我报告法要求被试通过使用一组图形字符对自己的情感状态进行评分（Poles，Dewitte，2006）。例如，朗（Lang P J，1980）提出的自我评估模型量表（SAM），它是PAD模型的视觉版本，如图1-2所示。在SAM量表中，愉悦度、唤醒度和支配度三个维度都由五个图形图像按照9分制排列。被试选择最能代表他们情感状态的点。虽然与口头自我报告相比，视觉自我报告的情感测量可能会减少内省和认知处理，但仍然存在认知偏差，因为观众必须依靠他们的记忆来回忆情感或感受。

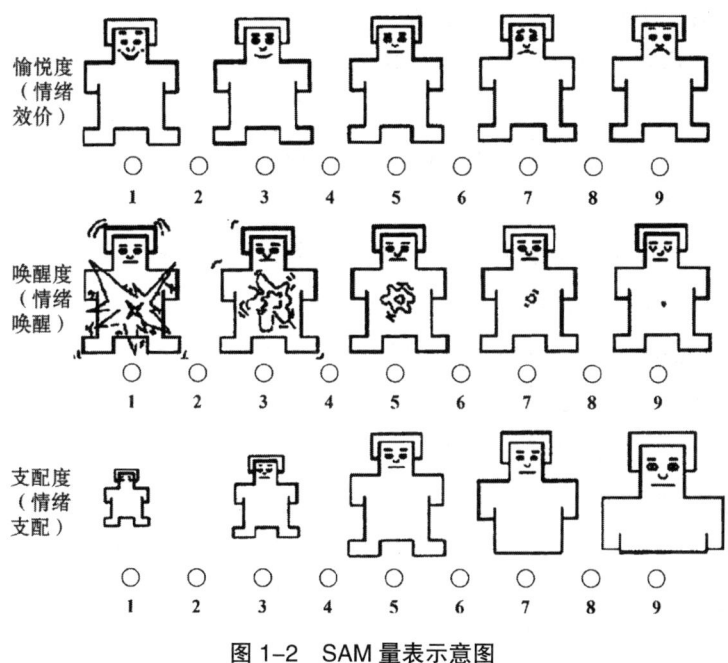

图1-2　SAM量表示意图

二、生理心理测量法

自我报告法虽然简单易用，但其使用过程易受到重大认知偏差和社会期望反应的影响。例如，保卢斯（Paulhus，2002）指出，自我报告法存在提供积极自我描述的倾向。此外，自我报告法的另一个问题是无法捕捉消费者的无意识情感反应。例如，电视广告引起的情感反应通常是短暂的（Mano，1996），因此被试可能无法通过自我报告法准确回忆起他们的情感反应。神经科学家发现，有些情感会直接与感觉器官交流并绕过大脑皮层，导致个体无意识地意识到自己有情感反应（LeDoux，1998），自我报告法可能会遗漏有价值的情感相关信息。

除此之外，自我报告法无法实时测量被试的情感体验（Micu，Plummer，2010），也无法检测可能出现的情感高峰和低谷，尤其是在观看和响应视频片段而不是静止图像时。尽管在一些营销研究中要求被试实时报告他们感知到的情感强度（Poels，Dewitte，2006），但这种测量可能会严重干扰信息处理。因为信息处理过程发生在意识水平上（Ravaja，2004），开放式问题或一组情感项目评级无法测量被试对特定情感刺激的情感反应。另外，通过自我报告法收集的情感数据捕捉了消费者对其情感反应的感知，而不是情感反应本身（Poels，Dewitte，2006）。最后，鉴于大多数自我报告量表总是包含一长串情感形容词，评分过程可能相对复杂，对于旅行后或参观某些旅游景点后可能已经筋疲力尽的游客来说尤其易使其产生疲惫感，因此，通过传统的自我报告法收集的情感数据可能会对研究结果的信度和效度造成影响。

生理心理学测量法用于描述对内部心理活动引起的外部生理变化的调查（Cacioppo，Tassinary，Berntson，2007），代表了在消费者行为研究中测量情感的合理替代方案。生理心理测量法相对于自我报告法，不依赖个人对其情感的回忆（Larsen，Fredrickson，1999），也不涉及被试的认知活动（Erevelles，1998）。生理心理测量法通过记录参与者对刺激的身体反应，提供有关个人情感反应的即时信息（Wilhelm，Grossman 2010；Ravaja，2004）。同时，生理心理测量法可以实现连续测量，为研究人员提供大量数据点，产生丰富的数据，可以进行峰值和平均值的比较。目前旅游研究人员在情感研究中常采用的生理心理测量法有5种，不同的生理心理测量法与情感的维度法密切相关。

（一）面部肌电图

面部肌肉活动是内部心理活动的重要生理指标。面部肌肉活动，如收缩，可以通过皮肤上的电极来测量（Mauss，Robinson，2009；Tassinary，Cacioppo，Vanman，2007；Wang，Minor，2008）。面部肌电图能够捕捉个人的快乐水平（Bolls，Lang，Potter，2001）。面部肌电图可以测量隐蔽面部肌肉活动所涉及的电信号（Hazlett，Hazlett，1999），并且能够检测出响应微弱的唤醒情感刺激的面部肌肉收缩，即使无法注意到明显的面部表情（Tassinary，Cacioppo，Vanman，2007）。先前的研究发现，面部脸颊颧骨主要肌肉的激活与积极情感的体验有关，而负面情感则激活了眉毛上层肌肉（眉毛周围）活动（Lang et al.，1993；Dimberg，1990）。也有证据表明享受和真正快乐的表达与眼轮匝肌区域活动的增加有关（Ekman，Davidson，Friesen，1990；Ritz，George，Dahme，2000），眼轮匝肌是环状肌肉带，也称为括约肌，环绕眼睛周围。哈兹莱特（Hazlett，1999）将自我报告测量与面部肌电图进行比较，发现后者是情感变化更敏感的鉴别方法。此外，颧骨活性的增加可以预测决策过程中的购买意愿（Ravaja and Somervuori，2013）。面部肌电图已被应用于市场研究来了解消费者对有形产品的情感反应，例如哈兹莱特（Hazlett，1999）借助面部肌电图测量消费者对汽车电视广告的情感反应，拉瓦亚和索梅尔沃里（Ravaja，Somervuori，2013）借助面部肌电图测量消费者对不同价格水平的情感反应。

然而，面部肌电图的准确性会受到被试的身体运动和身体敏感性的影响（Bolls et al.，2001；Poels，Dewitte，2006；Wang，Minor，2008）。因此，可能需要进行良好的实验来提高面部肌肉活动测量的有效性和可靠性（Wang，Minor，2008）。此外，尽管在众多的文献中已经提出颧骨肌电图是积极情感的有效测量方法，但有人认为，最不愉快的刺激也可以增加颧骨区域的活动（Lang et al.，1993）。因此，建议将眼轮匝肌和颧骨活动测量相结合来识别积极情感（Ravaja，2004）。面部肌电图的测量通常在实验室中进行，也可能影响研究的生态效度（Poels，Dewitte，2006），例如，被试可能因为觉得自己被研究操控而表现得不自然。

（二）皮肤电活动

皮肤电活动（Electrodermal Activity，EDA），是衡量被试唤醒水平的重要指标（Kroeber-Riel，1979）。皮肤电活动主要测量自主神经系统（Autonomic Nervous System，ANS）唤醒维度，该系统控制着我们大部分的器官和肌肉，其中大多数是无意识的（Dawson，Schell，Filion，2007）。自主神经系统由交感神经系统（肌肉激活）和副交感神经系统（肌肉松弛）组成。例如，当游客在丛林漫步中突然看到熊时，交感神经系统会增加汗液分泌，而当威胁消失时，副交感神经系统会减少生理活动（Jacobs et al.，2012）。皮肤电活动是评估自主神经系统反应的常见方法之一，特别是对于交感神经系统（Mauss，Robinson，2009）。当被试暴露于刺激中时，身体的自主神经系统被激活，增加内分泌汗腺中的分泌物，这反过来又导致更强的皮肤电导性（Grabe et al.，2000）。作为一种易于获取的基本生理信号，皮肤电反应可以很好地量化情感反应，已被广泛应用于情感研究中。

在生理学研究中，相位皮肤电反应（Phasic SCR）和基础皮肤电导水平（Tonic SCL）是皮肤电测量技术采集的两种数据类型。具体见图1-3。相位皮肤电反应（Skin Conductance Response，SCR），通常只持续几秒钟，由特定的刺激或事件引起，包括非特异性SCRs（NS-SCRs）和事件相关SCRs（ER-SCRs）。基础皮肤电导水平是指被调查者对刺激的长期反应，通常持续至少30秒（Algie，2005）。皮肤电反应通过在被试非书写手的食指和中指的远端指骨上放置两个电极来测量。

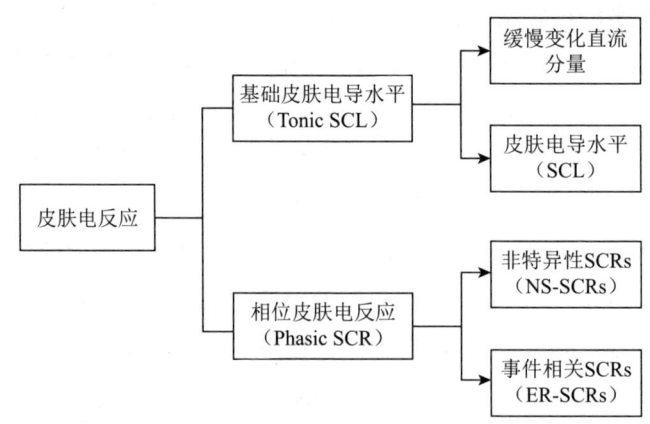

图1-3 皮肤电反应概念图

皮肤电活动已被广泛应用于监测人类的注意力（Bolls，Muehling，Yoon，2003）、情感唤醒维度（Bolls et al.，2001；Groeppel，Baun，2001；Kappeler et al.，2013）及温暖感（Aaker，Stayman，Hagerty，1986；Abeele，MacLachlan，1994）。然而，只有情感唤醒维度在通过相位皮肤电反应（SCR）测量时得到了可靠验证（Klebba，1985）。Lang及其同事的多项研究表明，不同唤醒水平的积极或消极刺激均会引发皮肤电导水平（SCL）的变化

（Bradley，Lang，2000；Lang，1995；Lang，Greenwald，et al.，1993）。此外，研究发现，皮肤电反应与品牌喜好度相关，受试者在查看他们喜欢的品牌名称时，皮肤电活动显著降低（Walla，Brenner，Koller，2011）。

尽管皮肤电活动具有许多优势，但其主要局限性在于无法准确测定情感的效价（Gakhal，Senior，2008；Hutcherson，2013；Kappeler-Setz et al.，2013；Lajante et al.，2012；Poels，Dewitte，2006；Ravaja，2004；Wang，Minor，2008）。这种局限性可以通过结合其他生理心理测量方法或自我报告量表来弥补。此外，测量皮肤电活动时，设备放置和实验环境对结果的准确性至关重要（Stewart，Furse，1982）。为了确保数据的可靠性，还需要在不同时间进行多次测量（Cacioppo，Petty，1983）。

（三）心率反应

心率反应（Heart Rate）是指在一定时间内（通常为1分钟）测量的心跳次数，是生理心理学中最常用的测量方法之一（Ravaja，2004）。常用的方法是通过心电图记录心脏在每个心动周期中产生的电位变化（Turpin，1986）。心率反应的测量相对简单，对被试干扰较少。通常使用心率监测器放置于桡动脉附近的手腕上进行测量（Poels，Dewitte，2006）。沃森和盖特切尔（Watson，Gatchel，1979）认为心率反应是一种测量便捷、可供实时监测的测量方法，可在实验室和非实验室环境中进行评估。

心率反应已被用于测量个体暴露于各种刺激下的情感效价（Bolls等，2001）。研究表明，当个体暴露于积极刺激中，心率会增加，而对消极刺激的反应则会降低（Cuthbert，Bradley，Lang，1996）。此外，心率反应也是注意力的可靠衡量标准，是生理心理注意力机制中不可或缺的部分（Lang，2002；Ravaja，2004；Wang，Minor，2008；Watson，Gatchel，1979）。当个体专注于某一刺激或获取信息时，心率会下降（Lang，1990；Turpin，1986）。唤醒水平与长期心率变化相关，通常唤醒增加伴随心率加速（Lang，1990）。心率反应显示出高可靠性（Lang，2002）。然而，在解释心率反应变化与特定心理活动之间的关系时，必须考虑其有效性问题，因为心率变化可能由多种心理过程引起（Wang，Minor，2008）。霍普金斯和弗莱彻（Hopkins，Fletcher，1994）也质疑单独解释心率反应的准确性，建议将心率反应作为补充技术，与其他自主神经测量相结合以提供更有效的指标。

（四）眼动分析

眼动测量记录了参与者暴露于刺激中的注视次数和注视持续时间（Stewart, Furse, 1982）。这种测量方法能够识别受到关注的外部刺激的特定成分。眼动追踪系统能实时识别被试正在注视的点或特定区域，可以让研究人员同时跟踪眼睛和外部环境数据，并通过叠加的眼动追踪信息获取环境的视频图像（Ravaja, 2004）。结合其他生理心理测量法，研究人员能够观察到特定视觉场景与生理反应之间的相关性。

研究表明，眼动与记忆（Krugman, Fox, Fletcher, et al., 1994; Wedel, Pieters, 2000）和注意力（Pieters, Wedel, 2004）密切相关。然而，与心率反应测量相似，眼动测量的可靠性也受到质疑，因为眼动测量机制的心理学基础尚不明确（Kroeber-Riel, 1979）。皮特斯、罗斯伯根和韦德尔（Pieters, Rosbergen, Wedel, 1999）发现，眼动测量可能受到过度眨眼或流泪的影响。

（五）血管活动

血管活动测量记录被试的血压、脉搏量和脉搏率，这些参数在恐惧相关刺激研究中高度敏感（Fredrikson, Öhman, 1979）。血压或脉搏量的测量通常通过在被试上臂缠绕充气压力袖带进行记录。研究发现，血管活动是唤醒的可靠指标，并且与皮肤电反应高度相关（Frost, Stauffer, 1987）。齐尔曼、卡彻和米拉夫斯基（Zillmann, Katcher, Milavsky, 1972）认为，这种方法是测量由体力活动引起的交感神经活动最可靠的方法。

血管活动测量的优点在于其设备相对简单，易于跟踪（Wang, Minor, 2008）。然而，与其他自主神经测量相比，血管活动的研究和应用相对有限。桑邦马苏和卡德斯（Sanbonmatsu, Kardes, 1988）使用上臂血压袖带测量个体的血管活动，结果表明，不同生理唤醒水平下，个体对广告刺激的反应可能有所不同。为了获得准确的血管数据，需要解决许多问题，例如袖带尺寸和设备操作的具体细节（Brownley, Hurwitz, Schneiderman, 2000）。

三、行为表达法

在情感研究中，行为表达法是一种重要的研究方法，研究人员试图通过个体的声音特征、面部表情和全身行为来捕捉其情感（Mauss, Robinson,

2009）。参与观察是一种有用的个体行为测量方法（Boote，Mathews，1999）。通过观察个体的身体姿势、手势和面部表情等行为，可以增强个体对其潜意识或意识情感的理解（Lambie，Marcel，2002）。这些非语言行为通常能够揭示个体在特定情境下的内在情感反应，并为情感认知研究提供有价值的线索。然而，这种观察方式主要依赖于研究者的主观判断，难以在大样本研究中得到广泛应用。在涉及大量参与者的情况下，逐一分析个体的行为表现不仅耗时费力，而且在标准化和一致性方面也存在较大的挑战。尽管学者们一致认为，参与观察可以提供传统调查或生理心理学数据无法获得的额外信息（Seaton，2002），但在旅游酒店管理领域的文献中，只有少数研究使用参与观察来捕捉顾客的情感。例如，张（Chang，2008）通过参加为期10天的导游团，观察游客在旅游过程中的互动、体验和反应，调查了游客的情感，揭示了游客情感与满意度之间的因果关系。

为了确定个人的基本情感，人脸动作编码系统（Facial Action Coding System，FACS）被发明用于检测个体面部肌肉的变化（Friesen，Ekman，1978），以及头部、眼睛的运动和行为模式，例如咬嘴唇或说话（Kline et al.，2017）。FACS已应用于多个软件包，如 Affectiva Affdex 和 Noldus FaceReader™。结合高分辨率相机记录的个人实时面部表情，这些软件包可用于对电脑上的照片或视频记录引起的个人情感进行分类。尽管该方法能够为情感识别提供更为客观和精准的数据，但其操作过程相对复杂，需要研究人员具备一定的专业背景和技术能力。首先，操作这些软件包通常涉及图像处理、算法配置等步骤，研究人员需要经过专门的培训才能准确使用。其次，面部表情识别在实际应用中可能受到光线、角度、分辨率等多种因素的影响，这就要求操作人员具有丰富的实践经验，以确保数据的有效性和可靠性。已有三篇文章利用 Noldus FaceReader™ 软件研究了客户的六种基本情感（快乐、悲伤、愤怒、恐惧、厌恶和惊讶）及其在旅游与酒店管理情境下的情感唤醒和效价。例如，哈迪内贾德等（Hadinejad et al.，2019）结合 FaceReader™、皮肤电活动、自我报告法和事后访谈，检查了三个伊朗旅游广告对37名参与者引发的情感，并确定轻节奏音乐相比传统的伊朗音乐或无音乐视频更能引起积极情感和更高的情感唤醒。

表 1-4 情感的主要测量方法

测量方法	类型	测量内容	优势	劣势
自我报告法	口头自我报告法	主观体验	直接简单	受到重大认知偏差和社会期望反应的影响;无法捕捉被试的无意识情感反应;无法实时测量被试的情感
	视觉自我报告法		简单易用,减少了内省和认知处理	
生理心理测量法	面部肌电图	隐蔽面部肌肉活动所涉及的电信号	准确性高、对情感变化更敏感	准确性受到被试身体运动和身体敏感的影响
	皮肤电活动	皮肤表面的电导变化	易于获取、可以很好地量化情感反应	无法确定情感的效价
	心率反应	心率	可靠衡量标准	干扰因素多
	眼动分析	眼睛的注视次数和注视持续时间	客观的、可量化的	可能会受到过度眨眼或流泪的影响
	血管活动	血压、脉搏量和脉搏率	易于跟踪,测量设备相对简单	受多种因素影响
行为表达法	参与观察	个体的身体姿势、手势和面部表情等行为	可以产生传统调查或生理心理学数据可能无法获得的额外信息	不适用于大样本的研究,难以量化
	FACS	识别和记录面部肌肉的变化及头部、眼睛的运动和行为模式	高效、精准、可靠	相对复杂,需要专业的培训和大量的实践经验

资料来源:作者绘制

第四节 游客情感体验研究概述

近年来,情感因素在旅游与酒店管理领域的研究逐渐受到重视。旅游不仅是一种物质消费活动,更是一种情感体验过程。本节将整理和归纳近年来旅游情感研究的成果,深化对情感体验的理解,为旅游实践提供有益的指导和启示。

一、现有研究概况

（一）旅游和酒店管理中的情感研究数量

如图1-4所示，相关研究文章的数量稳步增长，并在2019年达到高峰。2019年至2022年间，由于新冠疫情导致旅游业停滞，相关文章数量有所减少。2022年后，随着旅游业逐渐回升，相关研究文章数量也随之增加。2004年至2009年，仅发表了20篇文章，占总数的7.4%；2010年至2019年，发表数量大幅增长，占总数的61.5%；2020年至2024年发表的文章数量占总数的31.1%。这一趋势表明，情感研究在旅游和酒店管理领域越来越受欢迎，并在2023年达到顶峰，当年共发表32篇文章。随着旅游业的恢复，相关的情感研究数量也随之增加。

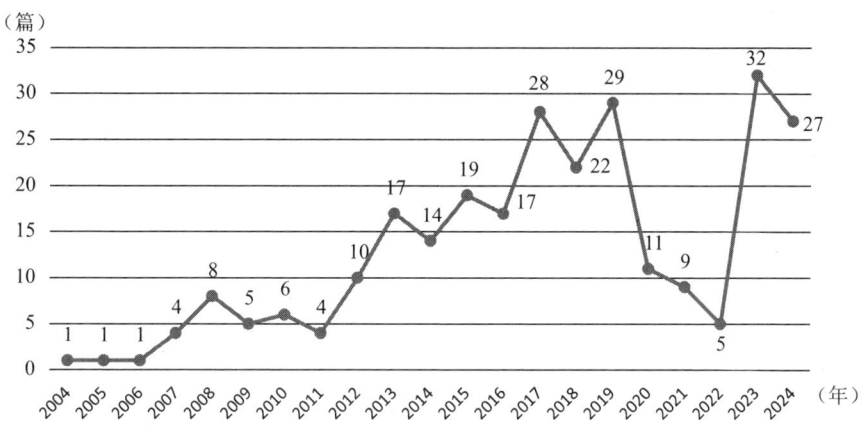

图1-4 2004—2024情感研究文章数量

资料来源：作者根据相关文献整理

（二）旅游和酒店管理中的情感研究期刊分布

跨期刊发表的相关文章数量趋势可以向学者传达该主题的发表情况（Islam et al., 2019）。这270篇文章分布在42个不同的期刊上，其中251篇论文发表在国际期刊上，其余19篇论文发表在国内的《旅游学刊》等期刊上（见表1-5）。总体来看，旅游期刊相比酒店期刊更有可能发表与情感研究相关的文章。

表 1-5 发表情感研究文章的期刊（N=270）

序号	期刊	数量（篇）	占比（%）
1	International Journal of Hospitality Management	36	13.33
2	Tourism Management	23	8.52
3	Current Issues in Tourism	23	8.52
4	Journal of Travel Research	22	8.15
5	Journal of Travel and Tourism Marketing	18	6.67
6	Annals of Tourism Research	17	6.30
7	Tourism Management Perspectives	10	3.71
8	International Journal of Contemporary Hospitality Management	8	2.97
9	Journal of Destination Marketing and Management	8	2.97
10	Journal of Hospitality and Tourism Research	8	2.97
11	Journal of Hospitality and Tourism Management	8	2.97
12	Journal of Hospitality Marketing and Management	6	2.22
13	Asia Pacific Journal of Tourism Research	6	2.22
14	Journal of Business Research	5	1.85
15	Journal of Sustainable Tourism	5	1.85
16	Journal of Vacation Marketing	5	1.85
17	International Journal of Tourism Research	4	1.48
18	Scandinavian Journal of Hospitality and Tourism	3	1.11
19	Sustainability	4	1.48
20	Tourism and Hospitality Research	3	1.11
21	Tourism Recreation Research	3	1.11
22	Journal of Services Marketing	3	1.11
23	Journal of Heritage Tourism	3	1.11
24	Leisure Sciences	2	0.74
25	International Journal of Culture，Tourism and Hospitality Research	2	0.74
26	Journal of Hospitality and Tourism Insights	2	0.74
27	European Journal of Marketing	1	0.37
28	International Journal of Advertising	1	0.37
29	Journal of Air Transport Management	1	0.37
30	Journal of Leisure Sport and Tourism Education	1	0.37
31	Journal of Leisure Research	1	0.37

续表

序号	期刊	数量（篇）	占比（%）
32	Journal of Quality Assurance in Hospitality and Tourism	1	0.37
33	Journal of Service Theory and Practice	1	0.37
34	Journal of Tourism and Cultural Change	1	0.37
35	Judgment and Decision Marketing	1	0.37
36	Pervasive and Mobile Computing	1	0.37
37	Service Industries Journal	1	0.37
38	Tourism Analysis	1	0.37
39	Tourist Studies	1	0.37
40	Tourism Review	1	0.37
41	旅游纵览	10	3.71
42	旅游学刊	9	3.31

资料来源：作者根据相关文献整理

（三）旅游和酒店管理中的情感研究主题分布

明确每项研究的背景有助于表明学者感兴趣的行业类型，并更准确地确定情感研究中蓬勃发展的行业（So et al., 2020）。如表1-6所示，确定了277个酒店和旅游主题领域，即旅游服务（N=93）、餐饮（N=44）、娱乐（N=21）、住宿（N=25）、目的地营销（N=42）、技术（N=18）、交通（N=12）、环境和旅游（N=12）和节事（N=10）。其中，有七篇文章研究了跨领域背景下的情感。

表1-6 旅游酒店管理领域情感研究的背景

主题领域	背景	数量（个）	主题领域	背景	数量（个）
旅游服务（93个）	休闲旅游	24	餐饮（44个）	餐馆	33
	滑雪旅游	1		美食旅游	9
	山地旅游	3		葡萄酒旅游	2
	国际旅游	7	技术（18个）	旅游和酒店互联网平台	9
	城市旅游	5		人工智能	5
	乡村旅游	6		服务自动化	4

续表

主题领域	背景	数量（个）	主题领域	背景	数量（个）
旅游服务（93个）	探险旅游	3	交通（12个）	航空旅行	10
	黑暗旅游	14		巡航	2
	遗产旅游	9	环境和旅游（12个）	环境风险	7
	道德旅游	5		基于自然的旅游	4
	养生旅游	8		野生生物	1
	康养旅游	3	娱乐（21个）	购物	5
	VR旅游	3		SPA	2
	夜间旅游	1		赌场	2
	宗教旅游	1		主题公园	8
节事（10个）	节日	6		博物馆	4
	大型活动	1	目的地营销		42
	体育赛事	1	住宿		25
	演出活动	2			

资料来源：作者根据相关文献整理

二、游客情感体验前因

（一）外部刺激

在环境心理学领域中，刺激—机体—反应（S-O-R）模型解释了刺激输入（Stimulus）、有机体过程（Organism）和反应输出（Response）之间的联系，并说明了有机体如何介导一般外部刺激与人类行为之间的关系（Buxbaum，2016）。梅拉比安和拉塞尔（Mehrabian，Russell，1974）将有机体解释为由人类情感的三个独立双维度组成的情感：愉悦、唤醒和支配（PAD）。根据梅拉比安和拉塞尔（Mehrabian，Russell，1974）的模型（以下简称M-R模型），各种环境刺激的信息新颖性和复杂性直接影响个体的情感，进而影响个体的靠近行为或回避行为。本质上，S-O-R模型将周围环境的情感诱导或情感品质视为审美刺激（Wohlwill，1976）。与M-R模型一致，在选定的270篇旅游与酒店管理文献中，有42篇情感研究试图建立外部刺激—情感的关系。这些研究将刺激视为情感的直接前因，而没有考虑个人情感是如何被唤起的，这些研究假设建设物或某种环境属性等刺激会自动引发情感。研究将这些"情感唤醒"刺激分为建筑环境、社会环境、活动和产品、营销刺激和自然环境五个子维度。

1. 建筑环境

建筑环境是情感研究中最常被探讨的前因之一，涵盖了人类改造的所有环境因素（Fisk et al., 2011），包括建筑物的外观、室内装饰、布局、可达性和设施等。研究表明，酒店和旅游业的建筑环境能显著影响情感。例如，穆恩等（Moon et al., 2016）发现，在航空旅游的背景下，物理环境的各个方面，如布局、可达性、设施美学、功能性和清洁度都会显著影响航空旅客情感的愉悦度和唤醒度。一些旅游与酒店管理领域的学者采用了 M-R 模型（Mehrabian, Russell, 1974），并用离散的积极和消极情感量表即 PANAS 量表取代了原始的 PAD 模型，来衡量客户的情感。例如，刘和江（Liu, Jang S C S, 2009）测试了用餐氛围（包括室内设计和装饰，氛围和空间布局）这一顾客积极情感或消极情感的诱因。他们发现，用餐氛围的所有元素都会显著影响积极情感，但只有用餐氛围会影响负面情感。

2. 社会环境

社会环境指的是在消费场景中由顾客和员工组成的互动元素（Rosenbaum, Montoya, 2007）。特别是顾客、员工和其他人的情感、行为及社会密度被认为是社会环境中的关键因素。例如，黄（Hwang J et al., 2012）研究了餐厅等候区的拥挤与顾客情感之间的关系，发现高拥挤度会导致显著的更高的情感唤醒和更低的情感支配，但对顾客的愉悦感影响不大。员工表现出的情感也被认为是客户情感的关键驱动因素。例如，帕劳-索梅尔（Palau-Saumell et al., 2013）证明，员工在服务交易中表现出的情感会影响消费者的情感。

3. 活动和产品

旅游和酒店管理领域的研究显示，经历的产品和活动也会触发情感。活动作为旅游和酒店管理中的重要组成部分，可以通过其独特的主题、氛围和互动方式，对顾客产生强烈的情感刺激。例如，举办具有地方特色的文化节庆活动，可以让顾客深入了解当地的文化和历史，产生归属感和认同感。同时，活动的组织方式和参与程度也会影响顾客的情感体验。例如古莱特（Gillet et al., 2016）认为，人们在假期拍摄的照片越多，他们就越快乐。旅游和酒店行业的产品包括客房、餐饮和娱乐等多个方面，这些产品都可以通过其设计、质量和服务来刺激顾客的情感。同时，产品的个性化定制和服务也可以满足顾客的特殊需求，进一步增强他们的情感体验。例如，两位尤克塞尔（Yüksel A, Yüksel F, 2007）表明，目的地明信片可以唤起与放松、愉快和兴奋等相关的情感。

4. 营销刺激

部分研究侧重旅游和酒店管理中的营销刺激，探讨品牌广告或网站属性如何影响情感。随着消费者需求的日益多样化和个性化，情感营销在旅游酒店行业中的应用越来越广泛。情感营销通过创造和传递与消费者情感共鸣的信息，来激发消费者的购买欲望和忠诚度。例如，高希和萨卡尔（Ghosh, Sarkar, 2016）表明，安达曼群岛的感官感受（如视觉、嗅觉和触觉）显著影响了客户的目的地情感，尤其对于首次访问的游客。

5. 自然环境

只有少数论文研究了自然环境对旅行者情感的影响。随着人们对旅游体验需求的提升，自然环境在旅游和酒店管理中的作用越发凸显。自然环境以其独特的魅力，对游客的情感产生深刻影响，包括正向刺激和负面影响。自然环境能够降低人体的应激反应，有助于缓解压力和焦虑，对游客的心理健康具有积极影响。然而，在某些情况下，如天气恶劣、环境污染严重等，自然环境可能对游客的情感产生负面影响，如令他们烦躁和不安。例如，博姆和菲斯特（Böhm, Pfister, 2008）研究了臭氧消耗和严重空气污染等环境问题如何影响旅行者的预期情感。

（二）刺激的认知评估

许多研究没有将外部刺激视为情感的直接前因，而是认为情感的产生源于个人的认知评估。这些研究大多采用各种理论或模型来理解认知解释过程，所涵盖的理论或模型并不局限于情感心理学领域。在本节中，根据采用的理论或模型将这些研究分为不同的亚组。

1. 情感评估理论

在选定的 270 篇文章中，大部分研究采用了情感评估理论，假设情感的产生是基于人个体对外界刺激所带来的总体幸福感或者对目标实现程度的重要性进行的主观评估（Ellsworth，Scherer，2003 年）。这些研究将不同的评估维度作为客户体验中情感的前因进行了考察，其包括愉悦性、目标一致性、目标重要性、目标兴趣、意外性、确定性、新颖性、能动性和内部自相容性。霍萨尼（Hosany，2012）是第一个将评估理论应用于旅游领域的学者，他发现对愉悦性、目标一致性和内部自我兼容性的评估会引起游客的爱、喜悦和积极的惊喜等情感。同样，其他学者（Ma J Y et al.，2013，2017）测试了认知评估理论，揭示了欲望目标一致性、目标重要性、目标兴趣性和意外性是主题公园环境中客户满意度的前因。相应地，曼休（Manthiou et al.，2017）发现，欲望目标一致性、确定性和能动性显著影响了游客的积极情感或消极情感，而新奇性并不能预测豪华邮轮行业的积极情感。

2. S–O–R 模型的扩展

梅拉比安和拉塞尔（Mehrabian，Russell，1974）认为情感是刺激和反应之间的主要中介，而比特纳（Bitner，1992）扩展了 S–O–R 模型，并把认知和生理学纳入了 S–O–R 模型，将其应用扩展到服务景观。也就是说，产生情感的是刺激的感知价值和质量，而不是刺激本身。与比特纳对 S–O–R 模型的扩展一致，服务研究考察了外部环境刺激下的感知和情感之间的关系，并假设个体对外部环境的认知感知引发了客户情感，包括感知的服务环境、氛围和服务质量（Wirtz，Bateson，1999）。感知的服务环境和氛围指的是客户对其所暴露的服务环境和氛围的感知。感知质量是客户基于产品的质量属性所做出的总体判断（Steenkamp，1989）。

在扩展的 S–O–R 模型（Bitner，1992）框架下，部分研究基于扩展的 M–R 模型，将顾客对环境刺激的认知感知视为顾客情感的重要前因变量，而非刺激本身。例如，有学者发现，顾客感知的氛围和服务质量正向影响他们的喜悦、兴奋、平静和愉悦之情，而感知的产品质量负向影响他们的愤怒、痛苦、厌恶、恐惧和羞耻等负面情感（Jang S C，Namkung N K，2009）。同样，有研究发现，用餐者对厨师形象、服务质量和食物质量的感知是喜悦、兴奋和平静等积极情感的前因（Peng et al.，2017）。

3. 期望不一致模型

不一致指的是"对期望—表现差异的一种心理解释"（Oliver，1997）。具体来说，积极的不一致（超出预期）会提高客户满意度，而消极的不一致（低于预期）可能会导致客户不满意（Oliver et al.，1997）。维尔茨和贝特森（Wirtz，Bateson，1999）用 PAD 模型扩展了期望不一致模型（Oliver，1980），强调了情感在模型中的作用。他们建立了"不一致—情感—满意度"模型，发现顾客感知到的期望不一致会影响服务经历的唤醒和愉悦体验，从而影响满意度。

此后，旅游和酒店管理学者采用了维尔茨和贝特森的期望不一致模型，并将不一致视为酒店或旅游环境中情感体验的前因。例如，比涅等（Bigné et al.，2008）发现，在享乐服务的背景下，顾客的积极不一致影响了他们的快乐和情感唤醒维度，而德尔博斯克和圣马丁（Del Bosque，San Martín，2008）则发现，积极的不一致影响了游客在旅行体验中的积极和消极情感。

4. 正义理论

正义理论认为，对交换关系的满意度源于个人对投入与获得结果的比较（Adams，1965）。当感知到投入大于产出时，顾客可能会感到不满；相反，如果产出的感知价值与投入的感知价值相匹配或超过投入的感知价值，顾客可能会感到满意。顾客可能在认知上将服务尝试评估为公正（公平）或不公正（不公平）。本质上，服务公平（或感知正义）可以被视为通过评估输入和输出对服务体验中的感知正义程度进行的认知评估（Su et al.，2014）。基于正义理论，旅游酒店管理学者在服务公平—满意度模型中加入了情感要素，将个体对服务属性的认知评价作为情感的前因变量。例如，苏和徐（Su L J，Maxwell K. Hsu，2013）将认知评估理论与正义理论相结合，解释了个人感知到的服务公平如何在遗产目的地环境中导致其积极或消极情感。

5. 归因理论

在旅游和酒店管理领域相关文献中，特别是在服务失败领域，学者们使用归因理论来理解顾客情感的前因变量。归因理论解释了个体如何基于因果推论来解释事件（Weiner，1985）。哈雷利（Hareli，2014）扩展了韦纳（Weiner）的理论，认为信念和因果关系塑造了情感。然而，"个人对因果归因和情感之间的这种联系有着纯朴的理解，并用它来推断和影响他人的情感"（Hareli，2014）。韦纳（Weiner，1980）提出了三个因果归因维度：故障的感知因果性、故障稳定性和故障可控性。然而，研究者使用该理论的不同维度来适应他们的研究背景和研究问题（Kelley，Michela，1980）。例如，尼克宾等（Nikbin et al.，2015）发现，航空旅客对服务失败的归因（如稳定性和可控性）在航空公司服务失败情境中引发了负面情感。

三、游客情感体验后果

（一）情感评价结果

苏等（Su J F et al.，2020）认为，满意度是一个重要的情感评价变量，但并没有作为顾客情感的结果进行广泛的检验。消费体验产生的满意度本质上是情感性的，具有温和的积极情感特征，表明消费者的动机或需求已经得到满足（Ma et al.，2013）。在酒店（Ma et al.，2016）、餐厅（Ladhari et al.，2008）、遗产旅游（Palau-Saumell et al.，2013）、博物馆（Del Chiappa et al.，2014）、购物（Walters et al.，2012）和航空旅游（Bogicevic et al.，2016）等不同情境下，顾客情感影响满意度。

（二）认知评估结果

研究揭示了顾客情感的认知评估结果，包括感知价值（Bonnefoy-Claudet，Ghantous，2013）、感知整体形象（Prayag et al.，2017）、意义创造（Rahmani et al.，2019）、风险感知（Abraham，Poria，2020）、质量期望和感知价格（Pelegrín-Borondo et al.，2017）以及寻找生活中的积极意义（Nawijn et al.，2017）。

（三）意图或行为

旅游和酒店管理研究基于 M-R 模型（Mehrabian，Russell，1974）将一系列行为意图或行为视为顾客情感的直接后果，该模型假设外部环境线索的强度会刺激愉悦、唤醒和支配，从而影响个体的接近或回避行为。个体的愉悦感会导致忠诚（Lee et al.，2008）、产生重访意愿（Hwang，Hyun，2013）和支付意愿（Bigné，Andreu，2004）等。相反，个体的不愉快水平与转换意愿、抱怨和负面口碑等回避反应正相关（Nikbin et al.，2015）。

其他旅游和酒店管理学者调整了 M-R 模型，用离散情感取代 PAD 模型，试图理解特定情感与顾客接近或回避行为之间的关系。一般来说，积极的离散情感更有可能促进接近行为，而消极的离散情感则倾向于引发回避行为。例如，王和吕（Wang L L，Lyu J Y，2019）研究了游客的敬畏体验，发现这种体验正向影响了顾客的环境责任行为。

第五节　游客情感体验未来研究展望

基于对现有文献的系统回顾，本研究认为未来的旅游与酒店管理情感研究可能会从以下几个领域的调查中受益。

一、从情感评估理论的角度理解情感引发过程

通过系统的文献审查发现，在过去的 20 年中，旅游与酒店管理领域的研究已对情感的前因进行了探索，得出了多样化的结论。综述结果显示，超过 1/5 的文献采用了 M-R 模型（Mehrabian，Russell，1974），并试图建立外部刺激与情感之间的关系。这些研究将情感的因果关系归因于环境刺激，认为顾客情感是源于"情感唤起"的外部刺激。例如，服务景观等刺激被直接视为与情感相关，而忽略了认知评估等中介过程（Bogicevic et al.，2016）。根据情感评估理论，外部刺激本身（如物理或无形环境）无法直接传达情感意义（Scherer，2009；Smith，Ellsworth，1985）。相反，是对外部刺激与当前目标及其他维度相关的认知评估决定了哪种情感会被激发。评价维度的因子包括目标一致性、能动性、确定性和新颖性。因此，将外部刺激简单地贴上"情感唤起"的标签，并视之为顾客情感的前因是有问题的。

尽管本研究注意到许多旅游与酒店管理研究承认情感的引发源于对刺激的认知评估，而不是刺激本身（Jang，Namkung，2009；Su et al.，2014），但这些研究忽略了主流学科在情感研究方面的最新发展。相反，这些研究往往随机

选择或扩展了市场营销文献中的有限理论或模型，在没有合理解释的情况下建立了认知与情感之间的关系。然而，由于缺乏坚实的理论基础，这些方法未能系统地解释情感是如何以及为什么被引发，尤其是无法解释情感的个体差异及其原因。意识到主流文献例如情感心理学的最新发展有助于加强跨学科的联系，超越现有界限，并引导旅游与酒店管理研究朝着更适当的方向发展；因此，旅游与酒店管理研究人员在研究情感之前，必须参考旅游与酒店管理和营销研究之外的丰富情感文献。

少数旅游与酒店管理研究使用最新的心理学理论来解释顾客情感，特别是顾客的情感是如何在酒店和旅游体验中引发的（Hosany，2012；Ma et al.，2013；Manthiou et al.，2017）。有趣的是，一些旅游酒店管理学者将"认知评估理论"用作情感评估的代称；然而，本研究强调，情感评估理论并不是一个统一的理论实体，不同的评估理论家所开发的模型之间存在差异。例如，评估理论家对评估是按固定顺序还是灵活顺序进行的认知存在分歧。舍勒（Scherer，1984）提出，评估几乎总是以固定顺序发生——在评估内在愉悦感之前，需要对新颖性进行评估，并随后进行更全面的评估，如目标或需求的导向性、应对潜力和规范自我兼容性。然而，史斯斯和拉扎勒斯（Smith，Lazarus，1990）反对固定顺序，主张评估顺序应更为灵活。因此，本研究建议旅游酒店管理学者根据主流文献的最新发展来更新他们对情感的认识，并采用前沿理论来探讨酒店和旅游环境中的顾客情感。例如，在心理学领域，应密切关注当代评估理论家如阿格尼丝·穆尔斯（Agnes Moors）、克雷格·史密斯（Craig Smith）、艾拉·罗斯曼（Ira Roseman）、史蒂斯·舍勒（Klaus Scherer）、菲比·埃尔斯沃思（Phoebe Ellsworth）等的研究。

二、采取多种测量方式更好地捕捉情感的结构

根据舍勒（Scherer，2009）的情感 CPM 模型，顾客情感由不同的成分组成，这些成分对应着不同的功能。本综述显示，92% 的选定文章使用自我报告法、生理心理测量法或行为表达法来捕捉顾客情感的单一组成部分。具体来说，自我报告法追踪个体的主观感受或体验成分，生理心理测量法追踪个人的情感生理心理相关性，行为表达法捕捉与情感同时发生的运动表达。

尽管自我报告法可以深入了解个人的主观感受或内部体验的情感，如愤

怒、悲伤和恐惧（Barrett，2004），但顾客可能没有完全意识到自己的情感。神经科学研究表明，个人可以在没有意识到情感的情况下体验情感（Ambler et al.，2000）。这意味着情感可能直接流经感官，绕过大脑皮层，使得消费者往往没有意识到自己的情感（LeDoux，1998）。因此，仅使用自我报告法来捕捉顾客情感可能会导致重要的情感信息被遗漏。

自我报告法鼓励个体在事后记忆他们的情感，这可能涉及认知偏差和社会期望的反应（Paulhus，2002）。同样，行为表达法也可能因为社会赞许性而具有自愿导向。此外，行为表达法因其对相似情感之间细微差别的敏感性较差而受到批评。例如，FACS被认为只适用于测量强烈的面部表情，因为面部肌肉运动的微小变化无法完全被捕捉（Ravaja，2004）。

即使一些旅游和酒店管理领域的学者认为心理测量超出了个人的意识控制范围，相较于自我报告法更加公正和客观（Li et al.，2018a，2018b），但本研究强调，自主神经系统的生理测量（如皮肤电活动）能够超出顾客的意识控制范围（Cacioppo et al.，2000）。然而，生理心理测量法甚至是自主神经系统测量，也存在局限性。例如，生理测量可能受到噪声和外部因素的影响，特别是在如天气、运动和谈话等外部因素未得到很好控制的自然环境中（Cacioppo et al.，2000）。此外，这些生理反应也可能与其他体内过程相关，如呼吸、消化和体温调节（Lajante，Lux，2020）。

总体来说，这些方法似乎捕捉到了情感的相关性，而不是情感的因果效应，所有的方法都只能在同一时间测量情感的一个维度。因此，使用多种方法可以更好地衡量情感的结构（Mauss，Robinson，2009）。为了更好地理解一个人的情感变化过程，采用多种测量方法是必要的。在本综述中，只有8%的旅游与酒店管理领域中的情感研究结合了来自不同反应系统的情感测量来捕捉顾客的情感。例如，一些研究同时利用自我报告法和生理心理测量法来探索目的地营销情境下的顾客情感（Li，2019；Li et al.，2018a，2018b）。未来研究者应结合不同情境下消费者情感的测量方法，以提供更广阔的视角。

三、旅游和酒店领域情感量表的开发和拓展

文献综述表明，旅游与酒店管理研究中已通过离散情感法或维度法来概念化顾客情感。尽管心理学界关于哪种方法更能捕捉个体情感的争论仍在继续

(Mauss, Robinson, 2009), 但是本综述倾向于支持离散情感视角。结果显示, 许多旅游与酒店管理研究采用维度法来调查顾客的一般情感, 并将情感大致分类为积极效价和消极效价; 然而, 这可能掩盖或省略了具有相同效价的离散情感之间的关键区别(Barclay, Kiefer, 2019)。

离散情感法假设每种情感都对应于主观体验、生理和行为的不同特征(Ekman, 1999)。尽管如此, 一些研究人员认为, 离散情感法和维度法在一定程度上是可以调和的(Smith, Ellsworth, 1985)。也就是说, 每种离散情感都可以看作几个维度的组合。然而, 这种观点存在一定局限。例如, 愤怒和羞耻都具有消极效价和适度唤醒的特征(Scherer, 1993), 但通过对诱发过程的认知评价, 可以进一步区分愤怒和羞耻。特别是, 当顾客将负面事件归因于自己的失败时, 会感到羞耻(Roseman et al., 1994)。相反, 将负面事件归因于他人的过错则会导致愤怒。此外, 具有相同效价的离散情感的后果也可能不同。例如, 基于认知评估理论, 有学者研究了航班延误引发的愤怒和担忧, 发现各种负面离散情感之间存在差异; 愤怒与游客的转换意愿、抱怨和负面口碑有关, 而担忧只影响抱怨行为(Jiang et al., 2020)。因此, 未来的研究应考察具有相同效价的各种离散情感, 探讨不同离散情感所涉及的情感诱导过程及其潜在结果。

在支持离散情感法来概念化顾客情感的同时, 研究呼吁更多的情感量表应考虑酒店和旅游环境的具体特征。研究表明, 旅游与酒店管理领域的学者倾向于采用基于心理学的情感量表和理论来研究情感。然而, 心理学情感量表只在特定情境下有效(Hosany, Gilbert, 2010)。一些学者试图通过开发特定情境的量表来提高测量的有效性, 例如旅游环境中的目的地情感量表(Hosany, Gilbert, 2010)、节日情境下的节日消费情感量表(Lee, Kyle, 2013)和全方位服务餐厅情境下的消费情感量表(Han et al., 2010)。特定情境的情感量表更能捕捉到特定情境中最频繁经历的情感。因此, 鼓励研究人员开发针对特定情境的情感量表, 以更好地捕捉顾客在不同酒店和旅游情境中的情感变化。

参考文献

[1] Aaker D A, Stayman D M, Hagerty M R. Warmth in advertising: Measurement, impact, and sequence effects [J]. Journal of Consumer Research, 1986, 12(4): 365-381.

［2］Vanden Abeele P, MacLachlan D L. Process tracing of emotional responses to TV ads: Revisiting the warmth monitor［J］. Journal of Consumer Research, 1994, 20（4）: 586-600.

［3］Abraham V, Poria Y. Political identification, animosity, and consequences on tourist attitudes and behaviours［J］. Current Issues in Tourism, 2020, 23（24）: 3093-3110.

［4］Adams J S. Inequity in social exchange［M］//Adams J S. Advances in experimental social psychology. Academic Press, 1965, 2: 267-299.

［5］Algie J A. A comparison of viewers' cognitive and psychophysiological responses to threat-appeal TV advertisements［C］// O' Ghallachoir K. Academy of Marketing: Marketing: Building Business, Shaping Society Conference. Dublin, Ireland: Academy of Marketing, 2005.

［6］Ambler T, Ioannides A, Rose S. Brands on the brain: Neuro-images of advertising［J］. Business Strategy Review, 2000, 11（3）: 17-30.

［7］Arnold M B. Emotion and Personality［M］//Arnold M B. Psychological Aspects. New York: Columbia University Press. 1960, 1: 231-270.

［8］Bagozzi R P, Gopinath M, Nyer P U. The role of emotions in marketing［J］. Journal of the Academy of Marketing Science, 1999, 27（2）: 184-206.

［9］Barclay L J, Kiefer T. In the aftermath of unfair events: Understanding the differential effects of anxiety and anger［J］. Journal of Management, 2019, 45（5）: 1802-1829.

［10］Barrett L F. Feelings or words? Understanding the content in self-report ratings of experienced emotion［J］. Journal of Personality and Social Psychology, 2004, 87（2）: 266-281.

［11］Barrett L F. Solving the emotion paradox: Categorization and the experience of emotion［J］. Personality and Social Psychology Review, 2006, 10（1）: 20-46.

［12］Enrique Bigné J, Mattila A S, Andreu L. The impact of experiential consumption cognitions and emotions on behavioral intentions［J］. Journal of Services Marketing, 2008, 22（4）: 303-315.

［13］Bigné J E, Andreu L. Emotions in segmentation: An empirical study［J］. Annals of Tourism Research, 2004, 31（3）: 682-696.

[14] Bitner M J. Servicescapes: The impact of physical surroundings on customers and employees [J]. Journal of Marketing, 1992, 56 (2): 57-71.

[15] Bogicevic V, Yang W, Cobanoglu C, et al. Traveler anxiety and enjoyment: The effect of airport environment on traveler's emotions [J]. Journal of Air Transport Management, 2016, 57: 122-129.

[16] Böhm G, Pfister H R. Anticipated and experienced emotions in environmental risk perception [J]. Judgment and Decision Making, 2008, 3 (1): 73-86.

[17] Bolls P D, Lang A, Potter R F. The effects of message valence and listener arousal on attention, memory, and facial muscular responses to radio advertisements [J]. Communication Research, 2001, 28 (5): 627-651.

[18] Bolls P D, Muehling D D, Yoon K. The effects of television commercial pacing on viewers' attention and memory [J]. Journal of Marketing Communications, 2003, 9 (1): 17-28.

[19] Bonnefoy-Claudet L, Ghantous N. Emotions' impact on tourists' satisfaction with ski resorts: The mediating role of perceived value [J]. Journal of Travel & Tourism Marketing, 2013, 30 (6): 624-637.

[20] Boote J, Mathews A. Saying is one thing; doing is another: The role of observation in marketing research [J]. Qualitative Market Research: An International Journal, 1999, 2 (1): 15-21.

[21] Berntson G G, Quigley K S, Lozano D. Cardiovascular psychophysiology [J]. Handbook of Psychophysiology, 2007, 3: 182-210.

[22] Buxbaum O. Key insights into basic mechanisms of mental activity [M]. Cham, Switzerland: Springer international publishing, 2016.

[23] Cacioppo J T, Petty R E, Shapiro D. Social psychophysiology: A sourcebook [M]. New York: Guilford Press, 1983.

[24] Bradley M M, Lang P J. Measuring emotion: Behavior, feeling, and physiology [M]. Lane R D, Nadel L. Cognitive neuroscience of emotion. Oxford: Oxford University Press, 2000: 242-276.

[25] Larsen J T, Berntson G G, Poehlmann K M, et al. The psychophysiology of emotion [J]. Handbook of Emotions, 2008, 3: 180-195.

[26] Cannon W B. The James-Lange theory of emotions: A critical examination and

an alternative theory [J]. The American Journal of Psychology, 1927, 39（1/4）: 106–124.

[27] Chang J C. Tourists' satisfaction judgments: An investigation of emotion, equity, and attribution [J]. Journal of Hospitality & Tourism Research, 2008, 32（1）: 108–134.

[28] Cohen J B, Pham M T, Andrade E B. The nature and role of affect in consumer behavior [M] //Handbook of consumer psychology. London: Routledge, 2018: 306–357.

[29] Cuthbert B N, Bradleym M M, Lang P J. Probing picture perception: Activation and emotion [J]. Psychophysiology, 1996, 33（2）: 103–111.

[30] Darwin C. The Expression of the Emotions in Man and Animals: Charles Darwin's Seminal Study on Emotional Expression [M]. New Delhi: Prabhat Prakashan, 1948.

[31] Bondi L. Emotional geographies [M]. London: Routledge, 2016.

[32] Dawson M E, Schell A M, Filion D L. The electrodermal system [J]. Handbook of Psychophysiology, 2007, 2: 200–223.

[33] Del Bosque I R, San Martín H. Tourist satisfaction a cognitive-affective model [J]. Annals of Tourism Research, 2008, 35（2）: 551–573.

[34] Del Chiappa G, Andreu L, Gallarza M G. Emotions and visitors' satisfaction at a museum [J]. International Journal of Culture, Tourism and Hospitality Research, 2014, 8（4）: 420–431.

[35] Dimberg U. For distinguished early career contribution to psychophysiology: Award address, 1988: Facial electromyography and emotional reactions [J]. Psychophysiology, 1990, 27（5）: 481–494.

[36] Ekman P, Davidson R J, Friesen W V. The Duchenne smile: Emotional expression and brain physiology: II [J]. Journal of Personality and Social Psychology, 1990, 58（2）: 342–353.

[37] Ekman P. Expression and the nature of emotion [J]. Approaches to Emotion, 1984, 3（19）: 319–343.

[38] Ekman P. An argument for basic emotions [J]. Cognition & Emotion, 1992, 6（3–4）: 169–200.

[39] Ekman P. Basic emotions [J]. Handbook of Cognition and Emotion, 1999,

98: 45-60.

[40] Erevelles S. The role of affect in marketing [J]. Journal of Business Research, 1998, 42(3): 199-215.

[41] Rosenbaum M S, Massiah C. An expanded servicescape perspective [J]. Journal of Service Management, 2011, 22(4): 471-490.

[42] Fredrikson M, ÖHman A. Cardiovascular and electrodermal responses conditioned to fear - relevant stimuli [J]. Psychophysiology, 1979, 16(1): 1-7.

[43] Ekman P, Friesen W V. Manual for the facial action coding system [M]. Palo Alto, CA: Consulting Psychologists Press, 1978.

[44] Frost R, Stauffer J. The effects of social class, gender, and personality on physiological responses to filmed violence [J]. Journal of Communication, 1987, 37(2): 29-45.

[45] Gakhal B, Senior C. Examining the influence of fame in the presence of beauty: An electrodermal 'neuromarketing' study [J]. Journal of Consumer Behaviour, 2008, 7(4-5): 331-341.

[46] Gardner M P. Mood states and consumer behavior: A critical review [J]. Journal of Consumer Research, 1985, 12(3): 281-300.

[47] Ghosh T, Sarkar A. To feel a place of heaven: Examining the role of sensory reference cues and capacity for imagination in destination marketing [J]. Journal of Travel & Tourism Marketing, 2016, 33(sup1): 25-37.

[48] Gillet S, Schmitz P, Mitas O. The snap-happy tourist: The effects of photographing behavior on tourists' happiness [J]. Journal of Hospitality & Tourism Research, 2016, 40(1): 37-57.

[49] Grabe M E, Lang A, Zhou S, et al. Cognitive access to negatively arousing news: An experimental investigation of the knowledge gap [J]. Communication Research, 2000, 27(1): 3-26.

[50] Groeppel-Klein A, Baun D. The Role of Customers' Arousal for Retail Stores-Results from An Experimental Pilot Study Using Electrodermal Activity as Indicator [J]. Advances in Consumer Research, 2001, 28(1): 412-419.

[51] Gross J J, Feldman Barrett L. Emotion generation and emotion regulation: One or two depends on your point of view [J]. Emotion Review, 2011, 3(1): 8-16.

［52］Hadinejad A，Moyle B D，Kralj A，et al. Physiological and self-report methods to the measurement of emotion in tourism［J］. Tourism Recreation Research，2019，44（4）：466-478.

［53］Han H，Back K J，Barrett B. A consumption emotion measurement development：a full-service restaurant setting［J］. The Service Industries Journal，2010，30（2）：299-320.

［54］Hareli S. Making sense of the social world and influencing it by using a naive attribution theory of emotions［J］. Emotion Review，2014，6（4）：336-343.

［55］Hazlett R L，Hazlett S Y. Emotional Response to Television Commercials：Facial EMG vs. Self-Report［J］. Journal of Advertising Research，1999，39（2）：7-7.

［56］Hopkins R，Fletcher J E. Electrodermal measurement：Particularly effective for forecasting message influence on sales appeal［M］//Hopkins R，Fletcher J E. Measuring psychological responses to media messages. London：Routledge，2014：113-132.

［57］Hosany S，Prayag G. Patterns of tourists' emotional responses，satisfaction，and intention to recommend［J］. Journal of Business Research，2013，66（6）：730-737.

［58］Hosany S. Appraisal determinants of tourist emotional responses［J］. Journal of Travel Research，2012，51（3）：303-314.

［59］Hosany S，Gilbert D. Measuring tourists' emotional experiences toward hedonic holiday destinations［J］. Journal of Travel Research，2010，49（4）：513-526.

［60］Hutcherson D E. Measuring arousal through physiological responses to packaging designs：Investigating the validity of electrodermal activity as a measure of arousal in a realistic shopping environment［M］. Clemson，SC：Clemson University，2013.

［61］Hwang J，Hyun S S. The impact of nostalgia triggers on emotional responses and revisit intentions in luxury restaurants：The moderating role of hiatus［J］. International Journal of Hospitality Management，2013，33：250-262.

［62］Hwang J，Yoon S Y，Bendle L J. Desired privacy and the impact of crowding on customer emotions and approach-avoidance responses：waiting in a virtual reality restaurant［J］. International Journal of Contemporary Hospitality Management，2012，24（2）：224-250.

［63］Islam J U，Hollebeek L D，Rahman Z，et al. Customer engagement in the service context: An empirical investigation of the construct, its antecedents and consequences [J]. Journal of Retailing and Consumer Services, 2019, 50: 277-285.

[64] Izard C E. Basic emotions, natural kinds, emotion schemas, and a new paradigm [J]. Perspectives on Psychological Science, 2007, 2 (3): 260-280.

[65] Jacobs M H, Fehres P, Campbell M. Measuring emotions toward wildlife: a review of generic methods and instruments [J]. Human Dimensions of Wildlife, 2012, 17 (4): 233-247.

[66] James W. What is emotion? 1884 [J]. Mind, 1948: 290-303.

[67] Jang S C S, Namkung Y. Perceived quality, emotions, and behavioral intentions: Application of an extended Mehrabian-Russell model to restaurants [J]. Journal of Business Research, 2009, 62 (4): 451-460.

[68] Jeong Y, Kim S K, Yu J G. Sustaining sporting destinations through improving tourists' mental and physical health in the tourism environment: The case of Korea [J]. International Journal of Environmental Research and Public Health, 2020, 17 (1): 1-14.

[69] Jiang Y, Li S, Huang J, et al. Worry and anger from flight delay: Antecedents and consequences [J]. International Journal of Tourism Research, 2020, 22 (3): 289-302.

[70] Kappeler-Setz C, Gravenhorst F, Schumm J, et al. Towards long term monitoring of electrodermal activity in daily life [J]. Personal and Ubiquitous Computing, 2013, 17: 261-271.

[71] Kelley H H, Michela J L. Attribution theory and research [J]. Annual Review of Psychology, 1980, 31 (1): 457-501.

[72] Klebba J M. Physiological measures of research: A review of brain activity, electrodermal response, pupil dilation, and voice analysis methods and studies [J]. Current Issues and Research in Advertising, 1985, 8 (1): 53-76.

[73] Kleinginna Jr P R, Kleinginna A M. A categorized list of emotion definitions, with suggestions for a consensual definition [J]. Motivation and Emotion, 1981, 5 (4): 345-379.

[74] Kline J A, Neumann D, Hall C L, et al. Role of physician perception of patient smile on pretest probability assessment for acute pulmonary embolism [J]. Emergency Medicine Journal, 2017, 34 (2): 82-88.

［75］Kroeber-Riel W. Activation research: Psychobiological approaches in consumer research［J］. Journal of Consumer Research, 1979, 5（4）: 240-250.

［76］Krugman D M, Fox R J, Fletcher J E, et al. Do adolescents attend to warnings in cigarette advertising? An eye-tracking approach［J］. Journal of Advertising Research, 1994, 34（6）: 39-53.

［77］Ladhari R, Brun I, Morales M. Determinants of dining satisfaction and post-dining behavioral intentions［J］. International Journal of Hospitality Management, 2008, 27（4）: 563-573.

［78］Lajante M, Droulers O, Dondaine T, et al. Opening the "black box" of electrodermal activity in consumer neuroscience research［J］. Journal of Neuroscience, Psychology, and Economics, 2012, 5（4）: 238-249.

［79］Lajante M, Lux G. Perspective: why organizational researchers should consider psychophysiology when investigating emotion?［J］. Frontiers in Psychology, 2020, 11: 1705.

［80］Lambie J A, Marcel A J. Consciousness and the varieties of emotion experience: a theoretical framework［J］. Psychological Review, 2002, 109（2）: 219-259.

［81］Lang A, Dhillon K, Dong Q. The effects of emotional arousal and valence on television viewers' cognitive capacity and memory［J］. Journal of Broadcasting & Electronic Media, 1995, 39（3）: 313-327.

［82］Lang P. Behavioral treatment and bio-behavioral assessment: Computer applications［J］. Technology in Mental Health Care Delivery Systems, 1980: 119-137.

［83］Lang A. Involuntary attention and physiological arousal evoked by structural features and emotional content in TV commercials［J］. Communication Research, 1990, 17（3）: 275-299.

［84］Lang A, Borse J, Wise K, et al. Captured by the World Wide Web: Orienting to structural and content features of computer-presented information［J］. Communication Research, 2002, 29（3）: 215-245.

［85］Lang P J, Greenwald M K, Bradley M M, et al. Looking at pictures: Affective, facial, visceral, and behavioral reactions［J］. Psychophysiology, 1993, 30（3）: 261-273.

［86］Larsen R J, Fredrickson B L. Measurement issues in emotion research［J］.

Well-being: The Foundations of Hedonic Psychology, 1999, 40-60.

［87］Lazarus R S. Emotions and adaptation: Conceptual and empirical relations［C］// Lazarus R S. Nebraska symposium on motivation. University of Nebraska Press, 1968, 16 (1): 175-270.

［88］Lazarus R S. Emotion and adaptation［M］. Oxford: Oxford University Press, 1991.

［89］LeDoux J E. The emotional brain: The mysterious underpinnings of emotional life［M］. New York: Simon and Schuster, 1998.

［90］Lee J J, Kyle G T. The measurement of emotions elicited within festival contexts: A psychometric test of a festival consumption emotions (FCE) scale［J］. Tourism Analysis, 2013, 18 (6): 635-649.

［91］Lee Y K, Lee C K, Lee S K, et al. Festivalscapes and patrons' emotions, satisfaction, and loyalty［J］. Journal of Business Research, 2008, 61 (1): 56-64.

［92］Li S. Emotional appeals in tourism TV commercials: A psycho-physiological study［J］. Journal of Hospitality & Tourism Research, 2019, 43 (6): 783-806.

［93］Li S, Walters G, Packer J, et al. A comparative analysis of self-report and psychophysiological measures of emotion in the context of tourism advertising［J］. Journal of Travel Research, 2018, 57 (8): 1078-1092.

［94］Li S, Walters G, Packer J, et al. Using skin conductance and facial electromyography to measure emotional responses to tourism advertising［J］. Current Issues in Tourism, 2018, 21 (15): 1761-1783.

［95］Liu Y, Jang S C S. The effects of dining atmospherics: An extended Mehrabian-Russell model［J］. International Journal of Hospitality Management, 2009, 28 (4): 494-503.

［96］Ma J. Emotions derived from theme park experiences: The antecedents and consequences of customer delight［D］. Clemson University, 2013.

［97］Ma J, Gao J, Scott N, et al. Customer delight from theme park experiences: The antecedents of delight based on cognitive appraisal theory［J］. Annals of Tourism Research, 2013, 42: 359-381.

［98］Ma J, Scott N, Gao J, et al. Delighted or satisfied? Positive emotional responses derived from theme park experiences［J］. Journal of Travel and Tourism Marketing, 2017,

34（1），1-19.

[99] Mano H. Assessing Emotional Reactions to TV Ads: A Replication and Extension with a Brief Adjective Checklist [J]. Advances in Consumer Research, 1996, 23（1），63-69.

[100] Manthiou A, Kang J, Hyun S S. An integration of cognitive appraisal theory and script theory in the luxury cruise sector: the bridging role of recollection and storytelling [J]. Journal of Travel & Tourism Marketing, 2017, 34（8）: 1071-1088.

[101] Mauss I B, Robinson M D. Measures of emotion: A reviews [J]. Cognition and Emotion, 2009: 109-137.

[102] Mehrabian A, Russell J A. An approach to environmental psychology [M]. Cambridge, MA: Massachusetts Institute of Technology Press, 1974.

[103] Micu A C, Plummer J T. Measurable emotions: How television ads really work: Patterns of reactions to commercials can demonstrate advertising effectiveness [J]. Journal of Advertising Research, 2010, 50（2）: 137-153.

[104] Moon H, Yoon H J, Han H. Role of airport physical environments in the satisfaction generation process: mediating the impact of traveller emotion [J]. Asia Pacific Journal of Tourism Research, 2016, 21（2）: 193-211.

[105] Moors A. Theories of emotion causation: A review [J]. Cognition and Emotion, 2010: 11-47.

[106] Munezero M, Montero C S, Sutinen E, et al. Are they different? Affect, feeling, emotion, sentiment, and opinion detection in text [J]. IEEE Transactions on Affective Computing, 2014, 5（2）: 101-111.

[107] Nawijn J, Brüggemann M, Mitas O. The effect of Sachsenhausen visitors' personality and emotions on meaning and word of mouth [J]. Tourism Analysis, 2017, 22（3）: 349-359.

[108] Niedenthal P M, Brauer M. Social functionality of human emotion [J]. Annual Review of Psychology, 2012, 63: 259-285.

[109] Nikbin D, Hyun S S, Baharun R, et al. The determinants of customers' behavioral intentions after service failure: the role of emotions [J]. Asia Pacific Journal of Tourism Research, 2015, 20（9）: 971-989.

[110] Oliver R L. A cognitive model of the antecedents and consequences of

satisfaction decisions [J]. Journal of Marketing Research, 1980, 17 (4): 460-469.

[111] Oliver R L. Satisfaction: a Behavioral Perspective on the Consumer [M]. New York: McGraw-Hill, 1997.

[112] Oliver R L, Rust R T, Varki S. Customer delight: foundations, findings, and managerial insight [J]. Journal of Retailing, 1997, 73 (3): 311-336.

[113] Palau-Saumell R, Forgas-Coll S, Sánchez-García J, et al. Tourist behavior intentions and the moderator effect of knowledge of UNESCO World Heritage Sites: The case of La Sagrada Família [J]. Journal of Travel Research, 2013, 52 (3): 364-376.

[114] Parrott W, Gerrod. Emotions in social psychology: Essential readings [M]. New York: psychology press, 2001.

[115] Partala T, Tuikkanen R, Rautiainen T. Understanding the role of personal aspects in positive and negative meal experiences: psychological needs, values, and emotions [J]. Scandinavian Journal of Hospitality and Tourism, 2022, 22 (1): 15-38.

[116] Braun H I, Jackson D N, Wiley D E. Socially desirable responding: The evolution of a construct [M] //Braun H I, Jackson D N, Wiley D E. The role of constructs in psychological and educational measurement. London: Routledge, 2001: 61-84.

[117] Pelegrin-Borondo J, Arias-Oliva M, Olarte-Pascual C. Emotions, price and quality expectations in hotel services [J]. Journal of Vacation Marketing, 2017, 23 (4): 322-338.

[118] Peng N, Chen A, Hung K P. The effects of teppanyaki restaurant stimuli on diners' emotions and loyalty [J]. International Journal of Hospitality Management, 2017, 60: 1-12.

[119] Pieters R, Wedel M. Attention capture and transfer in advertising: Brand, pictorial, and text-size effects [J]. Journal of Marketing, 2004, 68 (2): 36-50.

[120] Pieters R, Rosbergen E, Wedel M. Visual attention to repeated print advertising: A test of scanpath theory [J]. Journal of Marketing Research, 1999, 36 (4): 424-438.

[121] Poels K, Dewitte S. How to capture the heart? Reviewing 20 years of emotion measurement in advertising [J]. Journal of Advertising Research, 2006, 46 (1): 18-37.

[122] Prayag G, Hosany S, Muskat B, et al. Understanding the relationships

between tourists' emotional experiences, perceived overall image, satisfaction, and intention to recommend [J]. Journal of Travel Research, 2017, 56（1）: 41-54.

[123] Rahmani K, Gnoth J, Mather D. A psycholinguistic view of tourists' emotional experiences [J]. Journal of Travel Research, 2019, 58（2）: 192-206.

[124] Somervuori O, Ravaja N. Purchase behavior and psychophysiological responses to different price levels [J]. Psychology & Marketing, 2013, 30（6）: 479-489.

[125] Ravaja N. Contributions of psychophysiology to media research: Review and recommendations [J]. Media Psychology, 2004, 6（2）: 193-235.

[126] Ritz T, George C, Dahme B. Respiratory resistance during emotional stimulation: evidence for a nonspecific effect of experienced arousal? [J]. Biological Psychology, 2000, 52（2）: 143-160.

[127] Roseman I J. Appraisal determinants of discrete emotions [J]. Cognition & Emotion, 1991, 5（3）: 161-200.

[128] Roseman I J, Wiest C, Swartz T S. Phenomenology, behaviors, and goals differentiate discrete emotions [J]. Journal of Persnality and Social Psychology, 1994, 67（2）: 206-221.

[129] Rosenbaum M S, Montoya D Y. Am I welcome here? Exploring how ethnic consumers assess their place identity [J]. Journal of Business Research, 2007, 60（3）: 206-214.

[130] Russell J A. Core affect and the psychological construction of emotion [J]. Psychological Review, 2003, 110（1）: 145-172.

[131] Russell J A. Four perspectives on the psychology of emotion: An introduction [J]. Emotion Review, 2014, 6（4）: 291.

[132] Sanbonmatsu D M, Kardes F R. The effects of physiological arousal on information processing and persuasion [J]. Journal of Consumer Research, 1988, 15（3）: 379-385.

[133] Sander D, Scherer K R. Oxford companion to emotion and the affective sciences [M]. Oxford, UK: OUP Oxford, 2014.

[134] Schachter S. The interaction of cognitive and physiological determinants of emotional state [M] //Berkowitz L. Advances in experimental social psychology. Academic Press, 1964, 1: 49-80.

［135］Schachter S, Singer J. Cognitive, social, and physiological determinants of emotional state［J］. Psychological Review, 1962, 69（5）: 379-399.

［136］Scherer K R. On the nature and function of emotion: A component process approach［J］. Approaches to Emotion, 1984, 2: 293-317.

［137］Scherer K R. Studying the emotion-antecedent appraisal process: An expert system approach［J］. Cognition & Emotion, 1993, 7（3-4）: 325-355.

［138］Scherer K R. Psychological models of emotion［J］. The Neuropsychology of Emotion, 2000, 137（3）: 137-162.

［139］Scherer K R. Appraisal considered as a process of multilevel sequential checking［M］//Scherer K R, Schorr A, Johnstone T. Appraisal processes in emotion: Theory, methods, research. Oxford, UK: Oxford University Press. 2001: 92-120.

［140］Scherer K R. Feelings integrate the central representation of appraisal-driven response organization in emotion［C］//Antony S R, Nico Frijda, Agneta Fischer, et al. Feelings and emotions: The Amsterdam symposium. 2004: 136-157.

［141］Scherer K R. What are emotions? And how can they be measured?［J］. Social Science Information, 2005, 44（4）: 695-729.

［142］Scherer K R. The dynamic architecture of emotion: Evidence for the component process model［J］. Cognition and Emotion, 2009, 23（7）: 1307-1351.

［143］Seaton A V. Observing conducted tours: The ethnographic context in tourist research［J］. Journal of Vacation Marketing, 2002, 8（4）: 309-319.

［144］Smith C A, Ellsworth P C. Patterns of cognitive appraisal in emotion［J］. Journal of Personality and Social Psychology, 1985, 48（4）: 813-838.

［145］Smith C A, Lazarus R S. Emotion and adaptation［J］. Handbook of Personality: Theory and Research, 1990, 21: 609-637.

［146］So K K F, Li X, Kim H. A decade of customer engagement research in hospitality and tourism: A systematic review and research agenda［J］. Journal of Hospitality & Tourism Research, 2020, 44（2）: 178-200.

［147］Steenkamp J B E M. Product quality: An investigation into the concept and how it is perceived by consumers［M］. Wageningen, Netherlands: Wageningen University and Research, 1989.

［148］Stewart D W, Furse D H. Applying psychophysiological measures to marketing and advertising research problems [J]. Current Issues and Research in Advertising, 1982, 5(1): 1-38.

[149] Su L J, Hsu M K. Service fairness, consumption emotions, satisfaction, and behavioral intentions: The experience of Chinese heritage tourists [J]. Journal of Travel & Tourism Marketing, 2013, 30(8): 786-805.

[150] Su L J, Hsu M K, Marshall K P. Understanding the relationship of service fairness, emotions, trust, and tourist behavioral intentions at a city destination in China [J]. Journal of Travel & Tourism Marketing, 2014, 31(8): 1018-1038.

[151] Alam S S, Masukujjaman M, Makhbul Z K M, et al. Impulsive hotel consumption intention in live streaming E-commerce settings: Moderating role of impulsive consumption tendency using two-stage SEM [J]. International Journal of Hospitality Management, 2023, 115: 103606.

[152] Tassinary L G, Cacioppo J T, Vanman E J. The skeletomotor system: Surface electromyography [M] // Caciopp J T, Tassinary L G, Berntson G G. Handbook of psychophysiology. Cambridge, UK: Cambridge University Press, 1985: 267-299.

[153] Tomkins S. Affect imagery consciousness: Volume I: The positive affects [M]. New York: Springer publishing company, 1962.

[154] Turpin G. Effects of stimulus intensity on autonomic responding: The problem of differentiating orienting and defense reflexes [J]. Psychophysiology, 1986, 23(1): 1-14.

[155] Walla P, Brenner G, Koller M. Objective measures of emotion related to brand attitude: A new way to quantify emotion-related aspects relevant to marketing [J]. PLoS One, 2011, 6(11): e26782.

[156] Walters G, Sparks B, Herington C. The impact of consumption vision and emotion on the tourism consumer's decision behavior [J]. Journal of Hospitality & Tourism Research, 2012, 36(3): 366-389.

[157] Wang Y J, Minor M S. Validity, reliability, and applicability of psycho-physiological techniques in marketing research [J]. Psychology & Marketing, 2008, 25(2): 197-232.

[158] Wang L, Lyu J. Inspiring awe through tourism and its consequence [J]. Annals of Tourism Research, 2019, 77: 106-116.

[159] Watson P J, Gatchel R J. Autonomic measures of advertising [J]. Journal of

Advertising Research, 1979, 19（3）, 15-29.

[160] Wedel M, Pieters R. Eye fixations on advertisements and memory for brands: A model and findings [J]. Marketing Science, 2000, 19（4）: 297-312.

[161] Weiner B. Human Motivation, Holt [M]. New York: Rinehart & Winston, 1980.

[162] Weiner B. An attributional theory of achievement motivation and emotion [J]. Psychological Review, 1985, 92（4）: 548.

[163] Wilhelm F H, Grossman P. Emotions beyond the laboratory: Theoretical fundaments, study design, and analytic strategies for advanced ambulatory assessment [J]. Biological Psychology, 2010, 84（3）: 552-569.

[164] Wirtz J, Bateson J E G. Consumer satisfaction with services: integrating the environment perspective in services marketing into the traditional disconfirmation paradigm [J]. Journal of Business Research, 1999, 44（1）: 55-66.

[165] Wohlwill J F. Environmental aesthetics: The environment as a source of affect [M] //Wohlwill J F. Human Behavior and Environment: Advances in Theory and Research. Volume 1. Boston, MA: Springer US, 1976: 37-86.

[166] Yüksel A, Yüksel F. Shopping risk perceptions: Effects on tourists' emotions, satisfaction and expressed loyalty intentions [J]. Tourism Management, 2007, 28（3）: 703-713.

[167] Zhou J, Xiang K, Cheng Q, et al. Psychological and behavioural consistency value seeking of tourists in niche tourism: Nostalgia, authenticity perception, and satisfaction [J]. Psychology Research and Behavior Management, 2021: 1111-1125.

[168] Zillmann D, Katcher A H, Milavsky B. Excitation transfer from physical exercise to subsequent aggressive behavior [J]. Journal of Experimental Social Psychology, 1972, 8（3）: 247-259.

[169] 王馨, 白凯. 临场感对虚拟旅游参与者情感体验的影响——基于时间失真的中介作用和视觉感知的调节效应 [J]. 旅游科学, 2023, 37（2）: 155-174.

第二章 基于混合方法的虚拟旅游情感动态性研究

在数字化时代背景下，5G 云 VR 技术的崛起为旅游营销领域带来了创新的变革。随着虚拟现实（Virtual reality，VR）技术在旅游行业的应用逐渐深入，其在提供沉浸式体验方面展现出巨大潜力。然而，尽管 VR 技术在旅游营销中的应用前景广阔，但关于其在情感营销方面的研究仍然相对欠缺，特别是在情感维度的细化和动态情感变化的测量上。本章旨在填补这一空白，通过构建新模型，结合心理学理论、生理数据和问卷调查方法，探讨消费者在 VR 旅游中的情感变化及情感变化对营销决策的影响，以期为旅游营销领域提供新的视角和策略。

第一节　研究背景及意义

5G 云 VR 技术的兴起为现实与数字世界架起了桥梁，自 2019 年中国 5G 云 VR 元年开启，VR 产业迅速发展，尤其在 2020 年新冠疫情期间，其沉浸式体验在新闻、教育、旅游和图书管理等领域引发了变革。尽管 VR 在旅游营销中显示出巨大潜力，但情感营销方面的研究仍处于起步阶段。本研究将回顾 VR 在旅游领域的应用，提出理论框架，并通过实证分析，揭示情感体验与营销效果的关系，为旅游产业的创新提供理论和实践指导。

一、研究背景

虚拟现实作为新时代下信息技术融合创新的产业领域，恰逢发展好时机。目前，虚拟现实技术的应用涉及多个领域，有新闻传媒领域（陈丽君等，2021）、教育领域（陈丽君等，2021；Ajzen，1991）、旅游领域（刘怡然等，2020）、图书管理领域（田杰，2021）等。VR 相较于传统的传媒方式如文字、图片和二维视频，更具有对空间深度和广度的可视化能力，给人更加真实的体验感受，越发成为一种新的营销工具，特别是在旅游方面具有独特的潜力。

已有学者研究发现，正是虚拟现实技术所具备的沉浸感和临场感，使其带给潜在游客独特的情感体验，促使消费者有感而发做出后续有利于旅游发展的消费决策（Volo，2021）。对于消费者来说，情感体验关系到他们旅游前阶段的行为意图，决定是否继续进行旅游消费（Prayag et al.，2013）。对于旅游生产商来说，消费者的情感是重要的考虑因素，关系到他们如何记忆和评价旅游体验，从而对旅游产品形象和目的地宣传发挥举足轻重的作用（González-Rodríguez et al.，2019）。因此，情感体验评价成为预测旅游消费行为的重要标准之一，特别在研究虚拟现实技术作为旅游营销工具方面，探索消费者的情感体验作用是测量 VR 旅游宣传和营销效果必不可少的环节。

然而，关于 VR 旅游情感营销方面，国内外研究仍处于起步阶段，存在许多研究不足。第一，现有 VR 和情感的研究往往只关注消费者的宏观情感，没有从情感理论出发具化情感维度。如图西亚迪亚等（Tussyadiah et al.，2018）仅从单维度研究 VR 旅游中消费者的情感喜爱度，金等（Kim H，Kim B，2019）仅关注 VR 体验的享乐感并探索其对旅游意向的影响。第二，尽管有部分学者已经关注到情感对于旅游目的地营销和旅游决策有重要的影响作用，但实证研究上主要关注静态的情感，在计算消费者情感上仅使用情感的简单算术平均值。第三，当前 VR 旅游研究大多采用自我报告数据，缺乏生理数据的研究，存在一定的方法论弊端：受访者通过问卷重构的情感会涉及认知偏差，而这会扭曲他们对 VR 旅游体验最真实的情感反应；即使问卷是匿名的，也无法完全避免这种情况——由于对社会可取性的关注，受访者可能不愿意透露自己的真实情感。

因此，基于以上现阶段研究的不足，提出了本研究模型，以完善 VR 旅游营销情感变化机制。本研究从主流心理学的情感维度理论出发，将消费者情感划分为愉悦和唤醒两个不同维度，从而对消费者情感把控更加全面，也为本研究提供了更加扎实的理论基础。提取虚拟现实体验期间的动态情感变化，结合关键时刻理论中的节点（如开始值、峰值、低谷值、终值、变化速率等），探索其情感的哪些关键指标是回顾性评估的更好决定因素，以丰富虚拟现实旅游文献中多元情感模式的研究体系。利用生理数据规模大（Volume）、模态多样（Variety）、速度飞快（Velocity）和真实感（Veracity）的"4V"特点，从客观上观测情感动态变化，形成连续的实时数据，更加真实地还原消费者在 VR 体验中的一系列情感变化，捕捉与游客决策相关的潜意识情感，并结合自我报告数据，为更全面地研究情感体验与 VR 旅游体验整体评价之间的关系开辟崭新道路，为未来研究提供方法论借鉴。

二、研究意义

（一）理论意义

在旅游营销领域，尽管有部分学者已经关注到情感对于旅游目的地营销和旅游决策有重要的影响作用，但在实证研究上尚未对消费者情感变化模式进行全面详细研究，仅仅涉及情感"愉悦度""唤醒度"，局限于对整体情感强度的关注（Li 等，2018），因此亟须对关于情感实时变化的多种模式进行探索。本研究运用事件时间序列理论的文献研究基础，除了研究高峰、开始、结束、低谷等时间节点的情感状态外，将更多的情感变化模式中包含的因素纳入考虑，如情感变化速率、高峰结束的平均值、峰前时间、峰后时间、高峰数量等。本研究更加全面地考虑了情感时间序列因素对宣传片态度的影响，形成了更加完善的情感对旅游营销的影响机制，补充了情感时间序列在旅游营销中的理论研究不足。

（二）实践意义

从宏观层面来看，随着我国旅游产业发展进入成熟阶段，产业发展的核心矛盾已经超出仅仅追求经济效益问题的范畴，而是朝着兼顾经济和社会效益的旅游体验质量方向进步。旅游产业发展不仅关注游客数量、游客收入状况、旅游设施设备，还关注旅游服务和旅游产品质量。创造深刻独特的旅游体验是企业在强者林立的旅游行业中占领上风的利器。因此，深入进行旅游者情感研究能为提高旅游体验质量打好根基，进而为旅游产业实践提供经营管理指导。

从微观层面来说，对于目的地营销管理，本研究将消费者的情感变化分割成多个指标进行测量，得出更加具体的影响因素，研究结果能提醒管理者更多地考虑需求侧，而不只考虑供应侧。这有两方面的启示意义：一是在目的地宣传上，确定更加多样的营销组合，将 VR 技术应用其中，提供沉浸感、临场感更强的 VR 全景旅游视频，能够吸引更多年轻消费者，特别是在旅行前阶段，能激发人们的旅游热情。二是在宣传视频和目的地景点设计上，充分考虑消费者的体验情感，合理分配资源来创造情感提升的体验设计。投入更多的资源在旅游设计上，制造情感高峰体验，注重开始和结尾处的情感设计，同时注重整体宣传片设计质量。迎合消费者的情感变化规律，将有助于提升消费者对目的地形象和旅游体验的评估。

三、研究目标和研究内容

（一）研究目标

本研究从旅游营销角度出发，关注虚拟现实旅游情境下消费者行前决定的情感变化，探究关键时刻的情感对 VR 旅游宣传片态度和整体旅游意向评价的影响，以期拓展关键时刻情感评价理论和丰富旅游营销研究情境。

具体有以下目标：①揭示游客实时情感的多种具体模式（开始值、峰值、低谷值、终值、平均值、变化速率、峰终平均值、高峰数量、峰前时间、峰后时间）与旅游目的地营销评价（VR 旅游宣传片态度、目的地态度、旅游意向）的关系。②利用皮肤电导设备捕捉情感变化数据，并与主观问卷数据结合，更全面客观地了解个体在旅游体验过程中的多种情感反应，比较情感测量在多种方法应用上的有效性。③以中国网络电视台 CNTV 出品的珠海城市旅游 VR 宣传片为研究刺激物，收集实验体验数据，扩展 VR 旅游研究情境，给予目的地管理和 VR 旅游营销实践启示。

（二）研究内容

本章基于 VR 旅游营销背景，在峰终定理和刺激—机体—反应理论基础上，通过回顾分析国内外关于情感、VR 旅游营销、旅游目的地态度、旅游意向等的研究文献，探究消费者情感变化模式对旅游营销评价的影响机制，得出关于 VR 旅游营销的理论贡献和实践启示。研究内容包括以下 5 个部分：

本章在第一节研究背景及意义中概述了科研背景和国家需求，探讨了研究的理论和实践意义，并明确了研究的目的和具体内容。同时，提出了研究方法、思维架构和创新点，为深入探讨 VR 旅游营销的情感动态性奠定了基础。

在第二节研究述评和研究假设中，对相关概念进行了梳理，并分析了当前研究现状及不足，预测了未来科研趋势。本节进一步分析评述了现有文献，为提出本研究的假设和构建变量关系模型提供了理论支撑，并基于此对变量间的关系进行了逻辑推理，提出了研究假设。

第三节研究方法和研究设计，具体阐述了研究设计，包括确定研究对象、方法、过程，并准备了调研材料和问卷设计，为预调研和正式调研打下了坚实基础。

第四节数据分析和研究结果，专注于实证分析，描述了预调研和正式调研的过程，包括选择问卷刺激材料和收集生理数据及问卷数据。接着，对收集到的数据进行了全面的统计分析，如信效度、相关性、回归、中介效应和结构方程模型分析，以验证研究假设。

第五节研究启示和展望，总结了本研究的主要发现，讨论了这些成果对理论和实践的贡献，并提供了管理启示。同时，本节也指出了研究的局限性，并对未来的研究方向提出了展望，旨在为旅游目的地营销的发展提供参考和借鉴。

四、研究方法

本章使用文献研究法、情境实验法、问卷调查法、统计分析法四种方法。

（一）文献研究法

从中国知网、英文数据库如 Science direct、Web of science 等权威资源库搜集并梳理、分析相关研究，具体有 VR 旅游、峰终定理、消费者情感、目的地态度及旅游意向等中英文文献，厘清研究发展思路，找出当前研究不足，深入探索研究变量间的关系。在此基础上，确立本研究的研究问题和目的，并为研究假设提供充分的理论依据和坚实的理论基础。在正式调研中，前人的研究方法和成果为设计情境实验提供了科学合理的参考，也为问卷量表的设计提供了依据和借鉴。

（二）情境实验法

本研究采用了情境实验和客观生理数据及主观问卷调查相结合的研究方法。此情境实验法在 *Tourism Management*、*International Journal of Hospitality Management* 等国际核心期刊上均有运用，研究主题涉及酒店服务、旅游营销等。本研究使用目的地 VR 旅游宣传片作为实验刺激，能得到更加可靠的研究数据。情境实验法过程为，参与者先观看一个目的地的 VR 旅游宣传片，同时测试个体真实的生理反应数据，随后回答相关的问卷问题。

（三）问卷调查法

本研究问卷数据均为线下收集，被试在实际的 VR 体验后，依照自身真实感受填写问卷,以此获得问卷调研结果。初始问卷设计考虑了国内外语言翻译问题、VR情境适用性问题等,通过预调研专家意见对语句进行了微调,最终得到正式问卷。问卷调研对部分自变量、中介变量、结果变量和控制变量进行了测量。

(四)统计分析法

本研究数据分为皮肤电活动数据和问卷数据,通过 Acqknowledge 软件对持续的皮肤电活动进行了剥离和分析,得到每一秒被试唤醒(兴奋度)的状态,进而用 Smart PLS 软件对皮肤电活动进行结构方程模型分析;接下来通过 SPSS 26.0 软件中的 PROCESS 模块对通过自我报告方法获得的问卷变量数据进行信效度、相关性、回归以及中介效应分析,验证假设和模型。

五、研究创新

(一)理论创新

自 2015 年起陆续有学者开始关注游客实时情感(Li et al., 2018)。然而,这些学者仅从单一整体维度和静态方式衡量情感,并没有进一步探究实时情感变化中的不同模式,以及不同情感模式对旅游营销评价的影响。本研究旨在发现旅游者关键情感时刻对回顾评价的影响,补充虚拟现实旅游评价中有关情感关键时刻的理论研究。同时,把消费者情感分为愉悦和唤醒两个维度,"愉悦"衡量的是个体感到快乐的程度,"唤醒"衡量的是个体被唤起的程度,相比以往仅测量消费者享乐情感的研究,本研究分维度测量情感更详细和全面。

(二)方法创新

大多数关注情感研究的学者采用自我报告法来收集数据,此方法使用广泛但不可避免地存在局限:一是被试填写问卷时存在认知偏差,二是情感体验过程中的动态变化情况未得到捕捉(Scherer, 2009)。而生理心理测量法则能很好地弥补自我报告法的缺点。生理测量可以捕捉超出个人意识控制的数据,使生理测量与自我报告测量相比更加公正和客观(Li 等,2018)。根据图尔兰等(Tuerlan et al., 2021)的观点,自我报告测量跟踪个体的主观感受或经历,而心理生理学测量与个体情感的相关性。因此,两种方法混合使用能更好地反映情感事件的因果关系和相关关系。本研究尝试结合自我报告和生理心理测量两种数据获取方法，收集体验过程中消费者对每个景点的情感变化数据，使用皮肤电活动测量唤醒维度的情感实时变化。多种测量方法更能全面客观地评价事件。

（三）情境创新

大多数旅游营销以图片广告或视频广告为主，近几年 VR 技术在旅游领域兴起，旅游休闲主题的 VR 视频制作处于萌芽状态，VR 视频资源逐渐被发掘和使用。例如，虚拟现实与游戏体验结合，创造更加逼真、互动感强的游戏体验；虚拟现实与风景观光融合，展现大好河山，增强用户的沉浸感等。总体来说，虚拟现实的应用更多体现在用户的体验上，出于新鲜感和好奇目的而尝试 VR 体验，其旅游营销宣传潜力还未被广泛讨论和研究。目前，在国内研究中，对虚拟现实充当营销角色的研究文献仅仅停留在概念和意义层面，而缺乏对其实证性的研究，VR 情境下的消费者情感感受和营销评价尚未得以明晰。因此，本研究从营销的角度分析消费者在虚拟现实体验中的情感，拓展旅游研究语境，弥补目前对虚拟现实旅游的研究不足。

第二节　研究述评和研究假设

在深入探讨了虚拟现实（VR）技术在旅游领域的应用背景和研究现状之后，本研究将转向更为细致的分析。本研究首先认识到了 VR 技术在提供沉浸式体验方面的巨大潜力，以及它在旅游营销中作为情感营销工具的重要性。然而，现有研究对于 VR 旅游情感营销方面的探讨还远远不够充分，特别是在情感维度的具体化和动态情感变化的测量上。为了填补这一研究空白，接下来的章节将详细阐述本研究的理论基础、研究假设和方法论，旨在构建一个综合性的研究模型，以揭示消费者在观看 VR 旅游宣传片时的情感变化模式及其对旅游营销评价的影响。

一、研究述评

（一）虚拟现实旅游

1. 虚拟现实旅游的探索

虚拟现实（VR），能让使用者的视觉、听觉甚至触觉等多种感知器官都受到刺激，在这三维立体环境下让人有身临其境的感觉（Guttentag, 2010）。虚拟现实包括两个重要方面，主要是提供物理沉浸感（参与者与世界的其他部分隔离）和物理存在感（参与者在模拟现实情境中进行与真实情况相仿的行为活动）。虽然虚拟现实的应用在国内近五年才初现身影，但究其发展历程可以追溯到20世纪60年代，伊万·萨瑟兰（Ivan Sutherland）发明了第一个虚拟现实头戴显示器（HMD）。

由于VR环境可以是一个完全合成的动画世界，也可以是模仿现实世界的场景，在1987年，贾龙·拉尼尔（Jaron Lanier）首次提供了"Virtual Reality（虚拟现实）"这个表达（Kevin, 2018）。在1994年关于虚拟现实的又一标志性事件发生：交互式三维图形（3D）与虚拟现实建模语言（VRML）共同在互联网出现。这次事件使基于网络的虚拟现实（VR）技术开始得到应用，特别是用于创设教育和游戏领域的交互式模拟场景（Yoon et al., 2008）。

数十年来，随着虚拟现实技术的不断进步和应用范围的扩展，它吸引了旅游领域的学者和从业者的兴趣。虚拟现实旅游，即VR旅游，指的是在虚拟现实的环境中，人们通过佩戴虚拟现实设备观看旅游目的地的三维立体视频，感受一种仿佛置身于目的地的旅游体验经历。虚拟现实在旅游领域的应用，不仅可以让消费者在行前对未曾到过的现实世界有适当的期望准备，还可以在消费者参观过程中使用虚拟现实帮助他们体验在现实世界中无法体验到的东西，增强体验互动性和满足感。除了这些优点，VR技术作为旅游体验工具来说，目前还存在一些缺点仍需克服，如长时间体验VR可能带来眩晕、恶心等生理不适（Tussyadiah et al., 2018）。

2. 虚拟现实旅游的研究现状

VR旅游的商业应用和研究正蓬勃发展。虚拟现实为休闲和旅游业在参观前阶段、旅行期间和参观后阶段创造了巨大的机会，学者们开始研究在旅游业中使用虚拟环境的成功驱动因素及其影响。在行前，VR 体验相当于一个"购前试用"的角色，在旅游营销方面具有强大的潜力（Tussyadiah et al.，2016）。通过丰富的替代目的地体验，消费者能通过相较于文字和图片更加直观的方式感受理想目的地的旅游经过，获取旅游信息从而形成目的地形象，有助于强化客户的购买意愿（Van Kerrebroeck et al.，2017）。对于旅游目的地来说，虚拟现实是一种有效的营销宣传方式，有助于提高宣传说服力，增加收入（Huang et al.，2016）。部分学者将目光放在 VR 体验产生的营销结果上，如发现虚拟旅行可能会影响游客对广告对象的态度，VR 对客户购买旅程有影响作用，对目的地的态度和参观意向有积极影响（Tussyadiah et al.，2018）。

除了行前的旅游营销作用，VR 旅游本身也是一种体验活动，如参观虚拟景点主题公园、博物馆等（Sylaious et al.，2009）。学者在不同的情境下来理解消费者的 VR 体验，包括葡萄酒旅游情境（Martins et al.，2017）、历史旅游景点情境（Lagiewski，Kesgin，2017）、文化遗产情境（Tom Dieck，Jung，2017）。而在真实的景区和目的地，虚拟体验是体验经济本身的宝贵补充，使得现有的景点体验效果得到增强。游客自己可以享受一种非常迷人的虚拟体验，更加沉浸在活动项目中，增加新的和更个性化体验的可及性，并与旅游提供商共同创造他们的体验（Tussyadiah et al.，2018）。

（二）情感

1. 情感的多维解读

关于情感（Emotion）的研究早在 1890 年就开始了，一百多年来，学者对情感进行了广泛而深刻的探讨，然而关于情感的定义学界仍未能得出一致的观点。有学者从个人知觉和行为的方面定义：艾泽德（Izard，2010）根据前人的研究总结出了情感的特征，认为情感的构成包括神经环路、反应系统和感受状态，对于人们的思想认知和行为意向的形成有促进作用。与之相似的是利珀（Leeper，1970）的观点，他指出情感有知觉和动机功能，能积极地对个人行为和组织引导产生影响。有学者从生理反应的角度思考：情感属于人们天生的生理模式，由生物进化而来的一种适应性的表达和响应，具有离散性和社会功能性（Panksepp，2005）。另外，部分学者认为，情感是社会建构的结果，在其形成和发展中受到社会文化和语言等外界因素的约束（Averill，1980）。

由此可以看出，关于情感的含义主要概括为它是一种受到主观认知作用和外界因素影响的生理表达反应，对个人行为和社会组织关系产生一定的积极或消极作用。情感是多样的、离散的，不同的个体在不同的客观环境和社会关系中可能表现出截然不同的情感状态和变化。

2. 情感的研究现状

关于情感的研究，主要基于两种理论来解释：基本情感理论和维度理论。基本情感理论由达尔文的生物进化论思想发展而来，是指个体在不断进化中受到环境刺激而产生的适应性反应，认为情感是由某些相对独立的基本情感及在基本情感基础上发展而成的复合情感共同构成的。基本情感具有自身独有的生理机制和显性表达。基本情感理论的代表学者艾克曼（Ekman，1992）认为有6种基本情感：快乐（Joy）、悲伤（Distress）、愤怒（Anger）、恐惧（Fear）、厌恶（Disgust）、惊讶（Surprise）；除了上述6种，艾泽德（Izard，1977）提出了差别情感理论（Differential Emotions Theory，DET），加上兴趣（Interest）、害羞（Shame）、内疚（Guilt）和蔑视（Contempt）4种情感，共存在10种基本情感。普卢奇克（Plutchik，1982）认为基本情感是所有人与生俱来的，有惊讶、期待、厌恶、接受、悲伤、喜悦、愤怒和恐惧8种不同的基本情感，并认为复合情感是基本情感的衍生或基本情感组合的结果。复合情感，顾名思义是基于基础情感之上的、结合了认知评价作用后的产物。在后续研究中，艾泽德（Izard，2007）针对情感分类发展的争议，分析了"基本情感"和"情感图式"，前者是生物进化的表现结果，而后者囊括生理机制、情感体验、认知评价及行为表现等多种因素，因此他得出兴趣、快乐、悲伤、愤怒、厌恶和恐惧是6种基本情感。但是情感分类的研究者在基本情感定义及其数量上始终未形成统一认识，且后续研究发现各种情感之间存在高相关，这种关联性导致了学者对分类标准的争议。由此，学界出现了另一种从情感维度视角进行情感划分的研究。

情感维度理论，则是从各种情感彼此相关联的特点出发，认为应该把握情感的核心维度进行结构性阐释，这些若干个维度组成的空间覆盖了人类所有的情感，不同情感之间是渐进的、平缓的过渡，其相似性和差异性能够通过空间维度中的离散程度表示出来。研究早期，学者将情感分为三维模型，如梅拉比安和拉塞尔（Mehrabian，Russell，1974）提出的情感的"愉悦度—唤醒度—

支配度"三维度模型（即 PAD 模型）。但随着关于情感维度研究的深入，通过表情、文字、情感词汇的比对，拉塞尔（Russell，1980）发现支配度与个体认知相联系，而其他两个维度愉悦和唤醒足够涵盖大多数的情感转化，由此提出情感的愉悦—唤醒二维模型。

此后，多项研究提出了二维度模型，即目前维度模式最常用的"愉悦—唤醒"模型（Lang，1995）。愉悦（Pleasure）或称效价（Valence），指积极或消极情感，即高兴与悲伤、喜悦与愤怒等；唤醒（Arousal）或称为兴奋（Activation），即与情感状态有关的身体活力被激发的程度，区别于沉闷与兴奋、睡意与警觉、松弛与紧张等，唤醒能够活跃机体、预备行动。愉悦和唤醒两个维度不同程度的组合形成各种各样的情感。由于其简单直观的性质，维度方法在消费者研究中比基本情感方法更常被采用（Huang，2001）。

在广告研究中，维度方法被认为是描述消费者对广告的情感反应的合适方法（Poels，Dewitte，2006）。正如黄（Huang M H，2001）所指出的，情感在广告和营销中是短暂的，很少以其纯粹的形式出现，基本的情感方法将消费者的情感状态限制在特定的情感上是有问题的。为了测量的目的，维度方法相比基本情感方法更加简洁，因为它取代了情感项目的长列表，并简单地将情感按两个维度进行分类（Mauss，Robinson，2009）。因此，本研究采用维度方法"愉悦—唤醒"模型来概念化消费者对 VR 旅游宣传的情感反应。

3. 情感测量的方法

在情感研究的文献中，关于情感的测量主要分为自我报告数据和生理数据，自我报告数据通常采用问卷法，包括文字或图片表述的问卷评价、体验取样法、日重构法等；生理数据指采用相关的电子设备收集个体的生理客观数据，如面部肌肉数据、皮肤电数据、心率、血压值等。关于情感测量的方法，第一章第三节已进行了全面且深入的探讨。基于此，本节整合了近五年来研究人员使用皮肤电活动作为测量现实生活体验工具的相关研究成果。在旅游休闲领域，许多研究涉及游客在城市旅行时的情感投入（Kim，Fesenmaier，2015），或城市漫步体验过程的心理变化状态（Shoval et al.，2018）；也有研究探讨了游客在参观博物馆期间连续动态的情感投入（Tröndle et al.，2014），仔细描述了不同类型的游客不同的情感投入模式。表 2-1 为自 2014 年以来在旅游休闲领域中使用皮肤电活动测量情感的研究。

表 2-1　2014 年以来在旅游休闲活动中使用皮肤电活动测量情感的研究总结

研究内容	研究设计	研究对象	文献
旅游目的地电视广告	实验室研究	101 名大学生及教职工	Li et al.（2018）
艺术和工艺活动	对 7 个农村地区的实地研究	62 名 70 岁以上的农村妇女	Stadler（2018）
主题公园体验	在主题公园的准实验研究	53 名公园游客	Bastiaansen et al.（2018）
信息沟通和低碳呼吁	实验室研究	20 名大学生	Babakhani et al.（2017）
城市旅游经历	费城旅游景点的实地研究	2 名国际女研究生	Kim，Fesenmaier（2015）
音乐和旅游广告	实验室研究	37 名澳大利亚人	Hadinejad et al.（2019）
耶路撒冷城市参观经验	在耶路撒冷的实地研究	68 名游客	Shoval et al.（2018）
目的地广告和风险感知	实验室研究	73 名学生和社区成员	Brodien Hapairai et al.（2018）
视频和音频材料的广告传播	实验室研究	42 名大学生	Kim et al.（2011）
贝壳梦幻世界的主题公园体验	主题公园的实地研究	123 名参观者	Li（2020）
博物馆参观体验	在大学博物馆的实地实验研究	75 名本科生	Antón et al.（2018）
目的地营销广告	实验室研究	58 名大学生	Guerrero-Rodríguez et al.（2020）
虚拟旅游体验	实验室研究	122 名大学生	Beck et al.（2019）
宗教旅游和朝圣之旅的旅游体验	实地研究	1 名带有宗教意愿的志愿者	Gil-Fuentetaja, Abad-Galzacorta（2019）
消费者的酒店决策	实验室研究	101 名本科生	Chark et al.（2020）
博物馆艺术品审美体验	艺术博物馆的实地研究	576 名参观者	Tröndle et al.（2014）
戏剧表演艺术体验	剧院的实地研究	36 名成年人	van Bendegom et al.（2021）
屏山村旅游体验	乡村实地研究	28 名大学生	朱萌等（2021）

资料来源：根据相关文献整理

(三）关键时刻

1. 关键时刻的概念

早在 1984 年，*Service Management* 一书中提出了"Moment of Truth"即关键时刻的概念，其研究发现，在服务管理中，并不是每分每秒的服务对于服务满意度评价都起着相同的作用，只有某些关键时刻的服务质量对消费者的满意度评价有重要影响。随后，1993 年弗雷德里克森和卡尼曼（Fredrickson，Kahneman，1993）关于电影的情感评价的实验测试了几个关键时刻——如高峰时刻、结束时刻和高峰—结束加权平均值对总体评价的影响，进而提出了峰终定理。峰终定理强调个人对某一经历的总体回顾评估是基于峰值时刻（情感最强烈的时刻）或结束时刻的感受（Kahneman et al.，1993），而不是体验过程中感受到的情感总量。后来，峰终定理被扩展为一种经历的开始时刻对总评的影响（Bhargave，Montgomery，2013），其基本原理是认为因为个人的记忆不稳定，这些关键时刻在任何给定的回忆时间中都是人们最容易印象深刻的节点（Kemp et al.，2008）。

目前，关于关键时刻的定义是指：一段经历中一切与整体体验评价密切相关的时间节点，包括开始时刻、高峰时刻、低谷时刻、结束时刻等，研究还扩展到多种情感体验模式如情感趋势、高峰—结束加权平均值、情感变化速度、高峰个数、持续时间等多种情感体验指标与整体评价的关系。

2. 关键时刻的研究现状

早期关键时刻研究重点关注高峰时刻和结束时刻的感受评价对整体评价的影响，并探讨持续时间对二者的影响作用。负面体验的研究主要集中在临床医疗和刺激下的情感；积极体验关注广告观看和游戏中的情感。随着有关关键时刻的研究增多，学者开始关注除了高峰时刻、结束时刻和持续时间之外的其他关键节点以及情感模式对整体体验的作用，研究场景分布更为广泛。然而，在情感更加复杂的事件中，关键时刻对整体体验评价的作用似乎并不总是显著有效的，相关研究探讨了关键时刻情感模式作用的边界条件，更进一步推动了关键时刻的理论研究和应用场景发展。关键时刻的研究事件从单一的情感效价体验向更加多样、包含异质性的体验转变。在 2015 年之后，旅游领域的研究开始关注关键时刻情感对于旅游整体体验的影响。关键时刻的相关研究总结如

表 2-2 所示。

表 2-2 关键时刻的相关研究总结

关键时刻	研究内容	文献
高峰时刻；结束时刻	通过实时的情感自我报告评价发现人们情感的最积极时刻，结束时刻情感评分越高，人们对广告的喜爱度越高	Polsfuss, Hess（1991）
高峰时刻；结束时刻	结肠镜患者对最疼痛时刻以及结束时刻的感受最为深刻，并且显著影响整个拍摄结肠镜体验感受，过程长短对于病患整体体验影响可忽略不计	Redelmeier, Kahneman（2003）
高峰时刻；结束时刻；情感变化速度	高峰时刻、结束时刻及情感变化速度与广告评价的正向关系	Peters, Bijmolt（1997）
高峰时刻；结束时刻	令人不快、刺耳的声音和机械加压的疼痛感受验证了最厌恶时刻和结束时刻对整体体验感受的良好预测作用	Ariely（1998）
持续时间；高峰数量	当一个人对一种经历进行回顾性评估时，经历的总持续时间和经历中的高峰数量都不显著	Schreiber, Kahneman（2020）
高峰时刻；结束时刻；平均值	无论是一周还是一个月的病患疼痛记录报告都显示，最疼痛的时候和结束时刻的疼痛感受对整体治疗过程的疼痛评价起着最显著的相关作用，还发现疼痛的平均值不是影响最大的指标	Schneider et al.（2011）
平均值；高峰时刻；结束时刻	在假期中情感的平均值比起峰值和终值更能解释最终的整体体验评价	Kemp et al.（2008）
高峰时刻；结束时刻；情感变化速度	听音乐过程中高峰时刻和结束时刻的感受对记忆有较强的影响，音乐的情感变化强度对记忆有显著影响	Montgomery, Unnava（2009）
峰终值；平均值	在短期的假期中，峰终平均值的预测评价作用依然奏效，而在长期假期中它则没有平均值作用大	Geng et al.（2013）
低谷时刻；结束时刻	对电视节目的评价研究显示低谷时刻和结束时刻比起高峰时刻更能左右最终的观影评价	Hui et al.（2014）
结束时刻	结束时刻的玩乐感受直接影响对游戏的整体评价	Mukherjee, Lau-Gesk（2016）
平均值；峰终平均值；持续时间	VR电影体验证明平均值相较峰终平均值与观影评价的关系更加紧密，影片的时长作用甚微	Strijbosch et al.（2019）
高峰时刻；结束时刻；平均值	通过皮肤电活动来实时记录游客的情感变化，发现过山车游玩体验中的情感峰值和终值并不能比平均值更好地预测体验评价	Bastiaansen et al.（2020）

续表

关键时刻	研究内容	文献
开始时刻；高峰时刻；结束时刻；平均值	采用皮肤电生理数据记录游客实地游玩主题公园的愉悦度和唤醒度变化，发现愉悦度的开始时刻、高峰时刻、结束时刻和平均值都与体验满意度正相关，然而唤醒度与满意度的关系不显著	Li（2020）

资料来源：根据相关文献整理

综上可以看出，随着关键时刻的相关研究不断深入和扩展，不同情境下关键时刻的作用不可一概而论。在早期医疗和疼痛体验的研究中，峰终定理始终发挥重要作用，高峰时刻和结束时刻被认为是综合评价预测的首要关注指标。然而在假期和旅游体验研究中，研究者发现除了高峰和结束时刻，开始、低谷、平均等指标也对体验评价起到一定的影响作用，且影响力甚至超过高峰和结束时刻。在长期的假期体验中平均值作用显著胜于峰终作用（Geng et al.，2013），游乐园游玩体验实验也显示平均体验感受能更强地预测总体评价（Bastiaansen et al.，2020），电影娱乐体验同样表明平均感受与总体评价关系紧密（Strijbosch et al.，2019）。据此，有理由认为在异质化的体验活动中，峰终时刻的预测作用不一定是最优的，有区别于医疗疼痛的单一性体验。这些冲突让本研究有必要在不同情境中更深入地研究关键时刻作用的普遍性和边界条件，特别是在目前关于关键时刻方面尚存在很大研究空白的旅游领域。

（四）回顾性营销评价

根据旅游和营销领域的文献研究，学者会对人们的体验评价进行测量以判断营销效果，如对广告或宣传片的满意度（陈劼绮等，2020）、品牌态度（周懿瑾，简浩然，2015）、目的地形象感知（李桂莎等，2019）、支付意愿（袁建琼，张璐璐，2022）等方面进行考察，称为回顾性营销评价。结合本研究的出发点——探索VR旅游宣传片对目的地营销效果的影响，于是本研究从态度和行为意向出发，选择包含VR旅游宣传片态度在内的旅游广告态度以及目的地态度和旅游意向这三个概念进行分析，它们代表了消费者对VR旅游宣传片中呈现的旅游目的地的内心评价和预期行为，具有合理性和典型性。

1. 旅游广告态度的概念及其研究现状

虚拟现实（VR）广告是利用虚拟现实技术作为依托，制造出三维立体的虚拟环境，让消费者产生身临其境的感受的一种新兴的广告形态。具体到 VR 旅游广告，则是指以虚拟现实形式，展现旅游目的地内容或旅游项目活动，以建立良好目的地形象、促进旅游消费的视频广告或宣传片。目前在旅游领域，VR 旅游广告多以 1 至 3 分钟时长的宣传片为主，如迪士尼乐园、方特欢乐世界等景区主导的 VR 视频，属于景区自身新的营销形式；也有像 CGTN 中国环球电视网制作的目的地官方 VR 视频，帮助宣传目的地形象，促进当地旅游发展。

区别于传统图文和视频表达，VR 旅游广告具有以下几个特点：一是在呈现方式上更具沉浸感、临场感和真实感，VR 技术能给予消费者 360°全方位的感官体验，不拘泥于固定的展示角度，消费者可以凭借偏好从不同的角度观看和感受视频内容。在 VR 旅游宣传片上，拍摄和制作的角度多样，可以是全景式观看，更大限度地了解目的地；也可以是从第一人物视角观看，增强现场体验感，更加贴近现实，达到更好的 VR 体验效果。二是在宣传效果上更令人印象深刻，VR 的临场感能增强广告的说服力，提升观众的体验记忆（沈涵和滕凯，2015）。因此，VR 旅游广告对旅游宣传和促进旅游消费的目的实现有良好的效果。

广告态度，指在特定的曝光场合下对特定的广告刺激做出的积极或消极的反应（Solomon，1992）。通俗来说，即消费者在特定的广告信息下，对其内容产生积极或者消极的情感评价。还有另一种看法认为广告态度存在认知、情感和行为倾向三个方面（Friedman，Friedman，1979），不仅仅是一种情感倾向（Lutz，1985）。鉴于学界普遍采用的是卢茨（Lutz，1985）的观点，本研究以此为基础，对 VR 旅游广告态度仅从情感角度进行定义，认为其是消费者对整体虚拟现实中旅游广告体验刺激做出的有利或不利反应的情感倾向，是一种主观评价（下文以 VR 旅游宣传片作为刺激物，揭示消费者在观看时的情感变化模式及其对旅游营销评价的影响，故将此变量称为"VR 旅游宣传片态度"）。

有关广告态度的研究是消费者行为领域中举足轻重的研究话题和内容，大量的研究表明，广告态度直接或间接影响消费者对产品的偏好和购买行为。但在旅游领域，对旅游目的地广告态度的研究却跟不上旅游广告的发展，研究数量相对较少且缺乏实证研究。在 2015 年之后，VR 旅游兴起，关于虚拟现实旅游的营销作用开始引起人们关注，有关 VR 旅游态度的研究开始增加。在前因变量方面，VR 旅游广告的内容效果和呈现质量对人们的态度有不同程度的影响。李等（Lee M et al.，2020）发现生动性强的 VR 视频更能引起人们的兴趣，对 VR 旅游广告态度有积极作用。图西亚迪亚（Tussyadiah et al.，2018）通过实证表明，VR 旅游广告的临场感和享乐性越高，人们对旅游广告的态度评价越高。在结果变量方面，虚拟现实旅游态度被认为是消费者行为意图的重要预测因素，影响了消费者访问目的地的可能性（Lee et al.，2020；Tussyadiah et al.，2018）。

2. 旅游目的地态度的概念及其研究现状

关于态度的定义与前文一致，指人们对外界刺激的积极或消极的回应，是一种心理倾向（Olson，Zanna，1993）。与对广告态度的理解角度一样，本研究对旅游目的地态度的理解从情感角度出发，认为它是消费者对某一旅游目的地的积极或消极的情感倾向。态度背后的意图会影响外部行为，态度能够影响个人倾向于以哪种方式行动或表现（Ajzen，1991）。而旅游目的地态度能够促使人们产生旅游行为，旅游目的地态度是旅游决策的有效预测因子（Jalilvand，Samiei，2012）。

关于目的地态度研究在国内外都受到学者们的重视，在前因变量上考虑目的地形象、个人情感、传播形式和效果等对目的地态度有一定影响，而在结果变量上认为目的地态度对进一步的旅游消费意愿和行为有正向作用。陈和方克（Chen，Funk，2010）发现目的地形象影响游客决策过程中每个阶段的态度形成和变化。莱瑟伦等（Letheren et al.，2017）则从个人的情感和人格特质出发，通过探究发现积极情感能够提高人们对旅游目的地的态度。另外，有研究探讨了传播效果的差异，如媒介的不同、形式的不同、呈现内容的不同都会影响人们对旅游目的地的评价。沈涵和滕凯（2015）通过实验法发现，广告形式生动精彩，人们的旅游兴趣、临场感强度将显著提高，进而人们对旅游目的地的评价越好。

目的地态度作为影响因素，在决定潜在目的地是否成为最终旅游目的地方面具有重要作用。游客态度影响游客未来行为，个体对此活动的态度越有利，其行动的意愿越强。贾利尔万德和萨米埃（Jalilvand，Samiei，2012）通过研究目的地形象、目的地态度和旅游意向的关系，发现目的地态度是左右目的地形象和旅游意向的中介因素。

3. 旅游意向的概念及其研究现状

意向（Intention）一词起源于心理学领域，指个人做出某种行为的主观倾向（Hill，1975）。基于消费行为的理论，旅游意向（Travel Intention）属于购买意向的一种，也称为访问意向，是到访某目的地进行旅游活动并产生旅游消费的意愿（Letheren et al., 2017）。蔡礼彬和吴楠（2017）认为旅游意向与消费者前往某地旅游的可能性相关。前人对旅游意向的定义基本一致，旅游意向是行前的意向，是人们从事旅游活动的内驱动力，旅游意向越强，越有可能做出旅游决策（谢彦君，1999）。

计划行为理论（Theory of Planned Behavior，TPB），说明个体态度在行为决策上的作用重大（Ajzen，1991）。该理论延伸到旅游目的地决策意向上，认为情感、态度等主观评价都对目的地的选择意向和旅游意向有直接或间接作用。在本研究中的旅游意向，是指旅游决策前的消费者行为意向，区别于游后的再访意向。在国内游前行为研究中，吴佩谕和黄远水（2019）指出，除了目的地形象外，旅游目的地吸引物的符号属性也会影响个体的旅游意向。孙晓东（2019）研究发现邮轮游客因出游约束会对旅游意向产生负面影响，自我协商会对旅游意向产生正面影响。

而国外的文献也不乏关于旅游意向的研究。莱瑟伦等（Letheren et al., 2017）从旅游营销的角度出发，考察了拟人化倾向中的个体差异如何影响人们对目的地营销传播的反应，发现文本拟人化代表了一种新的旅游沟通策略，特别是对于拟人化倾向较高的目标消费者，它可以使目的地人性化，从而使消费者形成更有利的态度和更高的旅游意向。类似的，在旅游营销广告上，不同的情感诉求旅游广告能唤起消费者不同程度的愉悦和唤醒情感，进而对旅游地的态度和前往意向产生影响（Li et al., 2016）。而在最新的关于 VR 旅游广告的营销作用研究中，图西亚迪亚等（Tussyadiah et al., 2018）利用 VR 旅游广告测试了人们的态度和旅游意向，证实了虚拟现实在旅游营销上更具说服力，身临其境般的经历增添了 VR 享受的乐趣，促使人们对目的地产生更强烈的喜欢和偏好，形成更进一步的旅游意向。金等（Kim M J et al., 2020）也从 VR 旅游广告入手，研究了 VR 体验的情感反应和依恋程度对旅游意向的关系，发现依恋程度越高，享乐感、沉浸感、流畅性越强，人们向往去目的地旅游的想法越强烈。

（五）小结

通过相关文献可总结以下研究现状：

第一，情境挖掘较浅。当前虚拟现实作为旅游目的地营销工具的意义受到关注，但实证研究数量和内容仍十分有限，围绕使用VR的消费者情感、态度和行为意向方面的主题有待继续探究（Beck et al., 2019）。因此，本研究从VR旅游营销的角度出发，探究人们在虚拟现实体验全过程中的情感变化及与VR旅游宣传片态度的关系，进而探究其对旅游目的地态度和旅游意向的影响，以期补充和丰富虚拟现实旅游营销方面的研究探索。

第二，方法客观性不足。目前研究在很大程度上依赖于传统的自我报告问卷法。尽管生理心理学测量方法愈发引人注目，但对旅游研究来说，生理心理学测量方法仍然是一种新方法。本研究结合传统的问卷自我报告数据和皮肤电生理数据进行研究，以期更加全面客观地描绘消费者对旅游广告的心理情感变化模式。

第三，理论深度缺乏。在旅游情感研究方面，现有的研究只关注人们行前对广告的整体情感，而没有研究人们情感中的情感模式，如平均值、开始时刻、结束时刻、高峰时刻、变化速率等，对宣传片态度和行前决策的影响。因此，从旅游营销角度出发，本研究致力于解决以下研究问题：消费者对旅游宣传片情感反应的哪些具体方面和模式是影响他们营销评价态度和做行前决策的关键因素。

二、研究假设

（一）峰终定理

1. 峰终定理内涵

峰终定理起源于1993年弗雷德里克森和卡尼曼（Fredrickson, Kahneman）的一个关于电影体验的实验，此研究采用实验法要求一组参与者观看积极片段，另一组观看消极片段，两组参与者通过实时移动滑块给出全过程不同关键节点的感受评分。经过实验发现，影片高峰时的最大值评分、结尾处评分、峰值和终值加权平均值分数都对电影片段整体评价有显著预测作用。由此，弗雷德里克森和卡尼曼提出了"Peak-End Rule"即峰终定理，指个人对一种经历或事件的整体回顾性评价是基于某些特定时刻的评价，特别是峰值时刻和结束时刻，而不是由全过程的积极或消极评价总和平均来衡量的。因为记忆具有不稳定性，人们难以综合全部的体验感受，而是根据某些有限的信息来评估他们的整体体验，这些有限的信息则很大程度上是由高峰时刻和结束时刻的情感体验决定的（Kemp et al., 2008）。峰终定理的形成引发了一系列后续研究，这些研究评估了峰终定理在不同体验评价中的稳健性，使其得到不断的补充。

2. 峰终定理的研究现状

关于峰终定理的研究可分为单一效价体验和混合效价体验两类。单一效价体验指的是仅针对积极或消极事件的体验进行感受评价，如施加身体疼痛体验（Ariely, 1998）、医疗体验（Stone et al., 2005）等消极事件体验，以及愉快的广告观看体验（Olsen, John, 2004）、游戏体验（Mukherjee, Lau-Gesk, 2016）和欢快的旅游体验（Torres et al., 2019）等积极事件体验。混合效价体验则是对一段既包含积极又包含消极的体验进行评价，如一段真实的假期生活（Geng et al., 2013）、电影观看体验（Amy et al., 2008）、音乐体验（Montgomery, Unnava, 2009）等日常生活感受。

从早期的研究来看，在20世纪90年代关于峰终定理的研究集中在身体疼痛和医疗治疗等消极体验，以及广告营销领域的积极情感评价上，都属于纯积极或纯消极情感效价体验。瓦雷和卡尼曼（Varey, Kahneman, 1992）通过负重跑步和保持特定姿势的实验测试，发现持续时间在体验评价中的作用微乎其微，甚至可以忽视。弗雷德里克森和卡尼曼（Fredrickson, Kahneman, 1993）的实验对比在冰水和温水中不适感受的程度评价，研究证实了在负面刺激下峰终定理的有效性。在令人厌恶的声音刺激下，人们在最不愉快时刻和结束时刻的评价能很好地预测整段体验感受，证实了峰终定理的稳健性（Schreiber, Kahneman, 2000）。在医疗疼痛体验中，无论是几小时的结肠镜的痛苦体验，还是一周的治疗体验，都显示出病人对最难受和结束时刻的记忆评价对整体评价的显著作用（Redelmeier et al., 2003）。而在广告营销领域，鲍姆加特纳等（Baumgartner et al., 1997）使用一个计算机化的感觉监视器来跟踪观众对广告的实时喜爱度，发现高峰和结束时刻与消费者观看广告后做出的总体评价密切相关。从这些研究中，本研究发现峰终定理是一种强有力的机制，可以用来解释从生活体验的属性中得出的总体评价。

峰终定理发展到 21 世纪初，开始出现生活常态事件、假期体验等综合积极消极体验评价的研究，关注混合情感效价体验，拓宽了峰终定理的适用范围。学生的假期生活是一段混合积极和消极事件的体验，通过每日的短信回复当天的感受评价，在假期结束后对整体经历做综合评价，发现峰值和终值的评价不如平均值具有更好的预测作用（Kemp et al., 2008）。而耿（Geng X et al., 2013）的研究发现，在假期的体验评价中，峰终定理是否起有效作用在体验时间上存在分界点，分界点在 3~7 周，即在较短的时间内峰值和终值对整体评价能有较好的预测作用，而一旦超过分界时间（3~7 周），在较长的时间中由于记忆偏差等因素导致峰值和终值对整体评价的预测效果不佳。

关于峰终定理在日常生活体验方面的研究逐步出现，听音乐评价中，高潮时刻和结束时刻的音乐体验对人们的情感强度有较强的影响（Rozin et al., 2004）；而对于电影的观影评价，艾米等（Amy et al., 2008）研究表明峰值和终值对评价的作用明显，而许（Hui S K, 2014）研究发现低谷体验和最后体验对整体评价影响更明显，温姆等（Wim et al., 2019）发现，对于情感复杂的电影剧情，评价的平均值更能预测整体评价。

然而，峰终定理并非在全部领域都奏效，在多种复杂情感的场景中也呈现出了不适用性。如，在电视节目的背景下，高峰时刻等特定模式在驱动整体判断中的作用是有限的，结束时刻对总体评价有更大的影响（Hui et al., 2014）。米伦 – 沙茨（Miron-Shatz, 2009）发现平均状态是对一天进行回顾评估的最佳指标，而不是高峰或结束状态。同样，穆克吉和劳 – 格斯克（Mukherjee, Lau-Gesk, 2016）的研究也没有证实在电子游戏背景下峰值时刻在预测整体评价结果中的作用，相反，他们发现结束时刻，特别是当结束部分是有意义时，与整体评价关联更大。

到 2015 年之后，峰终定理的研究在旅游休闲领域逐渐兴起，聚焦于人们在某些游乐场所、景区、旅游目的地中的积极情感体验评价，并且评价方式由仅依靠自我报告数据开始向兼备生理数据和自我报告数据转变。大多数峰终定理在旅游业领域的研究都是在度假的背景下进行的。巴斯蒂安森等（Bastiaansen et al., 2020）研究了游客坐过山车时实时皮肤电生理数据与最后情感评价的关系，发现峰值和终值并不能很好地体现整体的情感评分。李（Li S S，2020）对主题公园游客体验感受进行了皮肤电和问卷回顾性数据分析，发现游客在体验过程中愉悦的峰值、开始值、终值和平均值都与整体的满意度显著相关，而唤醒度无显著的作用。李等（Li S S et al.，2019）从旅游广告营销的角度出发，探究峰终体验与广告态度的关系，发现峰值、终值和平均值对广告态度有显著正向作用。由此看来，峰终定理在旅游领域的作用尚未明确，研究结论表明高峰和终点并不总是旅游休闲体验全面评估的最佳预测因子。旅游休闲领域中关于峰终定理的研究还需进一步探讨，具体作用需要与相关的结果变量相联系来分析。

（二）刺激-机体-反应理论

1. 刺激-机体-反应理论

SOR 理论（Stimulus-Organism-Response Model）指"刺激—机体—反应"模型，即刺激影响个体心理，进而人们产生相应的行为意向和行为反应（Mehrabian，Russell，1974）。SOR 理论模型包括三个主要方面：首先是个体所在的外在环境，是刺激变量；其次是个体受到外界因素刺激后发生的心理感知或情感状态，属于机体心理变化；最后，心理活动转化成一种行动或行为预备，称为反应措施。图 2-1 显示了 SOR 理论模型，在这个框架中，刺激是一个过程的起点，这个过程导致情感和认知内化，进而导致行为。

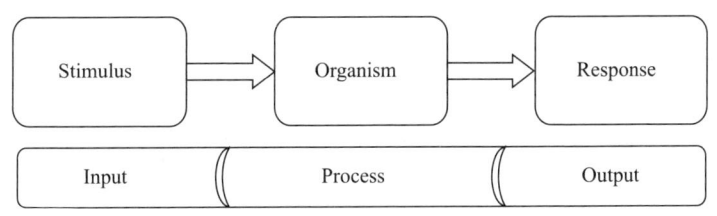

图 2-1　SOR 理论模型

资料来源：作者绘制

2. 刺激—机体—反应理论的研究现状

SOR 理论在学界得到广泛应用和深刻研究，在消费者服务领域被不断地扩展和丰富。沃尔威尔（Wohlwill，1976）认为 SOR 理论强调的是被视为审美刺激环境的情感触发或情感特性。之后，雅各比（Jacoby，2002）则提出一个整合的 SOR 框架，它包含了认知和情感系统，包含了所有先前参与的经历（延伸至长期记忆里的经历）。金和列侬（Kim，Lennon，2013）扩展了 SOR 理论，将内部和外部信息来源作为刺激因素，通过消费者认知和情感影响购买意愿。

SOR 理论在网络营销的研究中也颇受重视，如研究在线品牌社区特征的客户参与行为（Islam，Rahman，2017）、社交媒体社区中的共同创造（Kamboj et al.，2018）、消费者网上购物行为和忠诚度等（Wu，Li，2018）。在旅游领域，有学者运用 SOR 理论模型证明了对主题公园的感知价值越高，再次参观主题公园的意愿就越高（Chang et al.，2014）。近年来，随着虚拟现实旅游的出现，学者们开始使用 SOR 模型作为理论基础研究虚拟旅游中游客的行为。金等（Kim M J et al.，2020）以虚拟现实旅游为背景，基于扩展的 SOR 模型，研究了虚拟现实旅游中游客的潜在虚拟现实依恋和旅游意向。

基于以上分析可见，在旅游相关背景下，SOR 模型在解释消费者刺激、过程和反应之间的关系方面是非常合适和有效的理论框架。由此，本研究在 SOR 基础上，探索在虚拟现实旅游宣传片的刺激下，消费者产生的情感变化（愉悦度和唤醒度）及关键节点（峰值、终值、峰终平均值、平均值、速率等）的情感程度，对旅游宣传片态度、目的地态度和旅游意向的影响。如图 2-2 所示。

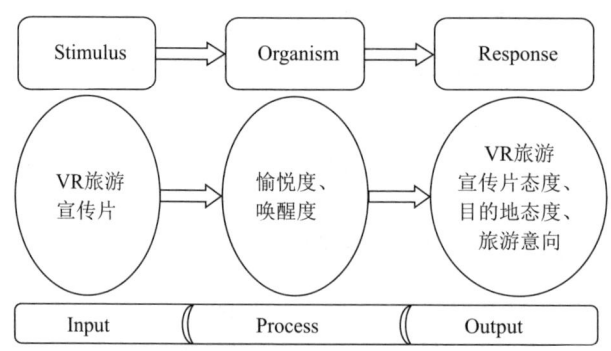

图 2-2　本研究的旅游消费者 SOR 模型

资料来源：作者绘制

（三）研究假设推演

1. 情感维度与旅游宣传片营销评价

根据 SOR 理论，个体受到积极的旅游虚拟体验内容刺激，会产生积极的情感状态，进而增强旅游意向（Kim et al., 2020）。近年有学者将峰终定理运用在 VR 旅游体验、电影观影感受中，发现对于更复杂和异质的体验，整个体验事件评价依赖于平均的愉悦度和唤醒度。广告研究认为，消费者的情感反应对广告态度有直接影响（Chang, 2001）。因此，对于本研究 VR 旅游宣传片的体验，提出以下假设：

H1：VR 旅游宣传片的情感反应（愉悦度、唤醒度）平均值对营销评价呈正向影响。

2. 多种情感模式与旅游宣传片营销评价

先前的研究强调了体验开始的作用，认为体验的第一件事情或开始时刻的情感反应能更好地预测消费者的偏好和选择（Bhargave，Montgomery，2013）。研究认为，体验的第一个时刻情感是由首因效应驱动的，即在一种体验开始时，信息或刺激在衡量的时候权重更大，因为它们被更好地回忆，并且开始的感受通过同化过程影响体验的后期部分（Biswas et al., 2010）。该研究还发现，当消费者经历相似的感官刺激时，序列的开始将发挥由感官习惯驱动的关键作用。弗格斯（Forgas，2011）还发现当产生积极情感时可以增加首因效应，这与积极情感相关的更具有同化性的整体加工观点相一致。总的来说，现有的大部分研究已经解释了关键时刻的影响，基于他们优越的顺序定位增强记忆，使那些处于优先序列位置的信息在大脑记忆存储与提取系统中具有优势，这些信息在被编码存储时伴随着更强烈的神经活动与更丰富的关联连接，当个体进行判断时，这些因顺序优势而被优先加工存储的信息能够更迅速地从记忆中被提取出来，成为他们在判断时最容易获得的信息。由于 VR 旅游宣传片是快乐基调的视频，引起人们的是积极情感，因此认为首因效应起较强作用，得出以下假设：

H2：VR 旅游宣传片开始时刻的情感反应（愉悦度、唤醒度）对营销评价呈正向影响。

过去的研究表明，当消费者构建整体评价时，他们的评价并不基于体验中感受到的痛苦或快乐的总量（Ariely，1998）。相反，关键时刻如顶峰或最强烈的情感时刻更能代表消费者的态度（Baumgartner et al.，1997）。峰值时刻能够影响整体评价，因为它们是独特的，给予消费者更好的回忆（Montgomery，Unnava，2009）。而面对具有营销劝说目的的宣传片或广告来说，消费者有明确的"计划者图式"来解释和评估，对营销影响效果做出反应（Friestad et al.，1994）。因此，人们对情感广告的反应可能不同于对其他情感片段的反应，一个片段的情感高峰体验似乎对整体判断产生了格外强烈的影响（Varey，Kahneman，1992）。这些关键时刻的情感强度比其他时间总和的情感价值更能预测消费者对全局的评估（Fredrickson，Kahneman，1993）。因此，提出以下假设：

H3：VR旅游宣传片高峰时刻的情感反应（愉悦度、唤醒度）对营销评价呈正向影响。

基于近因效应（Montgomery，Unnava，2009），无论结尾意义如何，结束时刻将显著影响总体评估，特别是消费者在体验后立即报告总体评价时近因效应更显著。近因效应在随后的研究中也有发现，例如比斯瓦斯（Biswas et al.，2014）表明，当消费者品尝两种同样理想的饮料时，他们更喜欢第二种饮料，因为他们能更好地回忆出其理想的方面。穆克吉和劳-格斯克（Mukherjee，Lau-Gesk，2016）通过以电子游戏为例研究消费者如何回忆并整合游戏体验的关键时刻，发现体验结束时刻对游戏的全面回顾评估起决定性作用，特别当结束时刻对于个人来说是有意义的、符合目标期许时。基于此，给出以下假设：

H4：VR旅游宣传片结束时刻的情感反应（愉悦度、唤醒度）对营销评价呈正向影响。

早期的研究主要集中在峰终定理，即体验的高峰或最强烈情感时刻与体验的结束或最后情感时刻之间的平均值预测了总体的回顾评估（Fredrickson，Kahneman，1993）。峰终定理确实在多种情况和环境（Baumgartner et al.，1997）下具有稳健性。关键时刻，如高峰时刻、结束时刻可能会影响整体评估，因为具有顺序优势（Montgomery，Unnava，2009），在消费者的记忆中是最容易接近的。由此，提出以下假设：

H5：VR旅游宣传片的情感反应（愉悦度、唤醒度）高峰—结束的平均值对营销评价呈正向影响。

先前研究发现除了高峰、结尾等关键时刻作用较大外，低谷或紧张时刻的情感亦影响总体评价（Kemp et al.，2008）。特别地，有研究发现，当结束时刻不再有意义时，低谷或情感最紧张的时刻会影响整体评估（Mukherjee，Lau-Gesk，2016）。同样地，罗德等（Rode et al.，2007）注意到，在整体积极的体验中，低谷时刻的特殊性可能是其对总体评估的影响的基础，即负面事件比正面事件的影响更大，并且在回顾时被放大（Miron-Shatz，2009）。那么当面对VR旅游宣传片时，低谷时刻可以被视为独特的时刻，因为整个VR旅游体验本质上是积极和有趣的。因此，得出以下假设：

H6：VR旅游宣传片低谷时刻的情感反应（愉悦度、唤醒度）对营销评价呈正向影响。

虽然前人研究已发现持续时间对于总体评价并无影响，但时长可能对峰值体验或结束时刻等度量产生影响，间接影响全局判断（Baumgartner et al.，1997）。如果把时长分割为开始到峰值情感体验（高峰时间）和达到峰值到结束体验（峰后时间）两个部分，那么这两个部分的时长分布不同，则对广告效果的评估可能会有所不同。高峰时间是为了达到一个高峰体验，高峰体验可能会提高广告评估。这一结论也可以通过考虑随着时间的推移人们对改进的需求和他们对延迟愉快结果的偏好而得出（Loewenstein，1987）。因此，对于产生愉悦感觉的广告，消费者可能更喜欢尽可能推迟情感高峰时刻的广告，最好的结果可能是高峰时间与结束时间一致。与高峰时间的影响相比，高峰后时间很可能是"无效"时间，对总体评价几乎没有有益影响。高峰过后的时间可能会降低总体广告喜好，从而削弱总体广告时间和总体评价之间的关系（Baumgartner et al.，1997）。因此，本研究提出以下假设：

H7：VR旅游宣传片体验的情感反应（愉悦度、唤醒度）的高峰时间对营销评价呈正向影响。

H8：VR旅游宣传片体验的情感反应（愉悦度、唤醒度）的峰后时间对营销评价呈负向影响。

鲍姆加特纳等（Baumgartner et al.，1997）用心理学文献研究人们对享乐结果序列的偏好，研究结果表明，消费者对广告引发的情感延伸片段的整体评价除了受情感高峰体验和剧集结束时刻的影响，同时也与瞬间情感反应随着时间的推移而改善的速度有关。在评价一个长剧集时，随着时间的推移，人们对改善的速度很敏感。具体来说，他们更喜欢快速地改进而不是渐进地改进

（Hsee，Abelson，1991）。对于大多数产生积极感觉的广告，广告模式的线性趋势成分与总体判断有显著的相关性，线性斜率越正，全局评价越有利。研究通过使用问卷和在电脑屏幕上显示的结果表明，满意度与结果随时间变化的速度正相关（Hsee，Abelson，1991）。情感的生理测量适合于研究旅游体验的时间动态，因此，可以提出以下假设：

H9：VR旅游宣传片的瞬时情感变化速度对营销评价呈正向影响。

根据峰终定理，高峰时刻的情感对于消费者的判断具有显著的较强的影响作用。然而当出现多个高峰时刻时，人们对于高峰时刻的印象可能不及少量高峰或单个高峰时刻出现时那么强烈，其情感反应对于总体评价的影响作用会被稀释，"物以稀为贵"的感觉下降。因此，提出以下假设：

H10：VR旅游宣传片的情感反应达到峰值的个数对营销评价呈负向影响。

3. 旅游宣传片态度与目的地态度、旅游意向

当前关于情感研究的文献多数运用自我报告方法，证实了广告诱发情感对广告态度、曝光后品牌态度和购买意愿的直接影响（Luoh，Lo，2012）。沙欣·沙里菲（Shahin Sharifi，2014）提出，消费者对广告的评价决定了他们随后对品牌的感知和行为意图。消费者对于广告的态度如何，一定程度上正向决定了其对此品牌的态度。在旅游情境下，曝光后品牌态度被表示为曝光后目的地态度，而购买意愿通常被表示为旅游意向（Van der Veen et al.，2014）。因此，本研究提出以下假设：

H11：VR旅游宣传片的态度对目的地态度呈正向影响。

购买意向是一种常见的衡量广告有效性的方法，用于评估消费者购买产品的可能性（Poels，Dewitte，2006）。在旅游领域中，购买意向是指旅游消费意向，对旅游目的地的访问意向，在旅游产品或服务上投入金钱和时间的意愿。黄（Huang Y C et al.，2016）研究VR旅游发现，消费者获得关于该地点的信息越多，对VR视频的态度越好，形成去往该地的消费意愿就越强。研究通过实验证明虚拟现实能产生更高水平的心理意象和幸福感，而这又促成了更强的旅游意向和购买决策（Skard et al.，2021）。由此提出假设：

H12：VR旅游宣传片的态度对旅游意向呈正向影响。

4. 旅游宣传片态度的中介作用

SOR 理论阐述了人们在受到一定的外界刺激的状态下，会相应地产出某种积极或消极的情感反应，影响对某种事物的评价和判断（Mehrabian，Russell，1974）。研究发现，消费者出于对某种品牌的喜爱，激发出真有之情，这种向好的情感在构筑品牌态度时发挥着主要作用（谢毅，彭泗清，2014）。对于旅游目的地来说，这种积极的真有之情有助于建立良好的目的地态度（吴恒，路婷婷，2017）。同时，情感（如快乐、吸引力、兴奋、兴趣、乐趣）影响着满意度和态度评价（Chang et al.，2014）。综合前人研究，可知情感因素在态度的形成中发挥重要作用，特别是积极的情感，被认为是刺激下的产物，影响态度结果。在关于广告效果的更广泛的文献中，人们花费了更多的精力来理解广告诱发的情感反应和观看后的广告效果之间的关系。对品牌的态度，也称为品牌态度或品牌兴趣，是个人对品牌的内部评价（Mitchell，Olson.，1981）。在广告研究中，广告态度被认为是情感反应与品牌态度之间的中介关系（Hamelin et al.，2017）。同样，在旅游领域，本研究使用目的地态度作为品牌态度，旅游意向作为购买意愿。广告态度、目的地态度和旅游意向已经被广告和旅游学者频繁使用，作为测量广告有效性的可靠指标（Van der Veen et al.，2014）。因此，本研究提出以下假设：

H13：对 VR 旅游宣传片的态度在情感反应（愉悦度、唤醒度）与旅游目的地态度之间起中介作用。

根据 SOR 理论，个体的情感反应即情感，会导致其产生回避或访问特定环境的行为（Mehrabian，Russell，1974）。网络消费行为中情感往往是左右消费者购买行为的主力军（于尚艳，李华轩，2013）。网上购物时，购物者的情感越积极，他们对网上购物的购买意愿越高（Kim，Lennon，2013）。而旅游产品作为一种享乐型商品，感受到的情感与期望会影响消费者的购买决策，并且影响贯穿服务体验全过程。在拟人化广告下，积极的情感促进积极的旅游效果（Letheren et al.，2017）。黄等（Huang Y C et al.，2016）发现，情感参与、积极的情感和流动状态对旅行的行为意图有积极的影响。金等（Kim M J et al.，2020）的研究确定了认知和情感反应显著地有利于探索依恋和访问意图。因此，提出以下假设：

H14：对 VR 旅游宣传片的态度在情感反应（愉悦度、唤醒度）与旅游意向之间起中介作用。

（四）研究模型

基于以上假设，本研究提出了理论模型，见图2-3。

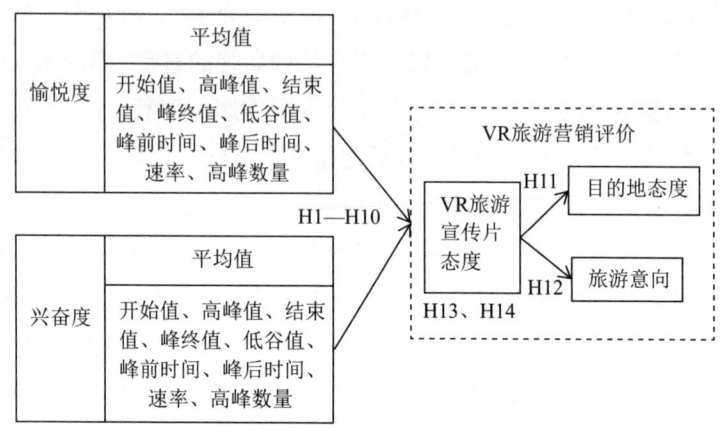

图 2-3　本研究的理论模型

资料来源：作者绘制

第三节　研究方法和研究设计

在第二节中，我们对虚拟现实（VR）技术在旅游领域的应用背景进行了全面审视，并分析了其在情感营销方面的研究现状；同时，认识到 VR 技术在提供沉浸式体验方面的巨大潜力，以及在旅游营销中作为情感营销工具的重要性。现有研究在情感维度的具体化和动态情感变化的测量上存在不足。因此，本章将深入探讨理论基础、研究假设和方法论，构建综合性的研究模型，以揭示消费者在观看 VR 旅游宣传片时的情感变化模式及其对旅游营销评价的影响。

一、研究对象

本研究在 2021 年 4 月到 7 月通过线下和线上宣传方式招募 VR 旅游体验

志愿者，感兴趣的人填写报名问卷并加入微信群，进一步确认报名信息，以便获悉实地参与的时间和地点。调研的报名人数为 464 人，最终参与者共有 421 人，每人完成实验后将获得一份礼物作为奖励。调研选择的 VR 视频包括了潜水、坐过山车等旅游活动，符合年轻人的旅游品位；同时，调研要求旅游者具备良好的身体素质。因此，选择 18~35 岁的群体作为研究对象是适宜的。

本研究观看设备选择国内专业知名 VR 一体机品牌产品——PICO G2 4KS，由于 VR 一体机佩戴时覆盖面部上半部分，遮盖面部苹果肌，因此使用皮肤电活动测量生理数据比面部肌电设备可操作性更强且更便捷（本研究测量皮肤电活动时使用 Empatica E4 皮肤电生理大数据手环，简称为 Empatica E4 手环）。对样本数据进行筛选，去除问卷中缺填漏填、未通过注意力题目筛选的数据，以及生理数据中由于客观故障丢失率大于 30%、未通过皮肤电反应检测的数据。皮肤电反应检测在 Acqknowledge 软件中进行，设置间隔时间 5 秒内皮肤电值高于 0.01μm 的识别为皮肤电反应（SCR），不符合此指标的数据则被删去。问卷和生理数据一一匹配，任何一种数据无效则相对应地同时去除此参与者的问卷和生理数据。最终获得皮肤电生理数据和问卷自我报告数据的有效数据各 363 份，数据有效率为 86.22%。

二、研究刺激情境

（一）刺激物选取过程

本研究采用国内外目的地营销组织发布的 VR 视频作为刺激。与之前的研究一致（Kim et al.，2020），本研究将 VR 旅游宣传片作为一个强大的旅游营销工具，VR 体验是消费者进行旅游购买行为之前的尝试。根据三个标准预先选择了 3 个 VR 视频作为后备，具体标准是：① VR 视频的时长为 1~4 分钟，以减少观看者的不适（Li S S et al.，2016）；②宣传片内容倾向于积极和愉快的旅行体验；③ VR 视频中的旅游活动适合 18~35 岁的人群参加。基于以上标准选出三个 VR 旅游目的地视频，分别为珠海、南昌、上海的官方视频，均由中国网络电视台 CNTV 发布。选择统一的官方 VR 作品，尽可能地避免由于拍摄手法、风格和叙述方式的差异影响选择结果。

本研究邀请了 29 名研究生（男 14 人，女 15 人），对 3 个 VR 视频进行愉悦度和唤醒度的打分，排名第一的 VR 旅游宣传片将作为正式调研的刺激物。具体预调研过程如下：首先，随机顺序播放三个 VR 旅游宣传片，研究员观看后对每个视频的情感愉悦度和唤醒度进行打分，利用 SAM 量表从 1 分到 10 分对应非常不高兴到非常高兴、非常沉闷到非常兴奋。其次，根据每个视频的内容轴线，研究员勾画出关于"愉悦"和"唤醒"的动态情感线。内容轴线是依据视频中景点出现的时间顺序，在横轴上从左到右标注出早到晚出现的景点，纵轴为愉悦度和唤醒度的评分。最后，根据体验感受，研究员从中选出觉得最满意的一个 VR 旅游宣传片。

（二）筛选结果分析

1. 单样本 t 检验

经检验，三个 VR 预选视频的情感值愉悦度和唤醒度（如表 2-3）都显著大于 5（SAM 量表评分为 0~10），表明所选视频为积极情感的视频，满足作为 VR 刺激物的前提条件。

表 2-3　三个 VR 预选视频的愉悦度和唤醒度单样本 t 检验结果

愉悦度							
地点	平均值	标准差	t	自由度	Sig.（双尾）	差值 95% 置信区间下限	差值 95% 置信区间上限
珠海	7.20	1.29	9.19	28	0.000	1.7153	2.6984
上海	6.59	1.18	7.24	28	0.000	1.1371	2.0353
南昌	6.21	1.26	5.14	28	0.000	0.7260	1.6878
唤醒度							
地点	平均值	标准差	t	自由度	Sig.（双尾）	差值 95% 置信区间下限	差值 95% 置信区间上限
珠海	7.14	1.43	8.04	28	0.000	1.5931	2.6828
上海	6.41	0.983	7.75	28	0.000	1.0400	1.7876
南昌	5.83	1.44	3.09	28	0.000	0.2795	1.3757

注：N=29；检验值 = 5。
资料来源：作者整理

2. 重复方差分析

经检验，三个 VR 预选视频中有一个视频的情感评分（愉悦度和唤醒度）显著高于其他两个视频。表 2-4 可以显示，有关珠海视频的愉悦度得分显著高于其他两个目的地视频 [Mean=7.2, $F(2, 56)=5.602$, $p=0.006<0.01$]；其唤醒度得分显著高于其他两个目的地视频 [Mean= 7.14, $F(2, 56)=8.855$, $p=0.000<0.001$]。

表 2-4　三个 VR 预选视频的愉悦度和唤醒度重复方差分析结果

测量：愉悦度

假设球形度	III 类平方和	自由度	均方	F	显著性	偏 Eta 平方
	14.782	2	7.391	5.602	0.006	0.167

测量：唤醒度

假设球形度	III 类平方和	自由度	均方	F	显著性	偏 Eta 平方
	24.989	2	12.494	8.855	0.000	0.240

资料来源：作者整理

3. 动态情感线

根据 29 名研究生动态评分的均值分别绘制出 3 个视频的动态情感线，见图 2-4 所示。在对三段视频的满意度调查中：选择珠海视频的有 25 人，选择上海视频的有 3 人，选择南昌视频的有 1 人。综合评价分析，最终选出珠海 VR 旅游宣传片作为正式调研的刺激物。珠海 VR 旅游宣传片由中国网络电视台 CNTV 公开发布，主要内容包括 11 个景点，按出现的时间顺序分别为：海上渔女神像、圆明新园、海泉湾、日月贝歌剧院、牌坊歌舞表演、高栏港口、海岛风光、海洋王国海底世界、海洋王国夜景、舞台表演、烟花秀，全程共计 2 分 12 秒。

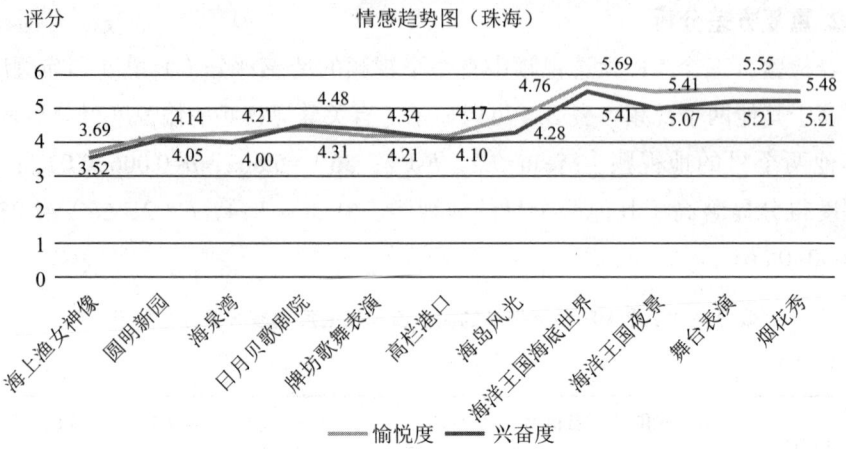

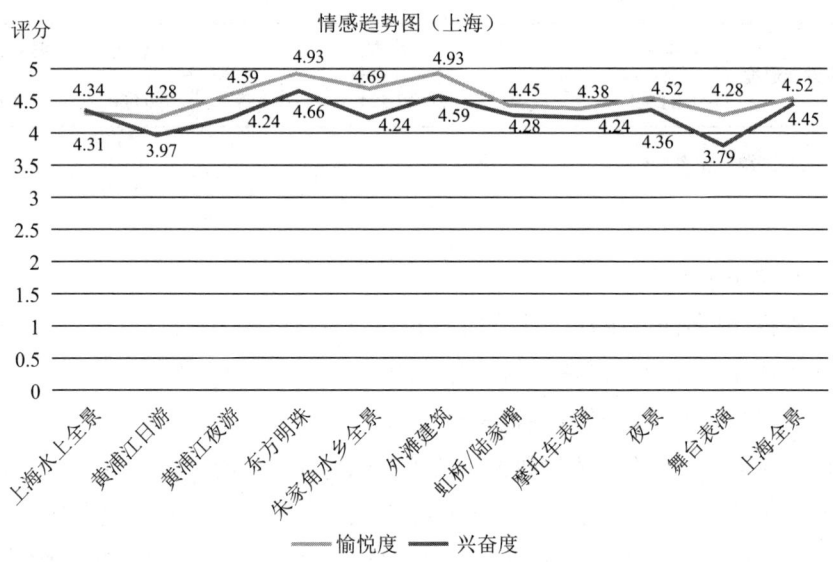

图 2-4（1） 三个 VR 预选视频的动态情感图

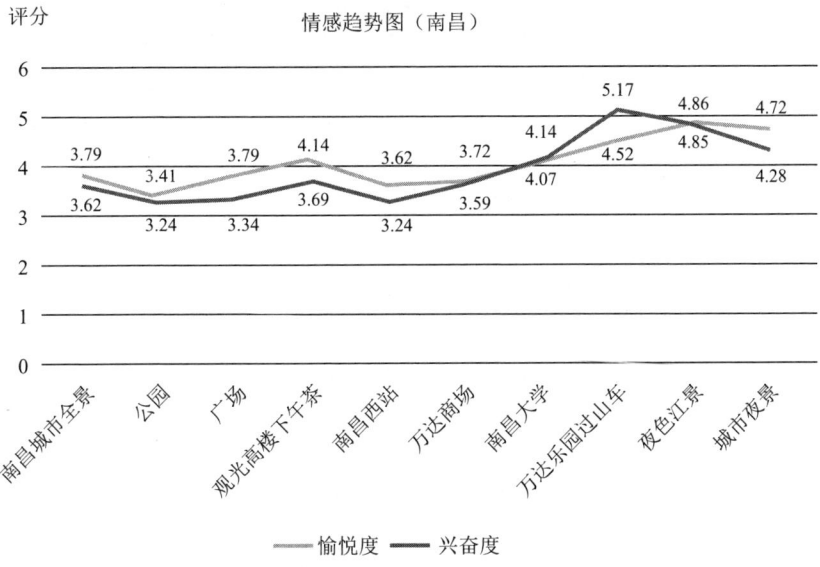

图 2-4（2） 三个 VR 预选视频的动态情感图

资料来源：作者绘制

（三）正式调研过程

正式调研流程如图 2-5 所示，分为四个步骤：首先，调研者筛选出能够体验虚拟现实的合适参与者；其次，参与者熟悉流程；再次，参与者佩戴 Empatica E4 皮肤电生理大数据手环后，观看珠海的 VR 宣传片；最后，填写相关问卷，完成实验。

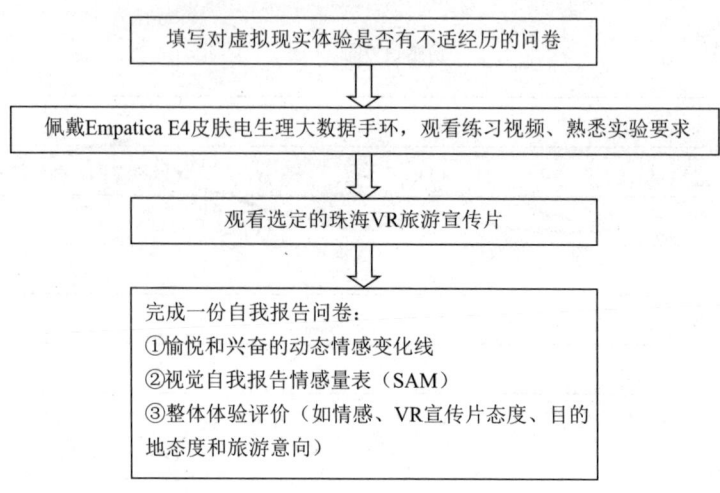

图 2-5 正式调研流程图

资料来源：作者绘制

（四）各变量含义和量表

1. 生理数据

研究使用皮肤电活动来测量情感唤醒，以检测参与者的实时情感反应。当机体受到刺激时，皮肤内的血管产生收缩和舒张，汗腺被激活而发生变化，此变化称为皮肤电活动（EDA）。EDA 信号分为渐变信号（Tonic Data）和突变信号（Phasic Data），突变信号指汗腺活动快速变化的部分，称为相位皮肤电反应（SCR），是最敏感的情感反馈之一，与唤醒度密切相关（Braithwaite et al., 2013）。在生理学研究中，相位皮肤电反应（Phasic SCR）和基础皮肤电导水平（Tonic SCL）是皮肤电测量技术采集的两种数据类型。自变量代表含义详见表 2-5 所示。

表 2-5　自变量关键节点含义

自变量	含义	引用
开始值	开始时刻的情感强度	Mukherjee, Lau-Gesk（2016）
终值	结束时刻的情感强度	
峰值	情感强度最大值	Baumgartner et al.（1997）
低谷值	情感强度最小值	
峰前时间	开始到高峰时刻的时间	
峰后时间	高峰到结束时刻的时间	
变化速度	情感对时间的回归系数	
高峰个数	情感高峰数量	
整体平均值	整体强度除以时间	
高峰—结束平均值	峰值和终值的和除以 2	Kahneman et al.（1997）

资料来源：根据相关文献整理

2. 自我报告情感数据

实验要求参与者在体验完虚拟现实视频后画出愉悦和唤醒变化线，以及对愉悦度和唤醒度做整体评价。为了捕捉参与者对关键时刻的回忆，采用了过去研究中使用过的日重构法（DRM）。纵轴表示愉悦或唤醒从 -7 到 7 的程度，横轴表示时间进展。研究将观看虚拟现实视频的时间划分为 11 个等量的部分，显示在横轴上，并标注时间节点上相应的旅游活动内容以帮助参与者回忆。参与者被要求分别画愉悦和唤醒两条连续的线来报告从 VR 体验开始到结束所经历的情感强度。自我报告情感量表（SAM 量表）采用 9 分制的评分（Bradley MM et al., 1994）。自我报告情感自变量量表见表 2-6 所示。

表 2-6　自我报告情感自变量量表

方法	自变量	测量工具
日重构法（Day Reconstruction Method）	愉悦	纵轴：高兴（7）到伤心（-7）；横轴：时间 2分12秒；节点依次为 海上渔女神像、圆明新园、海泉湾、日月贝歌剧院、牌坊歌舞表演、高栏港口、海岛风光、海洋王国海底世界、海洋王国夜景、舞台表演、烟花秀
	唤醒	纵轴：兴奋（7）到沉闷（-7）；横轴：时间 2分12秒；节点依次为 海上渔女神像、圆明新园、海泉湾、日月贝歌剧院、牌坊歌舞表演、高栏港口、海岛风光、海洋王国海底世界、海洋王国夜景、舞台表演、烟花秀
视觉自我报告情感量表（Self-Assessment Manikin）	愉悦	5个小人图示，1—9刻度条
	唤醒	5个小人图示，1—9刻度条

资料来源：作者绘制

3. 自我报告情感因变量量表

根据英文文献的成熟量表，对各个题项进行英文到中文再到英文的翻译，并对修辞进行调整以更加适应本研究情境，生成量表（表2-7）。最后，问卷采用七点李克特量表（1="非常不同意"，7="非常同意"）。

表2-7 因变量量表

因变量	量表	引用
VR旅游宣传片态度	1. 我觉得这个VR旅游宣传片很好 2. 我觉得这个VR旅游宣传片内容很积极 3. 我很喜爱这个VR旅游宣传片	Lim et al.（2020）
旅游目的地态度	1. 看完VR旅游宣传片后，我更加喜爱珠海这个地方了 2. 看完VR旅游宣传片后，我更青睐珠海这个地方了 3. 看完VR旅游宣传片后，我对拜访珠海更有兴趣了	Tussyadiah et al.（2018）
旅游意向	1. 看完VR旅游宣传片后，我有计划去珠海旅游 2. 看完VR旅游宣传片后，我十分期望去珠海旅游 3. 看完VR旅游宣传片后，我很愿意去珠海游玩 4. 我乐意花时间和金钱去珠海游玩	Kim et al.（2020）

资料来源：根据相关文献整理

4. 考虑的控制变量

数据收集时间处于新冠疫情时期，考虑到疫情对人们心理情绪的影响将左右人们的出游选择，因此，本研究把疫情期间的负面情感作为控制变量纳入测量。同时针对VR旅游情境，本研究测量了虚拟现实的沉浸感和临场感，体验过程的投入度，以突出虚拟现实技术在视频应用中的效果。由于先前的体验可能会影响人们的判断，所以关于先前的VR体验经历和去过珠海的次数也被作为控制变量。另外，关于情感的研究可能受当下心情的影响，将此时此刻的心情也进行了测量。最后，将可能的人口统计学特征纳入控制变量的范围。

第四节　数据分析和研究结果

第三节详细阐述了研究方法和设计，说明了情境实验法和问卷调查法等的结合使用，以及数据收集的具体步骤，为预调研和正式调研的实施提供了坚实的基础，并为研究假设的验证做好了准备。本节将转向数据分析和研究结果的呈现，描述预调研和正式调研的过程，展示如何选择问卷刺激材料和收集生理数据及问卷数据，并对收集到的数据进行全面的统计分析，以验证研究假设。

一、数据分析

（一）描述性统计

1. 人口统计特征描述

通过整理问卷数据（表2-8）可知，有效问卷共363份。其中，男性问卷171份，占样本总量为47.11%；女性问卷192份，占样本总量为52.89%，男女比例均衡。在年龄上，18~22岁参与者占比最多，达59.5%，其次为23~27岁群体，占38.84%。受教育水平，本科水平有203人，占55.92%，超过一半；其次为硕士水平，有147人，占40.5%。从月均可支配收入情况来看，因为主要为学生群体，2000元以下的最多，有205人，占56.47%；2000~4000元次之，有144人，占39.67%。从到访目的地珠海的次数来看，大部分参与者之前未曾去过珠海，占比达81.82%。就VR体验经历来说，47.66%的参与者之前没有过VR体验，31.4%的参与者仅有过1~2次的VR体验经历。

表2-8　人口统计特征描述性分析

变量	特征	数量（人）	总量占比（%）	累计占比（%）
性别	男	171	47.11	47.11
	女	192	52.89	100.00

续表

变量	特征	数量（人）	总量占比（%）	累计占比（%）
年龄	18~22 岁	216	59.50	59.50
	23~27 岁	141	38.84	98.34
	28~35 岁	5	1.38	99.72
	35 岁以上	1	0.28	100.00
受教育水平	本科	203	55.92	55.92
	硕士	147	40.50	96.42
	博士	13	3.58	100
月均可支配收入	2000 元以下	205	56.47	56.47
	2000~4000 元	144	39.67	96.14
	4000~6000 元	12	3.31	99.45
	6000 元以上	2	0.55	100
到访珠海次数	从未去过	297	81.82	81.82
	1~2 次	55	15.15	96.97
	3~5 次	5	1.38	98.35
	5 次以上	6	1.65	100.00
VR 体验经历	之前没试过	173	47.66	47.66
	1~2 次	114	31.40	79.06
	3~5 次	56	15.43	94.49
	5 次以上	20	5.51	100

资料来源：作者绘制

2. 各变量描述性统计

对问卷量表中的关键变量和控制变量进行了描述性统计分析，如表 2-9。

表 2-9 关键变量和控制变量的描述性统计分析

变量	最小值	最大值	均值	标准差
SAM—愉悦度	4.00	9.00	7.47	1.34
SAM—唤醒度	3.00	9.00	7.12	1.54
量表—愉悦度	1.67	7.00	5.31	1.04
量表—唤醒度	1.00	7.00	4.80	0.97

续表

变量	最小值	最大值	均值	标准差
对VR旅游宣传片的态度	1.67	7.00	5.44	0.98
目的地态度	2.00	7.00	5.24	0.99
旅游意向	1.75	7.00	4.98	1.10
临场感	1.00	7.00	4.66	1.21
沉浸感	1.00	7.00	5.08	1.03
疫情期间负面情感	1.00	7.00	3.23	1.37
心情	3.50	7.00	5.71	0.81
投入度	1.00	7.00	4.83	1.43
有效个案数			363	

资料来源：作者绘制

通过对363份有效样本的数据分析，发现参与者的愉悦度和唤醒度都处于中等偏上水平：在10分制的视觉自我报告情感量表中，愉悦度均值为7.47分，唤醒度均值为7.12分，大于中间值5.5；而7分制量表中，愉悦度均值为5.31分，唤醒度均值为4.8分，大于中间值4。对于结果变量，对VR宣传片的态度、目的地态度和旅游意向的均值都处于中上水平，分别为5.44、5.24和4.98，表明参与者观看VR视频后整体的体验感受较为积极。关于VR场景的临场感和沉浸感均值都大于4，分别为4.66和5.08，即表明VR情境的设置能一定程度上唤起人们身临其境的感受。此外，新冠疫情期间人们的负面情感得分均值为3.23，参与者因疫情受到负面情感的影响程度不大；参与者的心情和投入度均值都大于4，处于中等偏上水平。

（二）自我报告情感数据统计

参与者用从-7（不高兴）到7（高兴）的分值对观看体验给予愉悦度评价，从-7（沉闷）到7（唤醒）对观看体验给予唤醒度评价。共363份有效数据的自我报告情感变量各指标数据分析，具体概述可见表2-10所示。峰前时间和峰后时间用总体11个景点个数作为衡量，即峰前时间为达到高峰时的景点序号数，峰后时间为总景点个数11减去达到峰前时间的景点个数。

表 2-10 自我报告情感数据各指标统计分析

变量	代表指标	均值	标准差	变量	代表指标	均值	标准差
愉悦度	整体平均值	4.14	1.19	唤醒度	整体平均值	3.87	1.35
	开始值	3.20	1.63		开始值	2.97	2.09
	峰值	6.25	1.06		峰值	6.16	1.21
	终值	4.55	1.77		终值	4.27	2.03
	峰终平均值	5.40	1.23		峰终平均值	5.21	1.40
	低谷值	2.07	1.89		低谷值	1.68	2.11
	峰前时间	7.05	2.31		峰前时间	6.95	2.44
	峰后时间	3.95	2.31		峰后时间	4.05	2.44
	变化速率	0.41	0.39		变化速率	0.39	0.43
	高峰数量	2.13	1.20		高峰数量	2.17	1.24

资料来源：作者绘制

自我报告的情感问卷为 11 个景点的情感愉悦度和唤醒度评价曲线，参与者对每个景点从 –7 到 7 分进行评价。关于每个景点的自我报告平均愉悦度和唤醒度的均值可见表 2-11。

表 2-11 情感数据各指标统计分析

序号	景点	时间分布	愉悦度	唤醒度
1	海上渔女神像	0~13s	3.20	2.97
2	圆明新园	14~20s	3.20	2.91
3	海泉湾	21~25s	3.71	3.31
4	日月贝歌剧院	26~33s	4.04	3.66
5	牌坊歌舞表演	34~38s	3.44	3.11
6	高栏港口	39~45s	3.69	3.47
7	海岛风光	46~53s	4.31	3.94
8	海洋王国海底世界	54~62s	5.62	5.47
9	海洋王国夜景	63~90s	5.32	5.07
10	舞台表演	91~114s	4.53	4.40
11	烟花秀	115~140s	4.56	4.28

资料来源：作者绘制

按参与者对每个场景的平均分建立情感愉悦度和唤醒度评级的景点序列图，如图2-6所示。

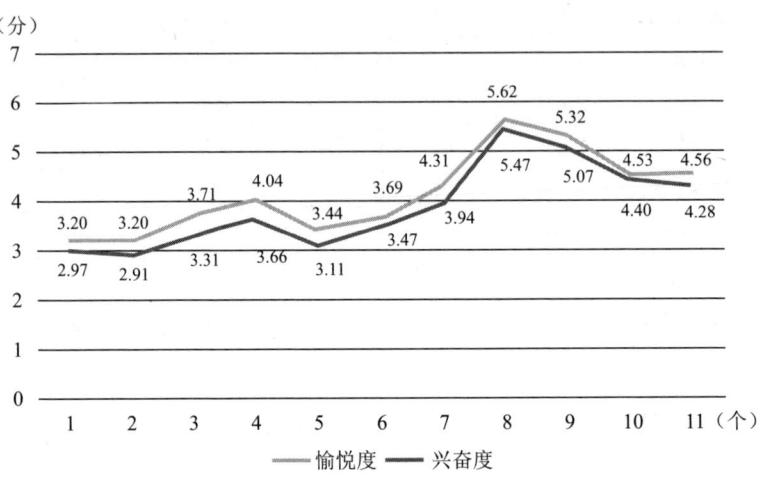

图2-6　自我报告情感数据图

资料来源：作者绘制

（三）关键变量信效度分析

对结果变量和控制变量进行信度和效度分析。信度分析分为两方面：一是检验变量的克隆巴赫系数（Cronbach's α 值），大于0.7则量表的可靠度较高；二是检验题项的相关性，当校正的项总相关性（Corrected Item-Total Correlation，CITC）大于0.4时，则代表题项相关性良好，无须删除或更改。探索性因子分析主要观测KMO值和巴特利特球形度检验（Bartlett）的p值是否显著，KMO值大于0.7代表数据效度良好，p值小于0.05则为显著，适宜进行下一步因子分析。并且，可以进一步采用验证性因子分析检验VR旅游宣传片态度、旅游目的地态度和旅游意向这三个变量的各自聚敛效度和区分效度。

1. VR旅游宣传片态度

对VR旅游宣传片态度的量表进行信度和效度分析（见表2-12），Cronbach's α 为0.87，CITC均大于0.4，信度良好；KMO值为0.71（$p<0.05$），

效度良好。

表 2-12　VR 旅游宣传片态度信度和效度分析

变量	题项	修正后的项与总计相关性	删除项后的 Cronbach's α	Cronbach's α
VR 旅游宣传片态度（3 项）	1. 我觉得这个 VR 旅游宣传片很好	0.79	0.78	0.87
	2. 我觉得这个 VR 宣传片内容很积极	0.66	0.90	
	3. 我很喜爱这个 VR 旅游宣传片	0.83	0.75	
KMO 取样适切性量数				0.71
巴特利特球形度检验		近似卡方		613.472
		自由度		3
		显著性		0.000

资料来源：作者绘制

2. 旅游目的地态度

对旅游目的地态度的量表进行信度和效度分析（见表 2-13），Cronbach's α 为 0.93，CITC 均大于 0.4，信度良好；KMO 值为 0.76（$p<0.05$），效度良好。

表 2-13　旅游目的地态度信度和效度分析

变量	题项	修正后的项与总计相关性	删除项后的 Cronbach's α	Cronbach's α
旅游目的地态度（3 项）	1. 看完 VR 旅游宣传片后，我更加喜爱珠海这个地方了	0.86	0.89	0.93
	2. 看完 VR 旅游宣传片后，我更青睐珠海这个地方了	0.87	0.89	
	3. 看完 VR 旅游宣传片后，我对拜访珠海更有兴趣了	0.83	0.92	
KMO 取样适切性量数				0.76

续表

变量	题项	修正后的项与总计相关性	删除项后的 Cronbach's α	Cronbach's α
	巴特利特球形度检验		近似卡方	872.381
			自由度	3
			显著性	0.000

资料来源：作者绘制

3. 旅游意向

对旅游意向的量表进行信度和效度分析（见表2-14），Cronbach's α 为0.92，CITC 均大于0.4，信度良好；KMO 值为0.84（$p < 0.05$），效度良好。

表2-14 旅游意向信度和效度分析

变量	题项	修正后的项与总计相关性	删除项后的 Cronbach's α	Cronbach's α
旅游意向（4项）	1. 看完VR旅游宣传片后，我有计划去珠海旅游	0.80	0.89	0.92
	2. 看完VR旅游宣传片后，我十分期望去珠海旅游	0.81	0.89	
	3. 看完VR旅游宣传片后，我很愿意去珠海玩	0.80	0.89	
	4. 我乐意花时间和金钱去珠海游玩	0.82	0.89	
KMO 取样适切性量数				0.84
巴特利特球形度检验			近似卡方	1025.359
			自由度	6
			显著性	0.000

资料来源：作者绘制

4. 控制变量

对控制变量临场感、沉浸感、疫情期间负面情感和当下（填问卷时）心情的量表进行信度和效度分析，Cronbach's α 均大于 0.7，CITC 均大于 0.4，表明信度良好（表 2-15）；KMO 值均大于 0.7（$p < 0.05$），代表效度良好（表 2-16）。

表 2-15 控制变量信度分析

变量	题项	修正后的项与总计相关性	删除项后的 Cronbach's α	Cronbach's α
临场感 （3项）	1. 我仿佛置身于 VR 场景当中	0.65	0.85	0.85
	2. VR 里的世界如我的真实世界一般，以至于观看时我快忘了外面的现实世界	0.79	0.72	
	3. VR 中发生的事情像我真的经历过一样	0.74	0.77	
沉浸感 （3项）	1. 在与虚拟现实互动的过程中，我将注意力集中在虚拟环境上	0.65	0.72	0.79
	2. 我能感觉自己与 VR 视频有所互动	0.62	0.73	
	3. 我沉浸在 VR 内容中，像脱离了外面的世界	0.66	0.70	
疫情期间负面情感 （7项）	1. 我经常小题大做	0.77	0.95	0.96
	2. 我经常感到不愉快	0.87	0.94	
	3. 我经常生气	0.82	0.95	
	4. 我看待事情总是很悲观	0.82	0.95	
	5. 我经常心情不好	0.88	0.94	
	6. 我经常忧心忡忡	0.86	0.95	
	7. 我经常情绪低落	0.87	0.94	
当下心情 （4项）	1. 此时此刻，我的心情不错	0.68	0.77	0.83
	2. 回答问题时，我心情愉悦	0.71	0.75	
	3. 此时此刻，我感到急躁易怒	0.63	0.79	
	4. 由于某些原因，我现在感觉不太舒服	0.59	0.81	

资料来源：作者绘制

表 2-16 控制变量的 KMO 和巴特利特球形度检验

变量	指标		值
临场感	KMO 取样适切性量数		0.70
	巴特利特球形度检验	近似卡方	496.767
		自由度	3
		显著性	0.000
沉浸感	KMO 取样适切性量数		0.71
	巴特利特球形度检验	近似卡方	334.068
		自由度	3
		显著性	0.000
疫情期间负面情感	KMO 取样适切性量数		0.93
	巴特利特球形度检验	近似卡方	2582.244
		自由度	21
		显著性	0.000
当下心情	KMO 取样适切性量数		0.71
	巴特利特球形度检验	近似卡方	699.639
		自由度	6
		显著性	0.000

资料来源：作者绘制

在本研究模型中，对于情感采用愉悦和唤醒两个变量的特征值来进行分析，不同于采用量表的数据，因此效度的检验仅针对结果变量 VR 旅游宣传片态度、目的地态度和旅游意向三个变量进行。根据表 2-17，所列题项的标准化因子载荷均大于 0.7，复合信度（Composite Reliability，CR）均大于 0.7，说明这三个关键变量的收敛效度良好。随后分析了三个关键变量的平均方差提取值（Average Variance Extracted，AVE）。可见，VR 旅游宣传片态度的 AVE 为 0.706，旅游目的地态度的 AVE 为 0.817，旅游意向的 AVE 为 0.735，所有变量的 AVE 均大于 0.50，这进一步说明了此三个关键变量具有良好的收敛效度。同时，由表 2-18 可见，三个关键变量的 AVE 大于此变量与其他变量的相关系数的平方值，验证说明核心变量之间的区分效度较好。

表 2-17 核心变量的效度检验

变量	标准化载荷系数	残差	结构效度（CR）	平均提取方差值（AVE）
VR 旅游宣传片态度（3项）	0.86	0.260	0.876	0.706
	0.71	0.424		
	0.95	0.098		
旅游目的地态度（3项）	0.92	0.154	0.930	0.817
	0.92	0.154		
	0.87	0.243		
旅游意向（4项）	0.84	0.294	0.917	0.735
	0.86	0.260		
	0.86	0.260		
	0.87	0.243		

资料来源：作者绘制

表 2-18 核心变量的 AVE 值与相关系数的平方值

变量	1	2	3
VR 旅游宣传片态度	0.706[b]		
旅游目的地态度	0.516[a]	0.817[b]	
旅游意向	0.365[a]	0.589[a]	0.735[b]

注：[a] 为各变量两两相关系数的平方值；[b] 为各变量的平均提取方差值。
资料来源：作者绘制

（四）共同方法偏差检验

由于本研究是通过被试在现场实验中完成的，每个参与者问卷中的所有数据均为同一时间收集，因此应通过检验来排除数据是否存在共同方法偏差（Common Method Bias）。运用哈曼（Harman）单因素方差分析法对此进行检验，能够保证研究数据科学且有效。结果显示，本研究中未旋转的最大因子仅仅能够解释总方差的 30.768%，小于 40%，说明此样本数据并无严重的共同方法偏差。

（五）变量间相关性分析

为了测试不同的聚合规则，本研究遵循了前人的实践，使用一些统计分析来测试峰终规则，以确定最能预测总结评估的自变量。具体的数据分析包括使用 Steiger's z 检验比较自变量和总结评价之间的 Pearson 相关性，层次回归以检验模型关系，最后通过 SPSS 软件中的 PROCESS 模块来检验中介效应。本节主要分析情感自变量各个指标与 VR 旅游宣传片态度、旅游目的地态度、旅游意向和珠海初印象的相关关系。

本研究采用 Pearson 相关分析评价自我报告数据的情感各指标与自变量的关系（表 2-19），结果发现：①愉悦度的开始值、峰值、终值、低谷值、整体平均值、峰终平均值与 VR 旅游宣传片态度呈显著的正相关关系；特别地，整体平均值、峰终平均值、峰值的相关性排在前三，分别为：$r=0.424$、$r=0.400$、$r=0.393$（$p<0.001$）。②唤醒度的开始值、峰值、终值、低谷值、整体平均值和峰终平均值与 VR 旅游宣传片态度呈显著的正相关关系；特别地，整体平均值、峰值、峰终平均值的相关性排在前三，分别为：$r=0.419$、$r=0.376$、$r=0.361$（$p<0.001$）。

根据变量的各指标相关系数进行 Steiger's z 检验，比较相关系数的差异是否显著，可知如下结果：对于愉悦度自我报告数据，整体平均值、峰值和峰终平均值与 VR 宣传片态度的相关性分别显著高于愉悦度的其他指标，在预测 VR 宣传片态度方面，此三项指标比其他指标更有效。

表 2-19 自我报告情感指标的相关关系

愉悦度指标	1	2	3	4	5	6	7	8	9	10	11	12	13	14
VR旅游宣传片态度	1													
目的地态度	0.718**	1												
旅游意向	0.604**	0.768**	1											
初印象	0.473**	0.568**	0.618**	1										
开始值	0.277**	0.250**	0.254**	0.212**	1									
峰值	0.393**	0.349**	0.354**	0.290**	0.413**	1								
结束值	0.322**	0.265**	0.292**	0.269**	0.327**	0.485**	1							
低谷值	0.241**	0.257**	0.246**	0.209**	0.603**	0.319**	0.398**	1						
整体平均值	0.424**	0.400**	0.388**	0.335**	0.726**	0.718**	0.627**	0.734**	1					
峰终平均值	0.400**	0.341**	0.362**	0.318**	0.413**	0.779**	0.926**	0.423**	0.759**	1				
峰前时间	-0.009	-0.034	-0.049	-0.008	-0.289**	0.092	0.159**	-0.148**	-0.177**	0.154**	1			
峰后时间	0.009	0.034	0.049	0.008	0.289**	-0.092	-0.159**	0.148**	0.177**	-0.154**	-10.000**	1		
变化速率	0.046	0.055	0.049	0.053	-0.385**	0.072	0.537**	-0.024	0.004	0.416**	0.567**	-0.567**	1	
高峰数量	0.099	0.122*	0.151*	0.145**	0.178**	0.030	0.304**	0.155**	0.357**	0.231**	-0.373**	0.373**	0.058	1

续表

唤醒度指标	1	2	3	4	5	6	7	8	9	10	11	12	13	14
VR旅游宣传片态度	1													
目的地态度	0.718**	1												
旅游意向	0.604**	0.768**	1											
初印象	0.473**	0.568**	0.618**	1										
开始值	0.279**	0.212**	0.205**	0.232**	1									
峰值	0.376**	0.351**	0.300**	0.302**	0.379**	1								
结束值	0.275**	0.266**	0.239**	0.227**	0.234**	0.460**	1							
低谷值	0.263**	0.270**	0.237**	0.239**	0.667**	0.295**	0.406**	1						
整体平均值	0.419**	0.373**	0.336**	0.346**	0.734**	0.694**	0.559**	0.747**	1					
峰终平均值	0.361**	0.344**	0.303**	0.295**	0.333**	0.764**	0.924**	0.422**	0.704**	1				
峰前时间	-0.031	0.034	-0.052	-0.064	-0.393**	0.061	0.189**	-0.239**	-0.262**	0.164**	1			
峰后时间	0.031	-0.034	0.052	0.064	0.393**	-0.061	-0.189**	0.239**	0.262**	-0.164**	-10.000**	1		
变化速率	0.013	0.071	0.054	0.025	-0.488**	0.013	0.489**	-0.093	-0.122**	0.361**	0.624**	-0.624**	1	
高峰数量	0.099	0.069	0.069	0.069	0.222**	-0.041	0.205**	0.218**	0.336**	0.131**	-0.383**	0.383**	-0.069	1

注：N=363；** 代表 $p<0.01$，* 代表 $p<0.05$。表格首行中的 1~14 数字逐一对应第一列的指标，例如，1="VR旅游宣传片态度"。

资料来源：作者绘制

（六）层次回归分析

首先，检查 Durbin-watson（德宾－沃森）检验值大小，本实验数据的 Durbin-watson 检验值都接近 2，因此说明本研究中各个回归模型的观测值具有相互独立性，不存在严重的序列相关问题。其次，绘制自变量与因变量散点图，分析结果表明，散点分布近似直线，且斜率不为零，数据满足线性关系。根据学生化残差与未标化预测值之间的散点图分析，所有回归模型的散点图各点均匀分布，符合等方差性。再次，根据方差膨胀因子（VIF）的标准检查是否存在多重共线性，而结果显示 VIF 值均在 0~10 之间，最大值为 3.409，排除了多重共线性问题。并且，通过标化残差（Casewise Diagnostics）检验，即超过上下 3 倍标准差范围的数据为离群值，排除了严重的离群值，本研究得出了 363 份有效数据。最后，对所有检验模型根据带正态曲线的直方图和正态 P-P 图进行分析，可发现，P-P 图各点分布接近对角线，回归的标化残差近似正态分布。

根据 Pearson 相关关系的分析，筛选出自变量指标中与 VR 旅游宣传片态度、目的地态度和旅游意向呈显著关系的愉悦和唤醒指标，进行本节的层次回归分析。层次回归分析的自变量指标包括：自我报告数据中愉悦度和唤醒度各自的平均值、开始值、峰值、终值、峰终平均值、低谷值。采取层次回归分析主要分为两步：第一，对主效应的检验，自变量各指标分别代表愉悦度和唤醒度，先对 VR 旅游宣传片态度进行回归，排除回归关系不显著的指标；回归系数显著的自变量指标对两个因变量目的地态度和旅游意向分别回归，回归系数也显著的指标则可以进入中介效应分析。第二，对中介效应的检验，通过主效应检验的模型加入 VR 旅游宣传片态度这一中介变量检验其中介作用。

主效应检验。首先依据各自变量指标对 VR 旅游宣传片态度进行回归分析，结果如表 2-20 所示。结果发现愉悦度的开始值、峰值、终值和峰终平均值，以及愉悦度的峰终平均值均显著正向影响了 VR 旅游宣传片态度，而唤醒度的低谷值也显示出了显著的正向作用。因此，假设 1 至假设 6 部分得证。

表 2-20　自变量各指标对 VR 旅游宣传片态度的层次回归分析

指标	M1	M2	M3	M4	M5	M6	M7
临场感	0.164**	0.156**	0.138**	0.131**	0,153**	0.128**	0.123*
沉浸感	0.283**	0.262**	0.253**	0.285**	0.268**	0.246**	0.273**
疫情期间负面情感	-0.052	-0.047	-0.059*	-0.046	-0.043	-0.046	-0.048
易投入度	0.089*	0.084*	0.064	0.085*	0.092*	0.079*	0.074*
当下心情	0.04	0.034	0.035	0.042	0.043	0.032	0.033
VR 次数	-0.078	-0.062	-0.059	-0.067	-0.076	-0.062	-0.060
珠海次数	-0.013	-0.021	-0.023	0.010	-0.023	-0.005	0.005
性别	0.041	0.029	-0.037	-0.001	0.012	-0.023	-0.032
年龄	-0.254*	-0.281*	-0.321**	-0.218	-0.272*	-0.265*	-0.245*
教育水平	0.117	0.136	0.188	0.110	0.118	0.135	0.139
收入	-0.061	-0.076	-0.056	-0.080	-0.052	-0.056	-0.078
开始值：P/A		0.065*/0.037					
峰值：P/A			0.183**/0.045				
结束值：P/A				0.070*/0.027			
低谷值：P/A					0.003/0.063*		
整体平均值：P/A						0.104*/0.099*	
峰终平均值：P/A							0.145**/0.042

续表

指标	M1	M2	M3	M4	M5	M6	M7
R^2	0.398	0.431	0.455	0.430	0.419	0.459	0.452
调整后 R^2	0.381	0.411	0.436	0.410	0.399	0.441	0.433
F	23.243**	22.073**	24.328**	21.990**	21.012**	24.792**	24.036**
ΔR^2	0.398	0.033	0.057	0.032	0.021	0.062	0.054
ΔF	23.243**	10.169**	18.319**	9.870**	6.336**	19.996**	17.264**

注：$N=363$；** 代表 $p<0.01$，* 代表 $p<0.05$；P/A=pleasure 愉悦 /arousal 唤醒。
资料来源：作者绘制

把愉悦度的平均值、开始值、峰值、终值、峰终平均值，唤醒度的低谷值，分别对两个因变量目的地态度和旅游意向进行回归。

首先，对目的地态度进行层次回归分析。由表 2-21 和表 2-22 可知，愉悦度的开始值、峰值、终值和峰终平均值，以及唤醒度的低谷值，均显著正向影响目的地态度，且这些情感指标与目的地态度的关系在加入 VR 旅游宣传片态度后不再显著，说明 VR 旅游宣传片态度在其中起到了完全中介的作用，从而验证了假设 11。

同样地，愉悦度的开始值、峰值、终值、平均值和峰终平均值，以及唤醒度的低谷值，对旅游意向有显著正向影响。在考虑了 VR 旅游宣传片态度这一中介变量后，这些情感指标对旅游意向的直接影响有所减弱，表明 VR 旅游宣传片态度在情感指标与旅游意向之间发挥了部分中介作用，从而支持了假设 12。

表 2-21 自变量各指标、VR 旅游宣传片态度对目的地态度的层次回归分析

	M8	M9	M10	M11	M12	M13	M14	M15	M16	M17	M18	M19	M20	M21
							控制变量							
临场感	0.172**	0.166**	0.151*	0.140*	0.157*	0.136*	0.135*	0.065	0.066	0.063	0.056	0.062	0.057	0.057
沉浸感	0.214**	0.201**	0.195**	0.217**	0.192**	0.177**	0.207**	0.029	0.030	0.030	0.037	0.025	0.028	0.035
疫情期间负面情感	−0.009	−0.004	−0.016	−0.001	0.002	−0.003	−0.005	0.024	0.025	0.022	0.027	0.029	0.025	0.024
易投入度	0.071	0.065	0.050	0.065	0.075	0.058	0.056	0.013	0.012	0.010	0.013	0.017	0.011	0.010
当下心情	0.023	0.024	0.022	0.018	0.019	0.013	0.17	0.019	0.028	0.025	0.026	0.019	0.020	0.017
观看VR次数	−0.009	0.004	0.007	0.004	−0.006	0.008	0.010	0.042	0.045	0.045	0.045	0.042	0.046	0.046
去过珠海次数	0.143	0.133	0.134	0.163*	0.129	0.152*	0.156*	0.151*	0.148*	0.149*	0.159*	0.144*	0.155	0.155*
性别	0.036	0.014	−0.034	−0.016	−0.003	−0.048	−0.042	0.009	0.003	−0.007	−0.010	−0.011	−0.031	−0.016
年龄	0.034	0.011	−0.011	0.085	0.008	0.045	0.057	0.200	0.188	0.184	0.214	0.179	0.198	0.200

续表

	M8	M9	M10	M11	M12	M13	M14	M15	M16	M17	M18	M19	M20	M21
教育水平	0.127	0.146	0.174	0.112	0.131	0.132	0.137	0.051	0.059	0.065	0.048	0.056	0.055	0.058
收入	−0.166*	−0.182**	−0.161*	−0.190*	−0.153*	−0.164*	−0.185*	−0.126	−0.133*	−0.126	−0.137*	−0.121	−0.129*	−0.134*
开始值:P	0.093**													
峰值:P			0.183**						0.031	0.044	0.039			
终值:P				0.099**										
低谷值:A					0.087**	0.183**/0.039						0.047**		
平均值:P/A													0.103**	
峰终均值:P							0.173**							0.060

自变量

续表

	M8	M9	M10	M11	M12	M13	M14	M15	M16	M17	M18	M19	M20	M21
	中介变量													
VR旅游宣传片态度								0.651**	0.635**	0.632**	0.630**	0.625**	0.602**	0.622**
R^2	0.272	0.297	0.307	0.303	0.307	0.338	0.315	0.504	0.507	0.506	0.509	0.514	0.517	0.509
调整后 R^2	0.252	0.274	0.286	0.281	0.286	0.315	0.294	0.489	0.490	0.489	0.492	0.497	0.500	0.492
F	13.178**	13.449**	14.169**	13.850**	14.168**	14.860**	22.086**	32.440**	29.947**	29.870**	30.187**	30.840**	31.220**	30.210**
ΔR^2	0.272	0.024	0.035	0.030	0.035	0.065	0.043	0.232	0.210	0.198	0.206	0.206	0.181	0.193
ΔF	13.178**	12.034**	17.793**	15.246**	17.786**	17.207**	14.705**	164.029**	149.033**	140.599**	146.666**	148.673**	130.802**	137.744**

注：N=363；** 代表 $p<0.01$，* 代表 $p<0.05$；P=pleasure 愉悦，A=arousal 唤醒；P/A=pleasure 愉悦/arousal 唤醒。
资料来源：作者绘制

表 2-22 自变量各指标、VR 旅游宣传片态度对旅游意向的层次回归分析

	M22	M23	M24	M25	M26	M27	M28	M29	M30	M31	M32	M33	M34	M35
							控制变量							
临场感	0.213**	0.207*	0.186*	0.172*	0.203**	0.176**	0.164*	0.116	0.117	0.111	0.098	0.114	0.105	0.098
沉浸感	0.204**	0.189*	0.179**	0.208**	0.189*	0.168*	0.195**	0.035	0.035	0.037	0.050	0.033	0.033	0.048
疫情期间负面情感	−0.002	0.004	−0.011	0.009	0.006	0.005	0.004	0.029	0.030	0.022	0.033	0.031	0.029	0.029
易投入度	0.067	0.060	0.040	0.060	0.069	0.053	0.048	0.014	0.013	0.005	0.013	0.016	0.012	0.009
当下心情	00.003	00.004	00.012	00.008	00.009	00.013	00.10	00.009	00.008	00.015	00.012	00.009	00.009	00.007
观看 VR 次数	−0.045	−0.031	−0.024	−0.028	−0.043	−0.027	−0.020	0.002	0.006	0.008	0.008	0.001	0.007	0.011
去过珠海次数	0.195*	0.183*	0.183*	0.221*	0.185*	0.204*	0.212*	0.202*	0.197*	0.196*	0.217**	0.198*	0.207**	0.211**
性别	0.209	0.185	0.117	0.141	0.181	0.108	0.106	0.185	0.174	0.141	0.146	0.174	0.130	0.128
年龄	−0.181	−0.207	−0.241	−0.114	−0.200	−0.154	−0.151	−0.030	−0.048	−0.073	−0.001	−0.041	−0.032	−0.029

续表

	自变量													
	M22	M23	M24	M25	M26	M27	M28	M29	M30	M31	M32	M33	M34	M35
教育水平	0.337*	0.359*	0.400**	0.318*	0.340*	0.332*	0.350*	0.268*	0.281*	0.305*	0.262*	0.271*	0.274*	0.283*
收入	-0.020	-0.038	-0.013	-0.051	-0.010	-0.020	-0.044	0.017	0.007	0.017	-0.005	0.020	0.013	-0.001
开始值：P		0.104**												
峰值：P			0.241**							0.121**				
终值：P				0.131**							0.078**			
低谷值：A					0.062**				0.048			0.024		
平均值：P/A						0.248* -0.008							0.140**	
峰终平均值：P							0.228**							0.131**

续表

	M22	M23	M24	M25	M26	M27	M28	M29	M30	M31	M32	M33	M34	M35
							中介变量							
VR旅游宣传片态度								0.595**	0.571**	0.544**	0.553**	0.582**	0.529**	0.532**
R^2	0.283	0.307	0.332	0.326	0.297	0.347	0.344	0.441	0.446	0.452	0.456	0.443	0.460	0.460
调整后R^2	0.263	0.286	0.312	0.305	0.275	0.324	0.324	0.423	0.427	0.434	0.437	0.424	0.442	0.441
F	13.891**	14.166**	15.890**	15.456**	13.499**	15.485**	16.752**	25.171**	23.471**	24.087**	24.422**	23.208**	24.885**	24.797**
ΔR^2	0.283	0.024	0.049	0.043	0.014	0.064	0.061	0.158	0.138	0.120	0.129	0.146	0.114	0.115
ΔF	13.891**	12.412**	26.009**	22.587**	7.152**	17.100**	32.803**	99.212**	87.441**	76.603**	83.219**	91.651**	73.703**	74.634**

注：N=363；** 代表 $p<0.01$，* 代表 $p<0.05$；P=pleasure 愉悦，A=arousal 唤醒；P/A=pleasure 愉悦/arousal 唤醒。

资料来源：作者绘制

本研究采用 SPSS 软件中的 PROCESS 模块深入分析了 VR 旅游宣传片态度的中介效应，分析结果表明愉悦度的开始值、峰值和终值，以及唤醒度的低谷值，通过 VR 旅游宣传片态度对目的地态度产生了完全中介效应，其中愉悦度的开始值、峰值和终值对目的地态度的直接影响在加入中介变量后不再显著。

愉悦度的平均值和峰终平均值，以及唤醒度的低谷值，通过 VR 旅游宣传片态度对目的地态度产生了部分中介效应，这些指标对目的地态度的直接效应在中介效应分析中仍然显著。

对于旅游意向，研究结果同样支持了中介效应的存在。愉悦度的开始值、峰值、终值和峰终平均值，以及唤醒度的低谷值，均通过 VR 旅游宣传片态度对旅游意向产生了显著的中介效应，其中愉悦度的开始值和峰值对旅游意向的直接影响在加入中介变量后减弱。VR 旅游宣传片态度在自变量指标和目的地态度之间、自变量指标和旅游意向之间的中介效应如图 2-7 所示，假设 13 和 14 部分得证。

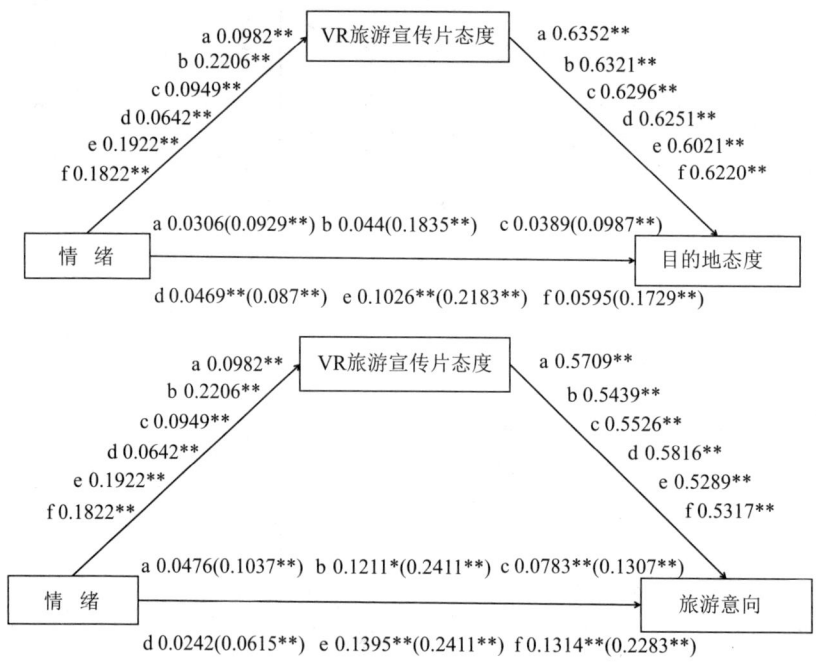

注：a：情感为愉悦度开始值；b：情感为愉悦度峰值；c：情感为愉悦度终值；d：情感为唤醒度低谷值；e：情感为愉悦度平均值；f：情感为愉悦度峰终平均值。** 代表 $p < 0.01$，* 代表 $p < 0.05$。

图 2-7　VR 旅游宣传片态度的中介效应检验

资料来源：作者绘制

（七）皮肤电活动统计分析

用 Empatica E4 手环记录数据，Empatica E4 手环已被证明可以记录生理信号（皮肤电反应、心率、皮肤温度）（Birenboim et al., 2015）。对皮肤电活动以 4Hz 的固有频率连续采样，即原始数据为每四分之一秒采样一次，将原始数据以 1 秒为单位整合，每四个数据循环得出一个平均值。从手环中提取皮肤电活动数据，并导入 AcqKnowledge 软件进行分析。

首先，皮肤电活动数据与珠海 VR 视频的开始时间同步，提取 140 秒的皮肤电导片段，对应珠海视频内 11 个景点。皮肤电活动数据可能会被运动伪影污染。运动伪影是由于设备上的压力，或由设备中包含的传感器相对于皮肤的运动造成的，其形状是高振幅、极短时间内的峰值。因此，去除运动伪影后，筛选出真实的皮肤电活动数据。根据巴斯蒂安森（Bastiaansen）等学者开发的方法来检测和纠正皮肤电导信号的运动伪影，对 1 秒移动时间窗口，设置 z 值超过设定阈值 1 的片段进行标注，判断检测到的峰值和低谷是否为运动伪影，及时纠正。如果一个运动伪影被清晰地识别出来，则通过线性插值信号从峰值的左边界到其右边界将其移除。

在下一步中，采用 Locate SCRs 方法将每个参与者的皮肤电活动数据的基础活动（Tonic Activity）和相位活动（Phasic Activity）分离，标注出皮肤电导反应（SCR）数据（Benedek, Kaernbach, 2010）。相位活动指交感神经活动的快速变化部分，由皮肤电导反应（SCR）叠加组成，与情感唤醒最为密切相关。分离方法的基本原理为把每份数据以相等的时间间隔 5 秒计算每段中值数，从原始样本中减去中值数，结果为去掉基础活动后的相位活动，即皮肤电导反应数据（Benedek, Kaernbach, 2010）。图 2-8 为皮肤电活动的处理流程样例。

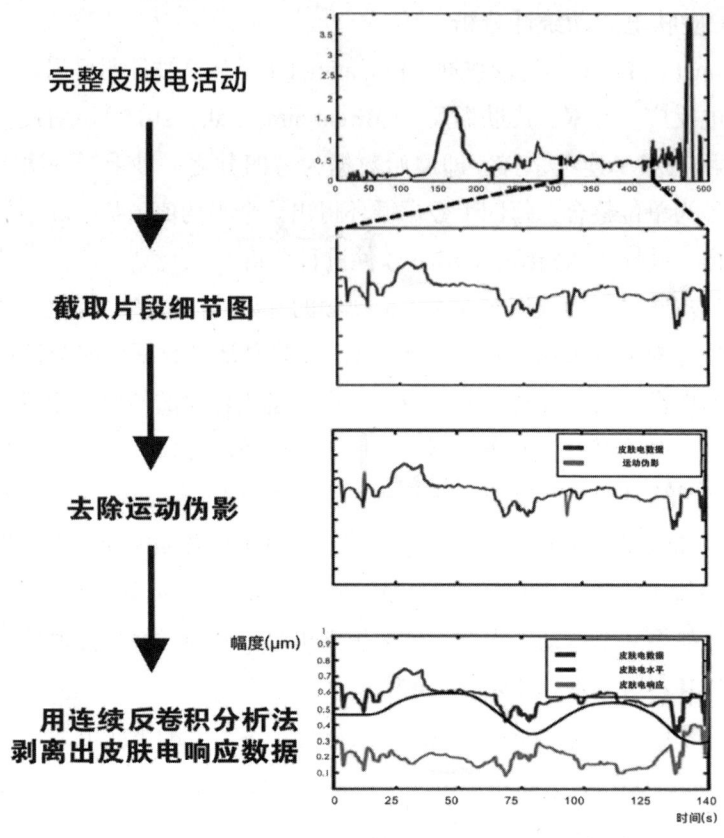

图 2-8 皮肤电活动处理流程图（以其中一个样本为例）

资料来源：作者绘制

最后，把每个参与者的 SCR 数据作为统计分析的基础，计算全程 140 秒，按 11 个景点计算 SCR 的平均值（整体平均值）、开始的前五秒 SCR 的平均值（开始值）、最大 SCR 值周围共 5 秒的平均值（峰值）、结束前五秒 SCR 的平均值（终值）、峰值和终值 SCR 数据的平均值（峰终平均值）、最小 SCR 数值周围共 5 秒的平均值（低谷值）、开始到最大 SCR 数值所用时间（峰前时间）、最大 SCR 数值到结束所用时间（峰后时间）、SCR 值对时间的回归系数（速率）、系统标注的 SCR 个数（高峰数量）。获得的变量随后被用于结构方程模型分析，以预测问卷中自我报告的综合营销评价。共 363 份有效生理数据分析具体概述可见表 2-23。

表 2-23　生理数据各指标统计分析

变量	代表指标	均值	标准差
唤醒度	整体平均值	0.0043	0.0108
	开始值	0.0115	0.0620
	峰值	0.0780	0.1385
	终值	−0.0114	0.1224
	峰终平均值	0.0333	0.0940
	低谷值	−0.0661	0.1634
	峰前时间（s）	69.1574	44.0346
	峰后时间（s）	70.8426	44.0346
	速率	−0.0148	0.1015
	高峰数量（个）	2.3869	1.9266

资料来源：作者绘制

通过 AcqKnowledge 软件去除运动伪影后，利用 Locate SCRs 方法分离出基础和相位活动，进行偏最小二乘法（PLS）路径建模分析。研究结果显示，皮肤电反应的峰前时间和峰后时间对旅游意向有显著影响，其中峰前时间越长，旅游意向越高；而峰后时间越长，旅游意向则降低。

二、研究结论

本研究在峰终定理和刺激—机体—反应理论的基础上，提出了人们观看虚拟现实旅游宣传片过程中的情感变化，对 VR 旅游宣传片态度、目的地态度和旅游意向的影响，探究多种情感模式对 VR 旅游营销的作用。研究结果支持了情感是影响旅游营销评价的核心因素的观点，更具体地说，总体评估主要取决于这些情感随观看时间变化的模式。通过日重构法的自我报告数据和皮肤电活动的情感测量，结果表明，个人体验的峰值、平均值和峰终平均值相较于其他情感指标，更能预测 VR 旅游体验的整体评估，并且在愉悦度的自我报告数据中得到了有效验证。关于研究假设的结果和解释如下：

第一，自我报告情感数据中愉悦度和唤醒度的多个情感指标对 VR 营销评价有显著积极影响。情感愉悦维度的开始值、峰值、终值、整体平均值、峰终平均值对 VR 旅游宣传片态度和目的地态度有显著的积极影响，且愉悦维度的开始值、峰值、终值、平均值、峰终平均值对旅游意向也具有显著的正向影响。而情感唤醒维度的低谷值、平均值对 VR 旅游宣传片态度具有显著的正向影响，且唤醒维度的低谷值对目的地态度和旅游意向都具有显著积极影响。一个情感指标代表一种情感模式，情感指标越丰富情感模式越全面。研究结果在以往峰终定理研究关注峰值和终值的基础上，增加了开始、结束、低谷、峰终、平均等多个情感指标，形成多元全面的情感模式，再分析对旅游营销的评价影响。此结论不仅验证了前人对于峰终概念模型的研究发现，并丰富了情感指标即情感模式，为关于旅游消费者情感与旅游营销评价的关系模型研究提供更加新颖的思路和全面的研究成果。

第二，生理数据中皮肤电活动的峰前时间和峰后时间对 VR 营销评价有显著作用。通过数据剥离后发现，峰前时间作为高峰前的有效时间对旅游意向有显著的增强作用；而峰后时间因为剩下的时间中无情感高峰出现，个体在此时间段内可能觉得无趣、缺少意义而减弱评价效果，因此峰后时间越长，旅游意向反而越低。

第三，VR 旅游宣传片态度在多个情感指标与目的地评价和旅游意向的关系中起到显著的中介作用。在对目的地态度的影响方面，VR 旅游宣传片态度在愉悦度的开始值、峰值、终值、峰终平均值与目的地态度之间起到完全中介作用，在愉悦度的平均值、唤醒度的低谷值与目的地态度之间有着部分中介作用。在对旅游意向的影响方面，VR 旅游宣传片态度在愉悦度的开始值、唤醒度的低谷值与旅游意向之间发挥完全中介作用，在愉悦度峰值、终值、平均值、峰终平均值与旅游意向之间起到部分中介作用。本研究通过 SPSS 软件中的 PROCESS 模块中介效应分析，确定了潜在游客对虚拟现实旅游体验的态度是预测目的地态度和访问虚拟现实目的地意愿的重要中介，这一发现符合广告营销学逻辑，并且将其模型拓展到 VR 旅游营销领域。

第五节　研究启示和展望

在第四节中，本研究专注于实证分析，呈现了预调研和正式调研的详细过程，并进行了深入的数据分析。通过一系列统计方法，包括信度和效度、相关性、回归、中介效应和结构方程模型分析，验证了研究假设，并揭示了消费者情感体验与态度和旅游意向之间的关系。本节将总结研究的主要发现，讨论这些成果对理论和实践的贡献，并提供管理启示。同时，指出研究的局限性，并对未来的研究方向提出展望，为旅游目的地营销的发展提供参考和借鉴。

一、研究讨论

第一，自我报告数据中，"愉悦"比"唤醒"情感维度更能有效预测消费者的总体评价。此关于情感的两维度结论与之前关于旅游广告背景的研究结果基本一致（Li et al., 2016; Li et al., 2018），但在各情感维度的具体指标上进行了探索和扩充，更加明确、详细地表明愉悦维度更具有效性，而不是止步于将维度作为整体层面来研究。从情感关键指标来说，愉悦度五重情感模式（平均值、开始值、峰值、终值、峰终平均值）能显著预测总体评价，而唤醒度只有二重情感模式（平均值、低谷值）有效。从路径系数来说，愉悦度情感指标的路径系数均比唤醒度情感指标大，影响作用力更强。愉悦度反映个体的快乐程度，积极的情感能带来满意的评价。而唤醒度代表个体的唤醒程度，唤醒程度可能受刺激大小相关，唤醒程度高并不一定带来积极的主观感觉。因此，在情感对总体评价的影响中，愉悦维度比唤醒维度更具有预测力。

第二，自我报告数据中，无论是"愉悦"维度的五重情感模式（平均值、开始值、峰值、终值、峰终平均值），还是"唤醒"维度的二重情感模式（平均值、低谷值），均能显著预测总体评价，两维度的"平均值"指标的相关性都比其他指标更强。事件时间序列理论的峰终定理认为，高峰和结束时刻的感受在一段经历中起着决定性作用，然而，在本研究中通过各指标相关系数的 Steiger's z 检验发现情感平均值指标的相关性更强。一种可能的解释是，高峰时刻可能没有足够明显得以产生决定性影响。但参与者可能认为高峰时刻很有趣，但没有足够明显或有意义时，广告中最有趣的部分在影响整体评价方面的作用可能会被削弱（Strijbosch et al.，2019）。同理，许多旅游广告以目的地的标志或口号结尾，这可能会降低结束时刻的意义，从而影响其在总体评价中的作用。因此，事件时间序列理论中的峰终定理在旅游情境下的适应性值得更进一步的研究和探讨。

第三，VR 旅游宣传片态度在情感（愉悦度和唤醒度）与目的地态度和旅游意向之间起到显著中介作用。基于"刺激—有机体—反应"理论模型，在 VR 旅游宣传片的刺激下，人们的情感随着宣传片情节而变化，从而形成观后体验评价。VR 旅游宣传片态度则是其中的中介者，连接情感与旅游目的地态度和旅游意向。情感越积极，个体对于宣传片的态度则越满意，进而对于宣传视频中的目的地有良好的印象，对目的地的态度会越好；同时宣传片态度越好则越会引发人们的向往，从而使人们的旅游意向也越发强烈。此传导路径也在一定程度上证明了 VR 旅游宣传片的营销作用。虚拟现实技术为游客提供了提前体验目的地的机会，是目的地营销组织有效的营销方式。本研究利用 SOR 理论和峰终定理考察了在虚拟现实旅游宣传片的刺激下，消费者的情感反应和行为意图。通过沉浸感、临场感和易投入度来检验虚拟现实的效果，结果表明，VR 宣传片能使人们感受到较强的真实体验感觉，促进他们的情感反应和旅游行为意图。这说明旅游相关虚拟现实活动的真实体验是虚拟现实商业化的关键因素之一，能作为旅游营销的有力方法。

第四，生理数据在预测情感指标与总体评价关系方面的能力有限，预测自我报告数据的适应性值得探讨。除了峰前时间和峰后时间采用皮肤电活动得到验证支持外，其余代表唤醒维度的生理数据均未得到验证。虽然生理测量所固有的连续记录为研究经验的时间动态开辟了新的路径，但在本研究中，当计算整个体验的多种情感指标评分时，情感的生理指标不能预测总体评估，而自我报告数据，特别是大部分愉悦维度的指标能显著预测整体经验评估。这一观点与 Li 等（2019）的发现形成了对比，他们报告了旅游广告视频的峰值、结束和平均 SCR 和体验结果之间的显著关系。通过对比发现，他们研究使用时长为 60~90 秒的较单一情感主题的短视频广告，因此可以被视为单独的剧集，而不是可能存在多种异质情感的体验视频。而本研究的刺激物为珠海旅游宣传片，展现的内容多样丰富，包括庄重的人文历史景点、刺激的娱乐活动、轻松休闲的观光等，并非单一情感主线，因此，这可能给皮肤电活动造成适用性的影响。如在复杂多样的游戏场景体验中乌斯特鲁普等（Ustrup et al., 2019）发现压力数据比皮肤电和心率数据能更准确地预测体验感受。这些结果为峰终定理对异质、多集体验的研究提供了新的思路，特别是在旅游领域的背景下，多情节的体验如何影响生理数据在峰终定理中的应用仍有待更系统的探索。

二、研究贡献

（一）学术贡献

本研究在前人关于峰终定理研究的基础上，补充了除峰值和终值外的多个情感指标，探索在刺激过程中人们的动态情感变化模式。同时在"刺激—机体—反应"理论的基础上，调查了应用虚拟现实技术的旅游宣传片对于目的地的营销作用。结果表明，参与者愉悦度的开始值、峰值、终值、平均值、峰终平均值和唤醒度的低谷值、平均值，以及皮肤电反应数据的峰前时间和峰后时间，可以预测 VR 体验后对宣传片的态度、目的地态度和旅游意向。同时发现，愉悦度的峰值、平均值和峰终平均值对于整体评价的影响作用优于其他情感指标。具体来讲，在以下方面对理论做出贡献。

第一，扩充现有情感理论：丰富了消费者对 VR 旅游宣传片的情感模式，补充并验证了愉悦度平均值、峰值和峰终平均值在旅游营销评价中比其他情感指标更具强有力的影响作用。现存的旅游研究大多从静态整体情感的角度探究其对行为决策的作用，国外的少部分学者尝试用多种方法测量游客情感的动态过程。然而，情感是动态变化的，根据事件时间序列理论中关于关键时刻的理解，包含了整体过程中的某些关键节点，本研究需要尽可能地挖掘关键节点，分析哪些关键节点对评价预测更有优势。本研究试图调查消费者在现场虚拟现实体验期间的动态情感变化，更重要的是，调查他们情感的哪些关键指标是回顾性评估的更好决定因素。结果表明，消费者愉悦度的开始值、峰值、终值、平均值、峰终平均值，以及唤醒度的低谷值、平均值，可以预测他们在观看后对 VR 旅游视频的态度，进而影响他们对目的地的评价和行为意图。然而，在旅游意向上，愉悦维度的开始值、峰值、终值、平均值、峰终平均值和唤醒维度的低谷值才具有显著的预测能力。这也进一步证明了峰值和终值对于决策评价的重要性，同时也说明在旅游领域，消费者情感的开始值、低谷值、平均值和峰终平均值的预测能力不容小觑，特别是愉悦的平均值、峰终平均值及唤醒的低谷值。

第二，延伸旅游研究情境：虚拟现实在旅游宣传上的应用成为新兴的传播方式，为旅游营销研究提供了新视角。虽然虚拟现实旅游体验的重要性日益被重视，但从营销角度对消费者情感反应进行的研究仍然十分有限。关于虚拟现实在旅游中的应用方面，很多研究从体验的角度出发，认为虚拟现实技术能使人们产生虚拟现实旅游可替代真实旅游的想法，因而关注对虚拟现实旅游本身的真实感、沉浸感和满意度等方面的研究。然而，考虑到真实旅游有许多不可替代性，如品尝美食、享受住宿，甚至天气温度等自然条件的不同都能产生不一样的体验感受，因此，虚拟现实旅游与真实旅游之间仍存在无法解决的差距，从体验角度分析虚拟现实旅游其理论意义有限。于是，本研究从营销学的角度出发，把虚拟现实技术作为一种新的旅游传播方式，应用到目的地或景区的宣传当中，发现在 VR 旅游宣传片刺激下，人们积极的 VR 旅游宣传片态度能够促进消费者的目的地评价和旅游意向。区别于书面图文和二维视频方式，虚拟现实视频独具临场感和沉浸感，较容易拉近人们与目的地之间的距离，消费者更容易被视频内容吸引，所以虚拟现实旅游作为一种营销方式是十分适合并且效果上佳的。本研究从虚拟现实的旅游营销角度探究消费者情感和态度与目的地评价和旅游意向的关系，为旅游研究提供了一个更加贴合现实和未来营销发展的理论视角。

第三，创新旅游情感研究方法：把生理心理学测量法和自我报告法相结合，能够更完整地看待情感与旅游体验的整体评估之间的关系，补充了情感模型，证明峰前时间和峰后时间对旅游意向的显著作用。通过皮肤电反应数据发现，情感的峰前时间越长，旅游意向越高；而峰后时间越长，旅游意向则越低。这一新发现能够补充当前关于情感关键时刻对体验评价的理论研究，给予人们研究新的关注点。并且，情感的生理测量捕捉了人们真实的身体反应过程，为复杂经历过后通过自我意识做综合评估的自我报告数据提供补充数据。生理心理测量反映了更自动、无意识的情感过程，而自我报告法要求对所感觉和经历的事情进行有意识和更理性的评估。本研究探究的皮肤电反应平均值对体验评价的结果也再次印证了自我报告中情感评价的结论，双重验证使得结论的可信度和稳健性得到保证。体验、生理和行为测量都与理解情感有关，不能假定是可互换的（Bastiaansen et al., 2020；Mauss, Robinson, 2009）。因此，两种数据之间是平行的关系,结合使用能为未来研究采用多种数据来源提供借鉴。

(二)管理启示

本研究结果证实在目的地营销方面,充分考虑消费者情感需求对于评估营销效果有关键作用,特别是一些关键节点上的内容情感引导。情感能够通过刺激产生,作为营销管理人员应该有意识地设计能够唤起人们兴趣、使人们热情、好奇的宣传内容,并且合理分配资源,制作有情节变化、情感波澜的视频内容。如在开端时刻制造悬念,让消费者带着好奇和探索的心理观看,保持一种积极的心态。在中期或后期设置亮点或记忆点,产生惊喜的高峰体验,加深观看印象有助于提高观后的评价,达到有效的宣传目的。同时,除了制造高峰体验,也要注重结束时刻的宣传效果,因为峰终体验能较大程度地影响消费者的记忆,如加入片尾"彩蛋",或者给予观众福利,留下目的地或景区的优惠信息引起人们的注意等。

除了以上关键节点,本研究结果还证明,平均情感强度也是决定游客对事件或经历的整体评估的重要因素,反映了消费者对一种体验的整体情感印象。因此,不同类型的目的地或景区管理方需要提高整个宣传片的质量,而不只是针对特定的时刻。并且,避免有明显的缺点,给消费者留下不好的体验时刻,这种低谷时刻会降低对整体感受的评价,特别在宣传片其他部分都很好时,这种低谷体验的负面影响则会被放大。整体背景音乐的把握,画面质量的设置,色彩的变化,叙述的方式,拍摄的手法,节奏的控制等,使消费者在行前对目的地或景区形成一个满意的理想的整体印象,产生一种向往的愿望,从而促进目的地营销。

另外,虚拟现实作为一门新兴的技术,可以充分发挥它在旅游营销宣传上的作用,形成更加多样丰富的传播组合方式,投放到多个旅游市场,吸引更多消费群体。具体来说,旅游企业可以通过在线移动社交媒体和网站推广其虚拟现实旅游产品,通过互动性强、知识丰富、有益的宣传活动吸引虚拟现实用户观看,以便潜在游客能够在虚拟现实旅游宣传片中产生旅游意向。虚拟现实旅游宣传方式能发挥其较强的传播能力,相较于传统的宣传方式更能带动人们投入其中,通过音频、视频、触觉以及人工智能来增强虚拟现实内容的感官组件,让潜在的消费者在情感上沉浸在动态的虚拟现实目的地中,进而促进旅游消费行为。

三、研究不足与展望

综合本研究，说明以下不足以及提出展望。

第一，样本数量有限，年龄分布不够广。由于生理测量的耗时和操作复杂的性质，本研究收集可穿戴设备数据的能力有限，仅针对18~35岁的年轻群体收集数据。但也尽可能地延长收集时间以补充足够的数据样本，最终历时四个月采样了四百余位参与者的评价数据。后续研究可以考虑不同地区或国家文化差异的影响，拓宽样本面。同时，可以进一步扩大年龄跨度，虽然VR旅游方式目前面向的主要市场群体是35岁以下的年轻人，但并不代表其他年龄阶段的人们不喜欢或不接触VR旅游。延展样本年龄跨度，有利于增强研究结果的外部有效性。其余如出游结伴方式、人格个性、旅游目的地偏好等多种因素可能会对研究结果产生多种影响，更加细化的划分将使这类研究更具稳健性和普遍性。因此，未来的研究可以借助更多的技术支持、人员支持和资金支持，扩大样本量，为情感反应对消费者整体回顾性评估的影响提供更确凿的证据。

第二，受研究背景和情境刺激物约束，应用场景有待推广。本研究局限于一种VR旅游宣传片，即同一个珠海城市宣传片，以避免因拍摄风格、城市类型、景点种类等因素的影响。未来的研究可以在其他背景下重复这项研究，人们可能会出现不一样的情感反应形式，以调查关键时刻在推动个人的回顾性判断中的作用。

第三，虽然前人有研究认为生理数据展现的是客观真实的数据，没有自我反应偏差，但同时在情感科学中，这些指数如何与人们实际感受到的情感相关是一个悬而未决的问题（Kreibig, 2010）。本研究与格雷罗-罗德里格斯等（Guerrero-Rodríguez et al., 2020）的发现一致，皮肤电活动和自我报告两种不同的情感测量方法不能相互验证。因此，本研究建议情感研究人员考虑更多的数据来源，以确定自我报告和生理数据的相对有效性。另外，除了皮肤电活动测量，未来可以运用更多的生理测量设备如便携式眼部追踪、面部肌电等来测量参与者的情感反应。

最后，关于研究理论方面，除了峰终定理和SOR理论，其他有关情感和行为态度的理论也可以用来解释虚拟现实旅游背景中消费者的体验感受和行为意向，比如态度—行为关系理论、情感评价理论，以便目的地管理者、旅游企业、城市宣传部门能够利用虚拟现实技术来实现更好的营销效果。

参考文献

［1］Ajzen I. The theory of planned behavior［J］. Organizational Behavior and Human Decision Processes，1991，50（2）：179-211.

［2］Amy M D，Alexander V R，George W. Evaluations of pleasurable experiences：The peak-end rule［J］. Psychonomic Bulletin & Review，2008，15（1）：96-98.

［3］Antón C，Camarero C，Garrido M J. Exploring the experience value of museum visitors as a co-creation process［J］. Current Issues in Tourism，2018，21（12）：1406-1425.

［4］Ariely D. Combining experiences over time：the effects of duration，intensity changes and on-line measurements on retrospective pain evaluations［J］. Journal of Behavioral Decision Making，1998，11（1）：19-45.

［5］Averill J R. A Constructivist View of Emotion［M］. New York：Academic Press，1980.

［6］Babakhani N，Ritchie B W，Dolnicar S. Improving carbon offsetting appeals in online airplane ticket purchasing：Testing new messages，and using new test methods［J］. Journal of Sustainable Tourism，2017，25（7）：955-969.

［7］Bastiaansen M，Oosterholt M，Mitas O，et al. An Emotional Roller Coaster：Electrophysiological Evidence of Emotional Engagement during a Roller-Coaster Ride with Virtual Reality Add-On［J］. Journal of Hospitality & Tourism Research，2020，46（1）：29-54.

［8］Baumgartner H，Sujan M，Padgett D. Patterns of affective reactions to advertisements：The integration of moment-to-moment responses into overall judgments［J］. Journal of Marketing Research，1997，34（2）：219-232.

［9］Beck J，Rainoldi M，Egger R. Virtual reality in tourism：A state-of-the-art review［J］. Tourism Review，2019，74（3）：586-612.

［10］Benedek M，Kaernbach C. A continuous measure of phasic electrodermal activity［J］. Journal of Neuroscience Methods，2010，190（1）：80-91.

[11] Bhargave R, Montgomery N V. The social context of temporal sequences: why first impressions shape shared experiences [J]. Journal of Consumer Research, 2013, 3 (40): 501-517.

[12] Biswas D, Grewal D, Roggeveen A. How the order of sampled experiential products affects choice [J]. Journal of Marketing Research, 2010, 3 (47): 508-519.

[13] Biswas D, Labrecque L I, Lehmann D R, et al. Making choices while smelling, tasting, and listening: the role of sensory (Dis) similarity when sequentially sampling products [J]. Journal of Marketing, 2014, 1 (78): 112-126.

[14] Birenboim A, Reinau K H, Shoval N, et al. High-Resolution Measurement and Analysis of Visitor Experiences in Time and Space: The Case of Aalborg Zoo in Denmark [J]. The Professional Geographer, 2015, 67 (4): 620-629.

[15] Bolls P D, Annie Lang, Potter R F. The Effects of Message Valence and Listener Arousal on Attention, Memory, and Facial Muscular Responses to Radio Advertisements [J]. Communication Research, 2001, 28 (5): 627-651.

[16] Braithwaite J J, Watson D G, Jones R, et al. A guide for analysing electrodermal activity (EDA) & skin conductance responses (SCRs) for psychological experiments [J]. Psychophysiology, 2013, 49 (1): 1017-1034.

[17] Bradley M M, Zack J. Cries, screams, and shouts of joy: Affective responses to environmental sounds [J]. Psychophysiology, 1994, 31 (1): S29.

[18] Brodien Hapairai P M, Walters G, Li S. The effectiveness of ad-induced emotion in reducing tourist risk perceptions towards politically unstable destinations [J]. Tourism Recreation Research, 2018, 43 (4): 483-496.

[19] Chajut E, Caspi A, Chen R, et al. In Pain Thou Shalt Bring Forth Children: The Peak-and-End Rule in Recall of Labor Pain [J]. Psychological Science, 2014, 25 (12): 2266-2271.

[20] Chang C H, Shu S, King B. Novelty in Theme Park Physical Surroundings: An Application of the Stimulus-Organism-Response Paradigm [J]. Asia Pacific Journal of Tourism Research, 2014, 19 (6): 680-699.

[21] Chang C. The Impacts of Emotion Elicited By Print Political Advertising on Candidate Evaluation [J]. Media Psychology, 2001, 3 (2): 91-118.

[22] Chark R, King B, Tang C M F. The journey from episode to evaluation: How

travelers arrive at summary evaluations［J］. Journal of Travel Research, 2020, 61（2）: 265-278.

［23］Chen N, Funk D C. Exploring destination image, experience and revisit intention: A comparison of sport and non-sport tourist perceptions［J］. Journal of Sport and Tourism, 2010, 15（3）: 239-259.

［24］Ekman P. Strong Evidence for Universals in Facial Expressions: A Reply to Russell's Mistaken Critique［M］. Psychological Bulletin, 1994.

［25］Forgas J P. Can negative affect eliminate the power of first impressions? Affective influences on primacy and recency effects in impression formation［J］. Journal of Experimental Social Psychology, 2011, 47（2）: 425-429.

［26］Fredrickson B L, Kahneman D. Duration neglect in retrospective evaluations of affective episodes［J］. Journal of Personality & Social Psychology, 1993, 65（1）: 45-55.

［27］Friestad, Marian, Wrigh P. The Persuasion Knowledge Model: How People Cope with Persuasion Attempts［J］. Journal of Consumer Research, 1994, 21（6）: 1-31.

［28］Friedman H H, Friedman L. Endorser Effectiveness by Product Type［J］. Journal of Advertising Research, 1979, 19（5）: 63-71.

［29］Geng X, Chen Z, Lam W, et al. Hedonic Evaluation over Short and Long Retention Intervals: The Mechanism of the Peak-End Rule［J］. Journal of Behavioral Decision Making, 2013, 26（3）: 225-236.

［30］Gil-Fuentetaja I, Abad-Galzacorta M. Religious tourism and emotional experiences: an emotional cartography of Jerusalem［J］. International Journal of Religious Tourism and Pilgrimage, 2019, 7（2）: 105-121.

［31］González-Rodríguez M R, Domínguez-Quintero A M, Paddison B. The direct and indirect influence of experience quality on satisfaction: The importance of emotions［J］. Current Issues in Tourism, 2019, 23（22）: 2779-2797.

［32］Guerrero-Rodríguez R, Stepchenkova S, Kirilenko A. Experimental investigation of the impact of a destination promotional video with physiological and self-reported measures［J］. Tourism Management Perspectives, 2020, 33（1）: 100625.

［33］Guttentag D A. Virtual reality: Applications and implications for tourism［J］. Tourism Management, 2010, 31（5）: 637-651.

［34］Hadinejad A, Moyle B D, Scott N, et al. Emotional responses to tourism advertisements: The application of FaceReader™［J］. Tourism Recreation Research, 2019, 44（1）: 131-135.

［35］Hamelin N, Moujahid O E, Thaichon P. Emotion and advertising effectiveness: A novel facial expression analysis approach［J］. Journal of Retailing and Consumer Services, 2017, 36（1）: 103-111.

［36］Hill R J. Belief, Attitude, Intention and Behavior: An Introduction to Theory and Research［J］. Philosophy & Rhetoric, 1975, 41（4）: 842-844.

［37］Hsee C K, Abelson R P. Velocity Relation: Satisfaction as a Function of the First Derivative of Outcome Over Time［J］. Journal of Personality and Social Psychology, 1991, 60（3）: 341-347.

［38］Huang M H. The theory of emotions in marketing［J］. Journal of Business and Psychology, 2001, 16（2）: 239-247.

［39］Huang Y C, Backman K F, Backman S J, et al. Exploring the implications of virtual reality technology in tourism marketing: An integrated research framework［J］. International Journal of Tourism Research, 2016, 18（2）: 116-128.

［40］Hui S K, Meyvis T, Assael H. Analyzing Moment-to-Moment Data Using a Bayesian Functional Linear Model: Application to TV Show Pilot Testing［J］. Social Science Electronic Publishing, 2014, 33（2）: 222-240.

［41］Islam J, Rahman Z. The Impact of Online Brand Community Characteristics on Customer Engagement: An Application of Stimulus-Organism-Response Paradigm［J］. Telematics and Informatics, 2017, 34（4）: 96-109.

［42］Izard C E. Basic Emotions, Natural Kinds, Emotion Schemas and a New Paradigm［J］. Perspectives on Psychological Science, 2007, 2（3）: 260-280.

［43］Izard C E. The Face of Emotion［M］. New York: Appleton-Century-Crofts, 1971.

［44］Izard E C. The Many Meanings/Aspects of Emotion: Definitions, Functions, Activation, and Regulation［J］. Emotion Review, 2010, 2（4）: 363-370.

［45］Jalilvand M R, Samiei N. The impact of electronic word of mouth on a tourism destination choice: Testing the theory of planned behavior（TBP）［J］. Internet Research, 2012, 22（5）: 591-612.

[46] Jacoby J. Stimulus-Organism-Response Reconsidered: An Evolutionary Step in Modeling (Consumer) Behavior [J]. Journal of Consumer Psychology, 2002, 12 (1): 51-57.

[47] Kahneman, Krueger, Schkade, et al. A survey method for characterizing daily life experience: The Day Reconstruction Method (DRM) [J]. Science, 2004, 306 (1): 1776-1780.

[48] Kahneman D, Fredrickson B L, Schreiber C A, et al. When more pain is preferred to less: Adding a better end [J]. Psychological Science, 1993, 4 (6): 401-407.

[49] Kamboj S, B. Sarmah, S. Gupta, et al. Examining Branding Co-creation in Brand Communities on Social Media: Applying the Paradigm of Stimulus-Organism-Response [J]. International Journal of Information Management, 2018, 39 (1): 69-85.

[50] Kevin B. Virtual-reality history [Z]. New York: VR History. 2018

[51] Kemp S, Burt C D B, Furneaux L. A test of the peak-end rule with extended autobiographical events [J]. Memory & Cognition, 2008, 36 (1): 132-138.

[52] Kim H, Kim B. The evaluation of visitor experiences using the peak-end rule [J]. Journal of Heritage Tourism, 2019, 14 (5): 561-573.

[53] Kim J, Fesenmaier D R. Measuring Emotions in Real Time: Implications for Tourism Experience Design [J]. Journal of Travel Research, 2015, 54 (4): 419-429.

[54] Kim J, Lennon S J. Effects of Reputation and Website Quality on Online Consumers' Emotion, Perceived Risk and Purchase Intention [J]. Journal of Research in Interactive Marketing, 2013, 7 (1): 33-56.

[55] Kim J, Fesenmaier D R. Measuring Emotions in Real Time: Implications for Tourism Experience Design [J]. Journal of Travel Research, 2015, 54 (4): 419-429.

[56] Kim M J, Lee C K, Jung T. Exploring Consumer Behavior in Virtual Reality Tourism Using an Extended Stimulus-Organism-Response Model [J]. Journal of Travel Research, 2020, 59 (1): 69-89.

[57] Kim S B, Kim D Y, Bolls P D. An experimental investigation of cognitive response to advertising: A physiological perspective for tourism destination marketing [J]. International Journal of Tourism Sciences, 2011, 11 (2): 101-129.

[58] Kreibig S D. Autonomic nervous system activity in emotion: A review [J].

Biological Psychology, 2010, 84（3）: 394-421.

［59］Lang P J. The emotion probe: Studies of motivation and attention［J］. American Psychologist, 1995, 50（5）: 372-385.

［60］Lagiewski R, Kesgin M. Designing and implementing digital visitor experiences in New York State: The case of the Finger Lakes Interactive Play（FLIP）project［J］. Journal of Destination Marketing & Management, 2017, 6（2）: 118-126.

［61］Lee M, Lee S A, Jeong M, et al. Quality of virtual reality and its impacts on behavioral intention［J］. International Journal of Hospitality Management, 2020, 90（1）: 102595.

［62］Leeper R W. The Motivational and Perceptual Properties of Emotions as Indicating Their Fundamental Character and Role［M］//Arnold M B. Feelings and Emotions. New York: Academic Press, 1970: 151-168.

［63］Letheren K, Martin B, Jin H S. Effects of personification and anthropomorphic tendency on destination attitude and travel intentions［J］. Tourism Management, 2017, 62（10）: 65-75.

［64］Li S, Walters G, Packer J, et al. Using Facial Electromyography to Test the Peak-End Rule in Tourism Advertising［J］. Journal of Hospitality & Tourism Research, 2019, 46（1）: 55-77.

［65］Li S, Walters G, Packer J, et al. Using skin conductance and facial electromyography to measure emotional responses to tourism advertising［J］. Current Issues in Tourism, 2016, 21（15）: 1761-1783.

［66］Li S. Using self-report and skin conductance measures to evaluate theme park experiences［J］. Journal of Vacation Marketing, 2020, 27（2）: 133-150.

［67］Lim S, Yoon S, Kwon J, et al. Retrospective Evaluation of Sequential Events and the Influence of Preference-Dependent Working Memory: A Computational Examination［J］. Frontiers in Computational Neuroscience, 2020, 14（4）: 1-24.

［68］Loewenstein G. Anticipation and the Valuation of Delayed Consumption［J］. Economic Journal, 1987, 97（9）: 666-684.

［69］Luoh H-F, Lo P-C. The Effectiveness of Chef Endorsement in Restaurant Print Advertising: Do Respondents' Gender Stereotypes or Genders Matter?［J］. Asia Pacific Journal of Tourism Research, 2012, 17（4）: 416-431.

[70] Lutz R J. Affective and cognitive antecedents of attitude towards the ad: A conceptual framework [M] //Alwitt L, Mitchell A A. Psychological processes and advertising effects. Hillsdale; NJ: Lawrence Erlbaum, 1985: 45-63.

[71] Mauss I B, Robinson M D. Measures of emotion: A review [J]. Cognition & Emotion, 2009, 23（2）: 209-237.

[72] Mehrabian A, Russell J A. An Approach to Environmental Psychology [M]. Cambridge: MA: MIT Press, 1974.

[73] Mitchell A A, Olson. J C. Are Product Attribute Beliefs the Only Mediator of Advertising Effects on Brand Attitude? [J]. Journal of Marketing Research, 1981, 18（3）: 318-332.

[74] Miron-Shatz T. Evaluating multiepisode events: Boundary conditions for the peak-end rule [J]. Emotion, 2009, 9（2）: 206-213.

[75] Montgomery N V, Unnava H R. Temporal Sequence Effects: A Memory Framework [J]. Journal of Consumer Research, 2009, 36（1）: 83-92.

[76] Mukherjee S, Lau-Gesk L. Retrospective evaluations of playful experiences [J]. Journal of Consumer Marketing, 2016, 33（5）: 387-395.

[77] Olson J M, Zanna M P. Attitudes and attitude change [J]. Annual Review of Psychology, 1993, 44（1）: 117-154.

[78] Olsen G D, John W P. Integration of Positive and Negative Affective Stimuli [J]. Journal of Consumer Psychology, 2004, 14（4）: 374-384.

[79] Panksepp J. On the Embodied Neural Nature of Core Emotional Affects [J]. Journal of Consciousness Studies, 2005, 12（8）: 158-184.

[80] Paulhus D L. Socially Desirable Responding: The Evolution of a Construct [M] // Braun H, Jackson D N, Wiley D E. The Role of Constructs in Psychological and Educational Measurement. Hillsdale; NJ: Lawrence Erlbaum, 2002: 49-69.

[81] Peters R G M, Bijmolt T H A. Consumer Memory for Television Advertising: A Field Study of Duration, Serial Position, and Competition Effects [J]. Journal of Consumer Research, 1997, 23（4）: 362-372.

[82] Plutchik R. Emotion: A psychoevolutionary synthesis [M]. New York: Harper & Row, 1982.

[83] Polsfuss M, Hess M. "Liking" through moment-to-moment evaluation;

identifying key selling segments in advertising [J]. Advances in Consumer Research, 1991, 18 (1): 540-544.

[84] Prayag G, Hosany S, Odeh K. The role of tourists' emotional experiences and satisfaction in understanding behavioral intentions [J]. Journal of Destination Marketing & Management, 2013, 2 (2): 118-127.

[85] Ravaja N. Contributions of Psychophysiology to Media Research: Review and Recommendations [J]. Media Psychology, 2004, 6 (2): 193-235.

[86] Redelmeier D A, Katz J, Kahneman D. Memories of colonoscopy: a randomized trial [J]. Journal of Pain, 2003, 104 (1): 187-194.

[87] Redelmeier D, Kahneman D. Patients' memories of painful medical treatments: Real-time and retrospective evaluations of two minimally invasive procedures [J]. Journal of Pain, 1996, 66 (1): 3-8.

[88] Robinson M D, Clore G L. Episodic and semantic knowledge in emotional self-report: Evidence for two judgment processes [J]. Journal of Personality and Social Psychology, 2002, 83 (1): 198-215.

[89] Rode E, Rozin P, Durlach P. Experienced and remembered pleasure for meals: duration neglect but minimal peak, end (recency) or primacy effects [J]. Appetite, 2007, 49 (1): 18-29.

[90] Rozin A, Rozin P, Goldberg E. The Feeling of Music Past: How Listeners Remember Musical Affect [J]. Music Perception: An Interdisciplinary Journal, 2004, 22 (1): 15-39.

[91] Russell J A. A Circumplex Model of Affect [J]. Journal of Personality and Social Psychology, 1980, 39 (6): 1161-1178.

[92] Scherer K R. The dynamic architecture of emotion: Evidence for the component process model [J]. Cognition and Emotion, 2009, 23 (7): 1307-1351.

[93] Schneider S, Stone A A, Schwartz J E, et al. Peak and end effects in patients' daily recall of pain and fatigue: A within-subjects analysis [J]. Journal of Pain, 2011, 12 (2): 228-235.

[94] Schreiber C A, Kahneman D. Determinants of the remembered utility of aversive sounds [J]. Journal of Experimental Psychology: General, 2000, 129 (1): 27-42.

[95] Schneider S, Stone A A, Schwartz J E, et al. Peak and end effects in patients' daily recall of pain and fatigue: A within-subjects analysis [J]. Journal of Pain, 2011, 12(2): 228-235.

[96] Shahin Sharifi S. Impacts of the Trilogy of Emotion on Future Purchase Intentions in Products of High Involvement under the Mediating Role of Brand Awareness [J]. European Business Review, 2014, 26(1): 43-63.

[97] Shanshi Li, Gabby Walters, Jan Packer, et al. A Comparative Analysis of Self-Report and Psychophysiological Measures of Emotion in the Context of Tourism Advertising [J]. Journal of Travel Research, 2018, 57(8): 1078-1092.

[98] Shoval N, Schvimer Y, Tamir M. Real-Time Measurement of Tourists' Objective and Subjective Emotions in Time and Space [J]. Journal of Travel Research, 2018, 57(1): 3-16.

[99] Skard S, Knudsen E S, Sjåstad H, et al. How virtual reality influences travel intentions: The role of mental imagery and happiness forecasting [J]. Tourism Management, 2021, 87(3): 104360.

[100] Solomon M R. Consumer behavior [M]. Boston: Allyn & Bacon, 1992.

[101] Stadler R, Jepson A S, Wood E H. Electrodermal activity measurement within a qualitative methodology: Exploring emotion in leisure experiences [J]. International Journal of Contemporary Hospitality Management, 2018, 30(11): 3363-3385.

[102] Strijbosch W, Mitas O, van Gisbergen M, et al. From Experience to Memory: On the Robustness of the Peak-and-End-Rule for Complex, Heterogeneous Experiences [J]. Front Psychol, 2019, 10(1): 1705.

[103] Sylaious S, Fotis L, Kostas K. Virtual museums, a survey and some issues for consideration [J]. Journal of Cultural Heritage, 2009, 10(4): 520-528.

[104] Tassinary, Louis G, John T. Cacioppo, et al. The Skeletomotor System: Surface [M] //J. T. Cacioppo, L. G. Tassinary, Berntson G G. Handbook of Psychophysiology. Cambridge; UK: Cambridge University Press. 2007: 267-302.

[105] Torres E N, Wei W, Hua N, et al. Customer emotions minute by minute: How guests experience different emotions within the same service environment [J]. International Journal of Hospitality Management, 2019, 77(1): 128-138.

[106] Tröndle M, Greenwood S, Kirchberg V, et al. An integrative and

comprehensive methodology for studying aesthetic experience in the field: Merging movement tracking, physiology, and psychological data [J]. Environment and Behavior, 2014, 46(1): 102-135.

[107] Tuerlan T, Li S, Scott N. Customer emotion research in hospitality and tourism: conceptualization, measurements, antecedents and consequences [J]. International Journal of Contemporary Hospitality Management, 2021, 33(8): 2741-2772.

[108] Tussyadiah I P, Wang D, Jia C. Exploring the persuasive power of virtual reality imagery for destination marketing [C]//Travel and Tourism Research Association (TTRA). 2016: 151-168.

[109] Tussyadiah I P, Wang D, Jung T H, et al. Virtual reality, presence, and attitude change: Empirical evidence from tourism [J]. Tourism Management, 2018, 66(1): 140-154.

[110] Ustrup E E, Mathiesen M, Poulsen J H, et al. Comparing the Applicability of Pressure as a Game Metric to Self-assessment and Physiological Metrics [C]//Smith M J, Jones S D. Human-Computer Interaction-INTERACT 2019: 17th IFIP TC 13 International Conference. Paphos, Cyprus: Springer International Publishing, 2019: 396-405.

[111] Van Kerrebroeck H, Brengman M, Willems K. Escaping the crowd: An experimental study on the impact of a virtual reality experience in a shopping mall [J]. Computers in Human Behavior, 2017, 77(1): 437-450.

[112] Van Bendegom C, Mitas O, Boode W, et al. When the arts are not your cup of tea: Participation frequency and experience in cultural activities [J]. Journal of Leisure Research, 2021, 1(1): 1-24.

[113] Van der Veen, Robert, Haiyan S. Impact of the perceived image of celebrity endorsers on tourists' intentions to visit [J]. Journal of Travel Research, 2014, 53(2): 211-224.

[114] Varey C A, Kahneman D. Experiences extended across time: Evaluation of moments and episodes [J]. Journal of Behavioral Decision Making, 1992, 5(3): 169-185.

[115] Volo S. The experience of emotion: Directions for tourism design [J]. Annals of Tourism Research, 2021, 86(1): 1-11.

[116] William J. The principles of psychology [M]. Chicago: Encyclopedia Britannica, Incorporated, 1952.

[117] Wim S, Ondrej M, Marnix Van G, et al. From Experience to Memory: On the Robustness of the Peak-and-End-Rule for Complex, Heterogeneous Experiences [J]. Frontiers in Psychology, 2019, 10 (1705): 1-12.

[118] Wohlwill J F. Environmental Aesthetics: The Environment as a Source of Affect [J]. Human Behavior and Environment, 1976, 1 (1): 37-86.

[119] Wu Y L, Li E Y. Marketing Mix, Customer Value, and Customer Loyalty in Social Commerce [J]. Internet Research, 2018, 28 (1): 74-104.

[120] Yoon S Y, Laffey J, Oh H. Understanding usability and user experience of web-based 3D graphics technology [J]. International Journal of Human-Computer Interaction, 2008, 24 (3): 288-306.

[121] 蔡礼彬, 吴楠. 旅游网站创意对旅游者行为意向的影响: 基于效果层次模式 [J]. 旅游学刊, 2017, 32 (8): 25-37.

[122] 陈丽君, 刘丽敏, 林岳阳, 等. 虚拟学习环境下图形加工的认知负荷研究 [J]. 心理发展与教育, 2021, 1 (5): 619-627.

[123] 陈劼绮, 陆林, 张宏梅, 等. 危机情境下旅游宣传片营销对旅游者行为的影响机制: 目的地形象的中介与感知安全的调节 [J]. 地域研究与开发, 2020, 39 (5): 110-115, 132.

[124] 贺子宸. 央视VR新闻的形式系统、纪实原则与媒介融合性 [J]. 当代电视, 2021, 1 (6): 109-112.

[125] 李桂莎, 张海洲, 陆林, 等. 旅游宣传片影响下的目的地形象感知过程研究: 巴厘岛案例的实验探索 [J]. 人文地理, 2019, 34 (6): 146-152.

[126] 刘怡然, 胡静, 贾垚焱, 等. VR旅游项目的游客感知研究: 以上海迪士尼度假区为例 [J]. 旅游研究, 2020, 12 (5): 70-83.

[127] 沈涵, 滕凯. 旅游目的地广告的受众临场感和目的地态度研究 [J]. 旅游学刊, 2015, 30 (12): 66-73.

[128] 田杰. 5G信息管理背景下智慧图书馆VR服务平台构建 [J]. 情报科学, 2021, 39 (5): 124-129.

[129] 孙晓东, 徐美华, 侯雅婷. 中国邮轮游客的出游限制与行为意向研究 [J]. 旅游科学, 2019, 33 (4): 70-84.

[130]吴恒,路婷婷.真有之情和应有之情:旅游目的地品牌情感模型研究:基于自我构念的调节作用[J].资源开发与市场,2017,33(10):1254-1258,1275.

[131]吴佩谕,黄远水.旅游照片的符号属性对旅游意向的影响研究——以微信朋友圈旅游照片为例[J].资源开发与市场,2019,35(7):993-1000.

[132]谢彦君.旅游交往问题初探[J].旅游学刊,1999,4(1):57-60.

[133]谢毅,彭泗清.品牌信任和品牌情感对口碑传播的影响:态度和态度不确定性的作用[J].管理评论,2014,26(2):80-91.

[134]于尚艳,李华轩.情绪对网店顾客绑定策略与冲动性购买的中介作用探析[J].东北师范大学学报(哲学社会科学版),2013,1(4):233-234.

[135]袁建琼,张璐璐.动机、经验和满意度对游客支付意愿和目的地忠诚度的影响:以张家界国家森林公园为例[J].中南林业科技大学学报,2022,2(1):191-202.

[136]周懿瑾,简浩然.营销性微电影:品牌植入显著性对品牌态度的影响[J].现代传播(中国传媒大学学报),2015,37(2):117-122.

[137]朱萌,张云彬,王悦,等.基于情绪测量实验的黟县屏山村旅游情境感知研究[J].华中农业大学学报,2021,40(6):91-102.

第三章 游客特定情感体验的作用机制：以道德提升感为例

游客越轨行为研究主要聚焦于环境、社会和个人等方面，鲜少从个体离散情绪角度进行讨论。道德提升感是在他人意外的道德善行下被激起的正面情绪。现有关于道德提升感的探究聚焦在社会学、心理学等学科（探讨背景主要在惯常环境下），鲜有研究揭露个体在非惯常环境下道德提升感的唤起及对越轨行为的影响机制。

本研究聚焦于备受关注的游客越轨行为议题，结合情绪评价理论和社会学习理论，深入探究道德提升感对于游客越轨行为倾向的影响机制。通过一个真实旅游环境中的现场实验和三个情境实验验证研究假设。研究结果表明：①旅游情境中道德提升感的激发可以有效抑制游客越轨行为倾向；②角色榜样影响和道德效能在道德提升感对游客越轨行为当中起到了链式中介机制；③权力感调节了道德效能影响游客越轨行为倾向的过程。具体而言，道德效能对于游客越轨行为倾向的负向影响在低权力感游客中作用更大，在高权力感游客中作用不明显。

在理论层面，本研究弥补了道德提升感在旅游领域的研究不足，揭示了道德提升感影响游客越轨行为的作用机制，丰富了情绪评价理论和社会学习理论在旅游领域的实证研究。本研究还从个体情绪的角度发现了游客越轨行为新的抑制因素，拓展了越轨行为的前因研究。在实践层面，研究关注到道德提升感情绪的作用，并提出在旅游宣传中要注重运用道德事件素材，并针对不同权力感游客提供不同营销策略，从而强化道德提升感对于越轨行为倾向的负向效果。

第一节 研究背景与目的

本研究聚焦于旅游当中的道德提升感，结合情绪评价理论和社会学习理论探究道德提升感是否会及如何作用于游客越轨行为倾向。本研究的研究结果将有助于丰富旅游领域的道德提升感研究，同时研究从个体情绪的角度发现了游客越轨行为新的抑制因素，拓展了越轨行为的前因研究。

一、研究背景

2021年五一劳动节，河南洛阳白云山景区游人如织、热闹非凡。在众人都在愉快地游览之际，游客中有人大声地求救，一位老人砰然倒地，情况危急。在众人不知所措、慌张凌乱之际，正在景区游览的赵医生站了出来，展开了专业的抢救，并一直陪伴在老人身边，直到老人恢复意识、脸上慢慢有了血色后，赵医生才悄悄地离开。在场的游客对赵医生见义勇为的行为竖起大拇指，并赞扬他树立了助人为乐的社会榜样。游客的反应说明，赵医生的道德行为激起了在场游客的"道德提升感"。道德提升感作为一种赞美和表扬他人的正面情绪，是在目睹他人意外的道德行为后激发的相关情感反应，而这种道德行为可以展现人类更高或更好的本性（Haidt，2000）。道德提升感会激发情绪作用、身体刺激、认知变化以及行为变化，如情绪上可能会产生感动、温暖、钦佩等情绪（这意味着道德提升感是一种综合的情绪体验），在身体上会有一种温暖感和胸部膨胀感，在认知上产生希望成为一种更好的人的愿望，并且积极参与到亲社会行为当中（Algoe，Haidt，2009）。

道德提升感从理论提出到发展至今有20余年，不同领域的学者对其进行了越来越多的探究。旅游环境中的道德提升感体验似乎经常发生在一些意外的、不经意的偶然瞬间。例如在旅游过程中看到他人对于突然昏厥的游客给予及时的救助[1]、看到出行的游客积极拾起景区的垃圾[2]、看到在湍急水流中营救受困群众的热心游客等，各种他人在旅游过程中展现的意外的道德行为都有可能激起个人的道德提升感情绪。虽然目前在旅游领域对道德提升感的研究有限，但是旅游道德问题一直是一个持续的研究主题，如游客道德和旅游伦理研究，另外正义旅游、志愿旅游与道德提升感特别相关。如有研究表明，"旅游中陌生人的善意"，唤起了与旅游中道德提升感的有趣联系（Glover，Filep，2015）。在旅游的背景下，游客经常会受益于陌生人的友善，这些善良行为会激起个体的感激和感谢之情，从而会促进接受者和发起者在未来旅游中进行友好行为的倾向，这跟道德提升感的定义不谋而合。善良的美德行

---

[1] 吴东林，杜尧伟.凤凰古城旅游区：暖心救助晕倒游客，切实守护游客平安［EB/OL］.（2023-10-4）. https://www.hunantoday.cn/news/xhn/202310/18777819.html.

[2] 你去景区旅游，这群年轻人却在捡垃圾［EB/OL］.澎湃号，（2021-6-13）. https://www.thepaper.cn/newsDetail_forward_13128628.

为在世界范围的旅游业中是非常常见的,研究发现,在马达加斯加首都有很多游客愿意给街头儿童一定的金额捐赠,也有相当一部分游客专门从他们的祖国为这些贫苦的街头儿童带来大量的学习用品和其他有益的生活物品(Gossling et al., 2004)。

事实上,道德提升感源于对他人意外的道德行为的赞扬,其引发因素与个人利益毫无关联,所以能够产生一些减少消极影响甚至带来积极后果的行为。正如开头故事所述,道德提升感是在目睹他人意外做出的善意举动后,被他人善良所感染,个人的道德情感受到刺激,所激发的情绪体验会进一步影响个体的行为(Algoe, Haidt, 2009)。如现有关于道德提升感的研究广泛地为它的积极效应提供了较为充分的证据,证实了其可以带来一些亲社会行为,如捐赠行为(刘建新,范秀成,李希,2024)、志愿行为(Romani, Grappi, 2014)、人道主义政策的支持(Moreton et al., 2019)等。在旅游领域,莫尔顿等(Moreton et al., 2019)在他们的实验研究中,证明了道德提升感在激活亲环境行为方面具有有利的影响。不过,现有的研究主要探讨了道德提升感对于积极行为的促进作用,但是鲜少关注其对于消极行为的抑制作用。本研究关注到游客越轨行为这一在旅游过程中造成消极影响的行为,它是旅游领域一个重要的关注话题,通常是指人们旅行时故意采取的致使旅游财产受到损害的行为,如随地吐痰、乱扔垃圾等。随着此类行为日益增多,越来越多的学者及旅游工作者开始探究游客越轨行为的抑制因素。

现有的研究针对一些具体的游客越轨行为,如涂鸦(Thirumaran, 2013)、对当地文化不尊敬(Bhati, Pearce, 2016)、乱扔垃圾(Li, Chen, 2019)、不遵守旅游目的地规定(Solstrand, Gressnes, 2014)等做出了诸多有益的探索。这些越轨行为给目的地旅游资源造成了较大的损害和负担,不利于旅游目的地的管理,也会影响到其他游客的游玩体验。因此,如何管理游客的行为、减少游客的越轨行为变得愈加必要且紧迫。现有关于约束游客越轨行为的探讨,主要集中于环境、社会、个人三个层面。在环境层面,通过环境设置或环境布局来约束游客的越轨行为,如良好的服务景观(如布局)可以减少机场遭受的越轨行为(Taheri et al., 2020)。在社会层面,通过建立道德准则等官方约束来管理游客行为(Malloy, Fennell, 1998),如我国专门出台针对游客的不文明行为的管理规定(《关于旅游不文明行为记录管理暂行办法》)。另外,研究发现也可以通过利益相关者的参与对越轨行为进行约束(Bhati,

Agarwal, 2021), 如酒店可以通过控制食物搭配和人流减少食物浪费 (Juvan, Grün, Dolnicar, 2017)。此外, 对于团队旅游, 相关学者还从 "面子"(Face) 的角度发现关注集体面子可以减少游客的越轨行为 (Zhang, Pearce, Chen, 2019)。在个人层面, 主要依赖于游客自我的约束管理 (Zhang, Pearce, Chen, 2019), 由于道德和信仰会影响游客的道德行为, 所以对道德问题的感知会干扰游客的伦理判断以及负责任的旅游意向。如在生态旅游领域, 研究发现游客的道德脱离会影响狩猎旅游中的越轨行为 (Tickle, Essen, 2020)。尽管学者们现在已经通过多个视角去研究游客的越轨行为, 各地也在采用多样的外部约束来减少越轨行为的发生, 但是游客存在越轨行为仍然是一种比较普遍的现象, 因此亟须引入一个新的管理视角。

旅游环境本是游客暂时远离其正常的受到社会规范约束的日常环境, 从而能够中止规范和价值观释放自我的 "享乐环境"。因为与日常生活相比, 休闲游客会认为自己在旅行时受到的约束较少, 会表现出更加释放自我天性的行为 (Uriely, Ram, Malach, 2011)。由于旅游环境可以避开社会规范和惯例的高度匿名性, 所以游客在旅游时比在家更有可能从事不道德的行为。如研究发现, 游客在度假时比在家里度假时更有可能从事不道德的行为 (Tolkach et al., 2017)。这也意味着, 在释放自我的 "享乐环境" 中发生的道德行为显得尤为罕见、更为突出, 从而更容易受到他人的关注, 产生更加强烈的道德感。这似乎表明了道德提升感与游客越轨行为之间有着天然的联系, 由于旅游的异地性和非惯常性, 个人的道德约束感可能会较低, 更有可能出现越轨行为。而当在旅途中注意到别人的道德善行, 则能够激起道德提升感, 这一情绪的产生会促使人们更关注自身举动带给他人及环境的影响, 因此可能会由此减少越轨行为。

对于游客越轨行为的解决, 从内因即游客自身的角度出发, 可能是最根本的举措。在游客内因方面, 现有的研究强调个人自律 (Zhang, Pearce, Chen, 2019)、道德和信仰 (Tickle, Essen, 2020) 的影响, 然而很少从个人的某种离散情绪视角切入去探讨其是否能够降低游客越轨行为发生的频率。作为典型且常见的道德情绪, 道德提升感会激发个体向善向好的愿望, 其对于约束个人的不良行为可能发生的积极作用值得更多的关注。目前很少有学者将道德提升感情绪与游客越轨行为联系起来, 探讨两者之间的作用关系。情绪是一种心理准备状态, 来源于人们对于某个事件或者某种思想的认知、感触或是判断。根据个体对于情绪肯定或者否定的态度，进一步可能实行相应的行动举措，而个体的态度以及实际采取的举措是由于情绪的性质以及这种情绪带给个体的价值来决定的（Bagozzi, Gopinath, Nyer, 1999）。如对于不道德行为，学者提出可以通过唤起参与者的内疚感来应对（贾建锋，刘伟鹏，赵若男，2022）。对此，本章节试图从道德提升感情绪的角度去管理游客越轨行为，探究道德提升感是否可以抑制游客越轨行为。

基于上述讨论，在旅游过程中，彰显人性之美、道德之善的事例时常发生，这些道德事件让游客由自我关注转向了他者关注，并激发了个人的敬佩感、同理心和提升感，促使个人向更好的人靠拢。这意味着，目睹这些体现道德之善的事例可以导致道德提升感，而经历过积极道德提升感情绪，个体往往会避免不良举动，践行更多与积极结果相关的善行（诸彦含等，2023）。由于关于道德提升感对于越轨行为影响的相关性的研究仍不明确，因此本章节内容聚焦于旅游当中的道德提升感，探究道德提升感是否会及如何作用于游客越轨行为倾向（以下简称为"游客越轨倾向"）。本研究结合情绪评价理论和社会学习理论，通过发现角色榜样影响和道德效能的传导机制以及权力感的边界条件，从而丰富旅游领域中的道德提升感情绪研究，挖掘新的研究方向，并为目的地减少游客的越轨行为提出新的解决思路。

二、研究意义

（一）理论意义

第一，本研究增强了对旅游环境中道德提升感的来源和影响的理解，拓宽了道德提升感的研究领域。先前关于道德提升感体验的研究文章主要聚焦于亲社会行为领域，并重点探究道德提升感对于亲社会行为的积极影响（刘建新，范秀成，李希，2024）。本研究在旅游领域深入探讨道德提升感，并具体探究其对于减少游客越轨行为的影响，拓宽了道德提升感运用于游客行为的实证探究，为后续的旅游领域研究中道德提升感可能影响其他行为的探讨打下基础。同时，本研究也丰富了旅游领域游客越轨行为的影响因素。现有研究主要聚焦于环境因素（Taheri et al., 2020）、社会因素（Li, Chen, 2019）、个人自律或道德因素（Zhang, Pearce, Chen, 2019; Tickle, Essen, 2020），本研究关注到游客情绪的角度，为游客越轨行为的抑制提供了新的解决思路。

第二，本研究从情绪评价理论和社会学习理论的视角深入探讨从情绪到行为的传导机制，本研究发现角色榜样影响和道德效能是其中重要的传导机制。本研究结合社会学习理论发现了做出意外道德行为的榜样的力量，探讨了道德提升感如何唤起角色榜样影响，并影响游客越轨倾向。另外，现有应用情绪评价理论的实证研究通常是把情绪作为中介变量，构建从认知到情绪再到行为的过程，主要是探究情绪唤起的前因，忽视了情绪作用于后续行为的具体过程。本研究基于情绪评价理论中情绪如何引起行为反应的理论视角具体揭示了道德提升感情绪影响游客越轨倾向的过程，从而深化了情绪评价理论和社会学习理论在旅游领域的实证研究。

第三，本研究还引入权力感作为道德效能和游客越轨倾向关系的调节变量，从而拓展游客权力感的实证运用。根据接近－抑制理论，本研究从权力感的角度解读道德效能对于游客越轨倾向影响的复杂性，摆脱了通常会认为道德效能定能抑制越轨行为倾向的刻板感受，探究出权力感会调节道德效能与游客越轨倾向之间的关系。此外，关于权力的接近－抑制理论通常被运用于消费者决策的相关研究，本研究将该理论运用于游客的旅游行为当中，有利于拓宽接近－抑制在旅游研究当中的实证运用。

第四，本研究将采用实地实验的方式测量实际的游客越轨行为。在以往有关游客越轨行为的研究中，学者主要通过量表测量、被试自我报告等形式去揭示游客的越轨行为倾向，但是测量出的"越轨行为倾向"和游客在真实旅游环境中实际的"真实越轨行为"之间可能存在较大的偏差。本研究回应了万、惠和丘（Wan L C，Hui M K，Qiu Y，2021）对使用更多有效的测量方法来测量越轨行为的呼吁，在一定程度上助力创新游客越轨行为的测量方式，启发拓宽关于其他领域越轨行为的探究方式。

（二）实践意义

情绪影响个体行为，游客越轨行为是近年来备受关注和亟待解决的问题，探究道德提升感对于游客越轨倾向的作用有利于为旅游工作人员管理和抑制游客越轨行为提供一定的参考。另外，近年来在旅游过程中发生的好人好事（道德事件）也越来越普遍，道德提升感是旅途过程中经常发生的情绪，这一重要的道德情绪对于游客行为的影响也应该受到更多的关注，从而更好地促进目的地的管理和发展。

本研究通过检验角色榜样影响和道德效能的链式中介机制，从而解释道德提升感如何影响游客越轨行为，为旅游目的地管理者提供更多关于游客越轨行为的解决思路，如可以采取系列方式宣传让人意外的道德行为，传播道德故事，增强游客对于道德行为实施者的榜样感知，强化榜样影响。旅游目的地的宣传应该多元化，除了目的地特色产品和特色服务，还应该宣传包含真善美的好人好事和各种类型的道德事件，从而加强榜样的积极引领作用，让游客将向优秀角色榜样学习的想法践行在日常的旅途中。

探究权力感的调节作用有助于区分不同权力感的游客，对实施针对性的道德提升感刺激方式是有意义的。本研究发现旅游工作人员可以针对不同权力感的游客采取不同的道德提升感刺激策略，从而最终影响干预和减少游客越轨行为。旅游工作人员也可以采取举措影响游客权力感，从而助力目的地的游客管理。

三、研究目标和研究内容

本研究将探讨道德提升感是否以及如何作用于游客越轨行为，具体包含：

（1）从道德提升感这一离散情绪的角度，探讨道德提升感对于游客越轨倾向的影响。

（2）结合情绪评价理论以及社会学习理论，深入探讨道德提升感情绪抑制游客越轨行为的具体影响过程，并发现了角色榜样影响与道德效能在其中的链式中介作用。

（3）本研究探讨了权力感的调节作用，从人格特质的角度探究权力感如何调节游客越轨倾向。

本研究主要结合了情绪评价理论和社会学习理论探究道德提升感对于游客越轨倾向的影响，检验了角色榜样影响和道德效能在其中发挥的传递机制，并提出游客的权力感的调节作用。本研究设计了四项实验，并根据实验获得的数据进行分析，对于本研究提出的三个研究假设进行检验。

在实验1中，通过叙事回忆法激发被试的道德提升感，检验H1，即道德提升感对于游客越轨倾向的影响。

在实验2中，通过情境实验法，聚焦在自然景区旅游场景下游客意外的道德行为，再次验证主效应，并检验角色榜样影响和道德效能是否表现出链式中介效应。

在实验3中,将刺激材料更换为人造景观旅游情境下景区工作人员意外的道德提升感行为,在检验上述主效应和链式中介效应的基础上,还关注了游客的权力感的调节作用。

在实验4中,通过实地实验检验了真实旅游环境下道德提升感对于游客越轨倾向的影响,在真实的旅游目的地展开实地研究,提升了研究结果的外部生态效度,增强了道德提升感和越轨行为倾向关系的稳健性。

四、研究方法

(一)文献研究法

本研究基于现有中西方核心期刊中的相关文章,主要参考中国知网、Google Scholar 和 Web of Science 以及其他权威数据库,深入查阅和收集、现有关于道德提升感(Elevation)、角色榜样影响(Role Model Influence)、道德效能(Moral Self-Efficacy)、游客越轨行为(Deviant Tourist Behavior)、权力感(Sense of Power)的相关文献,并特别关注这些变量在消费者行为领域和旅游领域的研究,梳理本研究涉及的核心变量的内涵,厘清核心变量之间的理论关系,从而更好地了解目前相关核心变量的研究现状和空白,为本研究打下扎实的理论基础。

(二)情境实验法

本研究将综合运用情境想象实验对理论框架的逻辑关系进行实证检验。具体而言,本研究参考现有顶级期刊中的实验研究完成本研究的实验设计,通过四个实验设计来验证相关研究假设。实验1设计了单因素(道德提升感 vs. 对照组)的组间实验,首先检验道德提升感与游客越轨倾向之间的主效应是否显著。实验2通过单因素(道德提升感 vs. 对照组)的组间实验设计,验证角色榜样影响和道德效能的链式中介作用。此外,实验3设计了2组(道德提升感 vs. 对照组)组间实验,实验对权力感进行了测量,并将其作为调节变量来检验权力感是否调节道德提升感对游客越轨倾向的影响。

（三）现场实验法

运用实地实验进一步验证道德提升感与游客越轨倾向在真实旅游情境当中是否存在因果关联，提高研究结果的稳健性。目前关于游客越轨行为的研究鲜有运用现场实验的。现场实验是在自然条件下或在真实的环境当中展开的实验。参与者不知道自己正在卷入一场研究或者正在被观察，现场实验当中的因变量是被调查者的实际行为。现场实验可以大幅度提高研究的外部效度，但是通常实施难度相对较大。本研究在旅游真实环境中开展探究道德提升感和越轨行为因果关系的田野调查，采用真实的游客样本，为主效应的检验提供真实旅游环境的结论支撑。

五、研究创新

第一，本研究通过综合运用文献研究法、现场实验法、情境实验法等混合方法的研究设计，并结合自然景区、人文景区、人造景观等不同的旅游场景，将为道德提升感可以抑制游客越轨倾向的结论提供有力的实证支撑。过去关于道德提升感的探讨较多出现于社会学以及心理学研究中，旅游领域关于道德提升感的研究相对比较少，本研究拓展了道德提升感在旅游领域的运用。同时，现有关于道德提升感的研究主要探讨了道德提升感对于个人捐款、购买环保产品、助人倾向等亲社会行为具有积极影响（黄玺等，2018；江若尘，郑玲，2017），而本研究拓展了道德提升感对于其他变量的影响。另外游客越轨行为是旅游领域研究的重要议题，现有越轨行为的抑制因素主要分为环境因素、社会因素以及个人内在因素，在自身内在因素方面强调个体自律、道德和信仰的影响，较少关注到情绪的影响。本研究从个体情绪的角度建立了道德提升感和游客越轨行为两者产生的关联，有利于丰富游客越轨行为的抑制因素探究。

第二，本研究结合情绪评价理论和社会学习理论为减少游客越轨行为提供了一种新的解释机制与实践证明。具体而言，道德提升感的产生是来自他人意外做出的善行的刺激，并由此激发了个体对于想要成为角色榜样这样的人的需要。个体也会进一步评估个人的道德效能，进一步明确自己可以实现的动机，进而做出相应的行为。由此，本研究提出了角色榜样影响、道德效能两个中介变量，并提出角色榜样影响以及道德效能在自变量与因变量关系中发挥链式中介作用。基于此，本研究情绪评价理论中情绪如何引起行为反应的理论视角具体揭示了道德提升感情绪影响游客越轨倾向的过程路径，从而深化了情绪评价理论在旅游领域的拓展运用。

第三，本研究引入权力感作为调节变量，揭示了权力感是否影响，以及如何影响游客越轨倾向，从而发现不同权力感对于道德效能作用于越轨行为倾向的差别影响。最新的研究发现权力感通常与不道德行为呈现正相关，权力感会降低道德认知，从而导致更多的不道德行为（Zhang C，Wei X，2023）。本文将权力感研究拓展到游客越轨行为研究领域，并在旅游领域回应相关研究结论。根据接近—抑制理论，游客的权力感会影响道德效能激起游客越轨倾向的效果，在角色榜样影响和道德效能与游客越轨行为关系中产生作用。权力的接近—抑制理论通常被运用于消费者决策的相关研究，本研究将该理论运用于游客的旅游行为研究当中，也有利于拓展接近—抑制理论运用于游客行为的实证结果。

第四，本研究在某种意义上助力拓展有关游客越轨的研究方法。现有关于游客越轨行为的研究方法主要是通过量表测量、被试自我报告等，不仅极易受到社会期望偏差的影响，并且测量出的"越轨行为倾向"和游客实际的"真实越轨行为"之间可能存在较大的偏差。本研究不仅测量了多个旅游场景下的游客越轨倾向，并且在真实的旅游场景当中研究了真实游客的越轨行为，能够为丰富游客越轨的测量方式提供相应借鉴思路。

第二节　研究述评与假设

本研究通过对涉及的几个核心变量进行文献回顾，发现旅游领域对于道德提升感的深入探究还相对比较缺乏，并且鲜少有研究从道德提升感情绪对于旅游中消极行为的抑制作用这一视角展开探究。另外，本研究是第一次从道德提升感情绪的角度去探讨游客越轨行为的前因，并且结合情绪评价理论和社会学习理论引入了角色榜样影响和道德效能两个变量。

一、道德提升感

（一）道德提升感的概念

21世纪初，开始有学者初步介绍对道德提升感的看法且不断深化关于道德提升感的发现，将其定义为当见证他人表现出的更大和更好的道德行为时所产生的那种温暖和振奋人心的积极情绪（Haidt，2000）。据此，道德提升感是大众在目睹人类善良、慈悲、怜悯、让人意想不到的举措后，个体体验到的胸膛暖洋洋、催人奋进的感觉。根据心理学实验的结果，经历道德提升感的个体会经历涵盖情绪作用、身体刺激、认知变化及行为变化四个成分的情感体验。比如情绪上，经历道德提升感的人容易产生感动、温暖、被提升和钦佩、感激等一系列的积极情绪。此外，个体可能因刺激产生哽咽、浑身冒鸡皮疙瘩甚至情不自禁流出泪水的反应。在认知上，个体会改善对自己和他人的看法，会激发起自己成为一个更好的人的想法，而对他人的看法也会表现得更加正面和主动。而在行为上，个体会更愿意帮助和亲近他人，甚至会积极模仿目睹的道德行为。本研究参考旅游领域关于道德提升感的定义（Ye W，Li Z 和 Xu Y，2022），将其明确为旅游过程中由他人意外的道德行为所激发起的积极情绪，其中"他人"是指在旅游过程中遇到的人，包括游客、旅游工作人员等。

（二）道德提升感的相关研究

从道德提升感被学界关注以后，国外学者对其开展了较为丰富的探讨，但较多集中于社会学、心理学等学科当中。根据学者的探究，道德提升感可以带来一些积极的社会效应和心理影响，如其能够有效地增强人们对于自我和人类作为共同体的认识，从而积极改善对于外在群体的看法和态度（Oliver et al.，2015），增强与其的交往意愿（Kramer et al.，2017）。道德提升感在亲社会研究当中的正面作用早已被广泛地证实，如捐赠捐款（刘建新，范秀成，李希，2024）、志愿行为（Romani，Grappi，2014）、人道主义政策的支持（Moreton et al.，2019）等。

近年来，市场营销领域及组织行为研究中也关注到道德提升感是一种重要的道德情绪，并进行了一些有益的探索。在道德提升感的前因方面，研究表明，工作场所的一些积极事件可以影响员工和消费者的道德提升感，如当领导者更多发扬人际公平，或者呈现出自我牺牲行为时，可以引起员工的道德提升感情绪（Vianello，Galliani，Haidt，2010）。此外，根据学者相关研究，道德认同在道德提升感体验中发挥着关键的角色，当面对相同的道德举措时，相较于道德认同感较低的人，拥有更高的道德认同感的人更有可能产生道德提升感（Aquino，Mcferran，Laven，2011）。对于消费者行为领域当中的道德提升感探讨，学者较为普遍地证实了企业社会责任倡议或是其他勇于为更多更大的社会效益提供贡献的举措有助于提升大众的道德提升感（Bagozzi et al.，2016）。

在道德提升感的后效研究方面，相关学者的探究比较广泛地聚焦善因营销策略、企业社会责任等方面。由企业公益举措和其他企业社会责任活动激发的道德提升感，能够促进产生良好的消费者态度和更积极的企业品牌评价，并促使消费者支持企业的社会责任倡议、购买其他环保产品、捐款，以及自愿贡献他们的时间等（Zheng，Zhu，Jiang，2017）。关于道德提升感作用于个体的探讨，比较广泛聚焦个体的亲社会意识或行动。相关学者的研究证实道德提升感对于个体的环保意识、助人倾向等亲社会行为会产生积极的影响（黄玺等，2018；江若尘，郑玲，2017）。

但是，目前旅游领域关于道德提升感的深入探究较为缺乏，相对较早的相关探讨聚焦在文学旅游领域，如学者以中国岳阳楼为调研地，通过定性分析从道德凝视的视角探究了文本中的道德教学与地方的联系（Yu X J，Xu H G，2018）。另外一篇以旅游为背景探讨道德提升感的文章将道德提升感视为旅游目的地员工环境责任行为和游客环境责任行为的传导机制（Oliver et al.，2015）。而最新一篇关于道德提升感的文献是将道德提升感纳入规范激活模型之中进行深入探讨，同时结合运用了"价值—信念—规范"的理论，把道德提升感作为其中一个中介变量（另一中介变量为对积极后果的意识），探究后果意识如何对道德提升感造成影响，并且最终作用到游客对道德与负责任行动的承诺。有研究还发现当人们意识到道德行为的有利结果时，他们会感到道德上的提升，即产生道德提升感，这将激励他们改善自己（Sajid et al.，2023）。研究结果证实了道德提升感可以激发个人规范进而对人们的环境责任行为产生影响，这也强化了道德提升感对于个人的积极行为具有深远的影响的结论（Lawton，Conner，McEachan，2009）。

综上，关于道德提升感的研究主要是从正面的角度探讨其对于一些积极行为和积极影响的促进作用。尽管道德提升感的正面效应已经得到了较为广泛的证实，但是尚不明晰它是否可以像促进积极行为一般能够抑制消极行为。相关研究证实了消极行为如工作场所的越轨行为通常与情绪有着紧密的联系（姚亚男，韦福祥，2018）。情绪具有普遍性，是人类基本生存和社会互动的基础，理解情绪和越轨行为之间的关系是重要的（王雪枫，王沛，2015）。由于旅游环境的异地性和非惯常性，个人的道德约束感可能会较低，更有可能从事游客越轨行为，而由于他人意外的道德行为引发的道德提升感，似乎和游客越轨行为之间有着天然的联系。基于以上讨论，道德提升感对于游客越轨行为的影响值得学者的关注。本研究把道德提升感作为研究变量展开具体探究，探讨其对于游客越轨倾向产生的影响，将丰富旅游领域关于道德提升感的实证研究。

二、游客越轨行为

（一）游客越轨行为的概念

越轨的概念目前被较多运用于组织行为学当中。参考相关研究观点，越轨行为具体表现在个体违背集体规范，并强调了该行为的破坏性，即损害了集体或他人的利益（Robinson，Bennett，1995）。根据学者的过往发现，通常会把越轨行为区分为组织的或者是人际的两种类型（张军伟等，2023）。组织越轨强调对于团队利益具有负面影响的异常行为，如团队成员为外部组织牟利（王利平，李颖，2017）。人际越轨强调对于个人造成利益损失或个人伤害，如人身攻击等（姚亚男，韦福祥，刘颖艳，2019）。越轨行为通常具有消极的概念，但学者也从积极层面探讨了员工的建设性越轨行为，并强调了此类越轨行为具有一定的正面效应（颜爱民，刘晶玲，李亚丽等，2023）。本研究要探讨的越轨行为将对象聚焦于游客，并将越轨行为发生的场所明确限定在旅游环境当中。

游客越轨行为是旅游领域研究的重要课题，受到学界广泛的关注，因为游客越轨现象在世界范围内的旅游场景中非常普遍。游客越轨行为会带来诸多不良的后果，包括破坏旅游资源、造成财产损失、影响其他游客的旅游体验等。从旅游社会学的角度看，越轨行为是一个非常谨慎并且复杂的概念，并通常可能与"越轨旅游"（Deviant Tourism）联系起来，特殊的旅游场景下，一些违背日常规范的非理性行为可能具有一定的合理性甚至是被鼓励的，如博彩旅游（Uriely，Belhassen，2006）。但本研究探讨的游客越轨行为更多是日常化的不当行为，并沿用目前学者关于游客越轨行为相关研究中讨论的概念，将其明确为游客在旅游相关的环境中故意采取的导致财产受到损害或者损失的行为，例如插队、随地吐痰、乱扔垃圾、涂鸦、不尊重当地文化传统等。现有研究也用游客不当行为（Tourist Misbehavior）、游客不文明行为（Tourist Incivility）、顾客功能失调行为（Customer Dysfunctional Behavior）等术语来描述游客的越轨行为。

不当行为主要被运用于市场营销领域以及组织行为学的探讨当中。在市场营销领域，不当行为是指在消费情况下人们违反大众通常认可并且遵循的社会准则的消费者行为，如顾客通过不正当的方式谋取个人利益，包括偷窃、无理退货（Fullerton，Punj，2004）。在组织行为学探究中，较多在职场领域和工作场所聚焦不当行为，不当行为可能发生于组织内部，也可能发生于组织外部，不当行为的行为人可能是员工，也可能是领导和顾客（Walker，Jaarsveld，Skarlicki，2014）。通常而言，相比于行为人是领导或者同事的频率，员工受到来自消费者的不当行为干扰的频率会更高，如由于顾客的傲慢刻薄的态度、不礼貌的行为以及不合理的要求致使员工身心遭受伤害（徐虹，梁佳，李惠璠等，2018）。游客是特指旅游环境中的顾客，顾客在旅游消费当中呈现的不当行为即被称呼为游客不当行为。游客不当行为聚焦于旅行当中游客做出的不符合社会规范的行为，如插队、随地乱扔垃圾、在禁止拍照的场所或时间拍照或摄影摄像、在酒店自助餐厅浪费食物、对景区造成损失破坏（如在旅游景点进行涂鸦）等（Tsaur，Cheng，Hong，2019）。关于游客不当行为的测量方法，相关研究主要是针对某种具体的游客不当行为，询问参与者去做该不当行为的可能性。如对于在公共汽车上吃三明治的不当行为的测量，测量量表是"你有多大可能吃掉你带来的三明治？"（Ye W，Li Z，Xu Y，2022）。

游客不文明行为经常被用于定性研究当中，如我国学者对于国内游客的不文明行为进行了较为广泛的讨论。不同学者从多个角度对于不文明行为进行了界定和分析，总体而言体现了以下三方面的特征：①从社会伦理规范的层面来看，不文明行为违背了社会伦理规划或者当地关于文明旅游的相关规定；②从行为本身来看，游客不文明行为体现了与日常生活中正常行为相比的负面特征；③从行为影响来看，对于旅游目的地的资源或环境、当地居民或者其他游客产生负面的影响（拓倩和李创新，2018；樊友猛和谢彦君，2016）。顾客功能失调行为探讨一般消费者的行为，是指消费者故意违反个人服务中设置的规范和不成文规则，主要强调违背了社会规范。凯特和劳埃德（Kate，Lloyd，

2009）用以下四个题项测量了顾客功能失调行为的严重程度："如果其他人目睹了我的行为，他们会认为这是在那个特定渠道内的不恰当行为。事后看来，我承认我的行为未能符合该服务网点内客户的期望。我相信其他人通常会认为我的行为在当今社会是可以接受的（反向得分）。如果其他人目睹了我的行为，他们会认为这是在特定渠道的行为，是可以接受的（反向得分）。"

总体而言，这些概念在不同的研究场景当中有所侧重，并在研究中也经常被替换使用。结合旅游国内外权威期刊中的表述，本研究将参考李和陈（Li T，Chen Y，2017）的研究采用"游客越轨行为"这个术语，因其较好地反映了违反组织期待和社会规范的属性，并将游客越轨行为明确为游客在旅游过程中故意实施的致使财产或环境受到损失损坏的行为。

（二）游客越轨行为的相关研究

越轨行为在不同领域受到了较为广泛的关注，但是在旅游领域的游客越轨行为研究还较为有限。游客越轨行为属于旅游伦理探讨范畴，在旅游目的地具备异地属性，以及旅游项目具有暂时属性的条件下，这似乎为游客实施越轨行为提供了天然的理由和便利。关于越轨行为的研究，部分定量研究聚焦于具体的某项越轨行为，探究其应对措施，如有学者实地考察旅游涂鸦行为并提出相应的建议（Thirumaran，2013）。更多关于游客越轨行为的研究聚焦于前因探究，有学者引用心理动力社会学探究出游客无意识的需求导致游客的越轨行为（Uriely，Ram，Malach，2011），这为理解游客越轨行为提供了一定的理论，但是其影响机制仍然有待进一步挖掘。由于旅游的非惯常性和异地性，一些研究注意到了文化影响，指出游客与当地居民的文化差异以及对当地规范的不熟悉也会导致游客越轨行为（Chien，Ritchie，2018）。脱离了惯常居住环境，旅游环境似乎为游客释放自我天性提供了条件，被抑制于惯常居住地的不端行为会在更少地受到社会规范约束的旅游环境中暴露出来。另外，由于在旅游的场景中，游客之间的心理亲密程度比较低，所以个人做出的越轨行为不太可能受到其他游客的制止，这也会加剧游客越轨行为的发生（Ye，Li，Xu，2022）。

针对游客越轨行为的抑制措施，国内外研究人员从多个领域和不同视角进行了深入探索，并取得了一些具有创造性的发现。在环境因素方面，研究表明，通过环境设置或布局可以有效约束游客的越轨行为。例如，良好的服务景观（如布局优化）能够减少机场中的越轨行为（Taheri et al.，2020）。在社会因素方面，研究发现，惩罚不道德行为和奖励道德行为能够有效降低游客的越轨意图（Li，Chen，2019）。此外，学者还探讨了游客的集体面子感对其越轨行为的抑制作用，增强游客与他人的互动以及提升其国家认同感也能有效减少越轨行为（Romani，Grappi，2014）。学者还提出了通过利益相关者的参与来管理游客行为的策略，如酒店通过控制食物搭配和人流来减少食物浪费（Juvan，Grün，Dolnicar，2017）。在个人层面，游客自我的约束与管理被认为是关键因素，个人自律在抑制越轨行为中起着重要作用（Zhang，Pearce，Chen，2019）。道德与信仰对游客的道德行为有着显著影响，游客对伦理问题的感知会影响其伦理判断及负责任旅游的意愿。例如，在生态旅游领域，研究发现游客的道德脱离与狩猎旅游中的越轨行为密切相关（Tickle，Essen，2020）。对此，学者们总结出了三种预防或减少游客越轨行为的策略，包括社会规范、禁令性规范信息、服务设计和技术利用（Fombelle et al.，2020）。

总体而言，现有关于游客越轨行为的抑制因素研究，聚焦于环境、社会和游客自身三个视角。其中对于游客自身的因素，现有的研究强调个人自律、道德和信仰产生的影响，然而很少有研究从个人情绪的角度探讨其对于越轨行为产生的影响。关于情绪对于游客越轨行为的作用，有限的研究从较为宏观的角度探究了复合情绪对于旅游文明的影响，并证实了积极情绪会正向影响旅游文明（Qiu et al.，2023）。而本研究聚焦于道德提升感这一离散情绪，从单一离散情绪的视角探究对于游客越轨行为可能产生的影响。研究结果将有助于丰富游客越轨行为的前因研究，为游客越轨行为的处理提出新的应对思路。

三、角色榜样影响

（一）角色榜样影响的概念

角色榜样来源于心理学概念，是个体通过模仿他人实现自己想要成为什么样的人的心理过程。角色榜样最开始被用于青少年的成长研究，角色榜样影响是青少年受到角色榜样的影响进而发展自我概念的过程（杨淑萍，张雅楠，2018）。角色榜样通常被认为拥有他人所欠缺的能力，而这种能力是被他人所向往的（黎常，2014）。换言之，角色榜样是由于某种特点受到其他人的认同并成为他们想要成为的人，这意味着角色榜样可以为他人提供示范作用并彰显其正面影响力。鼓舞人心的榜样可以对他人进行积极引导，促进他人行为同化，使人们的领域相关行为朝着比较目标的方向发生积极转变。这意味着，榜样可以激发更好的表现（孙秀明，徐振亭，罗瑾琏，2021）。角色榜样影响带来动力，可以激发个体向榜样学习的愿望，激励着个体朝着想要成为角色榜样那样的人而努力。根据前人的研究，本研究将角色榜样定义为因某件事或某种行为使他人产生敬意，并对他人的行为选择产生影响的人。本研究将所探讨的角色榜样聚焦于那些将道德责任感视为自我意识的重要组成部分，并努力践行道德行为的个体。这类榜样群体是人们在态度和行为上参照的标准（Savur，2017），激发并促使他人的效仿心理（Nauta，Kokaly，2001）。

（二）角色榜样影响的相关研究

现有的研究通常将角色榜样作为前因变量，探讨角色榜样带来的影响，并较多集中于创业领域研究和组织领域研究，如创业领域的创业榜样作用、组织领域的领导作用等。根据前人的研究，角色榜样通常会产生三方面的影响：一是角色榜样会作为行为榜样展示如何执行一项技能和实施一个目标；二是代表某一目标可以实现的可能性；三是能够鼓舞人心，让目标变得令人向往（Morgenroth，Ryan，Peters，2015）。在创业领域，相关文献普遍发现积极的创业榜样能够正向引导和激励个体学习、创业意向甚至具体的创业行为等（Bosma et al.，2012；程建青，罗瑾琏，2022）。在组织领域，领导的榜样作用会直接影响员工对企业文化的认同程度，并且企业的首席执行官（CEO）的角色榜样影响会大于直接上级的榜样影响（董念念，王雪莉，2018）。另外，由于领导者和其追随者两者间的错配会导致领导者难以产生角色榜样影响（周业安等，2014）。当榜样及其所在领域与个人产生关联时，个体更有可能改变自我观点，表现出对自我能力更大的信心，相信自我的成功能够实现（Lockwood，Kunda，1997）。旅游领域目前关于角色榜样的研究相对较少，鲜有文章将角色榜样影响作为核心变量展开定量研究。相关的研究往往以某类角色榜样为例，具体探讨了旅游中真实的角色榜样，如在以色列青年游学体验中，作为导游的马德里奇人为非正式的教育提供一种角色榜样模式（Cohen，Ifergan，Cohen，2002）。总体而言，关于角色榜样影响在旅游领域的研究有待进一步挖掘和深入。

四、道德效能

（一）道德效能的概念

道德效能的概念来自自我效能感，自我效能感呈现了人类能动性的核心特征，代表了个体对其实现自我预期和实现期望结果能力的信念（Bandura，1982）。著名美国心理学家班杜拉早在1977年便阐释了自我效能感的定义，认为其代表了人们在某种情境下对于自己是否可以实行某种行为的预判（Bandura，1977）。自我效能也被认为是个体是否具备策划及成功造就某项任务或者事业所需要的对于自身能力的把握（周文霞，郭桂萍，2006；王才康，胡中锋，刘勇，2001），代表了个体对于自我实行某种行为的信心，反映了个体能够控制自己积极适应以及进行改变的程度（Paciello et al.，2022）。班杜拉在1991年将效能感的概念拓展到道德研究领域，并提出了道德效能这一概念。他认为道德效能可以增强个体从事道德行为、减少越轨行为的信心和动力（Bandura，1991）。进一步地，有学者认为道德效能感表现为特定情形下的效能感，其特指道德层面，并将道德效能概念化为对个体做正确事情的能力的信念，提出道德效能对于人们的道德能力具有正向的作用（Hannah，Avolio，2010）。相类似的，有学者认为道德效能是人们对自我进行反思、调节道德行为的一套信念（道德效能抑制不当行为）（Paciello et al.，2022）。根据前人的研究结果，本研究将道德效能明确为个体认为自身能够实施道德行为的信念。

（二）道德效能的相关研究

在道德效能前因方面，诸多因素都可能干扰人们的道德效能。道德效能作为特定领域的效能感，自然也会受到一般效能感共性因子影响，比如言辞或者情感等，这些影响因子通常传递了有关效能的信息。现有研究学者主要从社会学习理论角度提出道德效能受到情绪唤醒、经验学习、说服效果等的影响（Hannah，Avolio，2010）。道德效能目前较多地被运用在组织行为领域，如在工作场景中，研究证实了团队领导者的道德水平或者道德谦卑会影响成员的道德效能，进一步地，成员的亲社会行为和不道德的行为都会受到干扰（Owens et al.，2019）。除此以外，组织当中的伦理气氛也会对道德效能造成影响（Peng，Ma，Tian，2017）。

在道德效能的后效作用上，自我效能作为人类个体的主体要素，会干扰人类心理和生理变化，也会影响个体对于环境和活动的选择，影响人们思考、感受和行为的方式。学者普遍发现道德行为会受到道德效能的影响，具备更高道德效能的人们更会致力于践行道德行为（Roberts, Olekalns, Auger, 2017）。当陷入道德窘境中，道德效能能唤起和激发人们更多地努力践行道德举措，并及时遏制不良行径。道德效能也会受到他人影响，如由于领导的领袖作用，道德型领导的言行也会在道德意识和道德信念上对追随者产生影响（Yukl et al., 2013），通过强化追随者的道德效能进而促进更多的道德举措。道德效能表现为人们常见的心理状态，与一般效能感或者其他某种特定形式的效能感相比，关于道德效能感的研究相对较少。

在旅游领域，较多研究还是基于一般效能感进行探讨（Gezhi, Xiang, 2022）。有限的关于道德效能感的研究集中在企业人力资源领域，如在酒店行业，员工的道德效能有利于提高他们对于虐待型监督的建言行为，而来自同事的情感支撑可以强化这一关系（Xu S et al., 2017）。总体而言，将道德效能运用于旅游领域的学术探讨可以继续丰富研究的背景和切入的视角。

五、权力感

（一）权力感的概念

本研究要探讨的权力感是个人内在的心理层面的权力体验，是人们在心理层面上体验到的自己可以对他人的行为进行干扰和产生作用的能力（Anderson, John, Keltner, 2012）。社会心理学领域对于权力的探讨是权力感研究的来源，但区别于社会等级层面的真实权力，权力感是与真实权力相关的心理体验，其核心在于控制。根据前人的研究，权力感通常具有三个方面的特点：一是权力感存在于人与人交往的社会关系当中，只有处在一定的社会关系当中探讨个体之间拥有的非对称性的价值资源才能让个体感知权力。二是权力感强调个体拥有非对称性的控制力在重要的资源上，即拥有更高权力感的人通常是具备更多有价值的资源，这也意味着权力感从价值资源带来的干扰甚至决定别人的行为方式中产生。三是权力感是个体的主观感觉，也会依据变化的环境进而产生改变。在旅游领域，权力感受到学者的广泛关注，他们通常认为权力感在日常生活中普遍存在，表现为个体对他人施加控制的能力。本研究借鉴学界对于权力感的看法，将其定义为个体在心理层面感知到的影响他人或控制他人行为的能力（Hwang，Su，Mattila，2020）。

（二）权力感的相关研究

关于权力感的研究各领域具有较多的学术成果，并且主要聚焦在权力感的后效方面，旅游领域的学者也从游客、工作人员、当地住户等角度探究了权力感的影响。例如在游客权力感方面，学者发现权力感会影响旅游品牌的拟人化沟通方式与旅游品牌的口碑之间的关系，在游客权力感较低的情形下，建议进行热情的交流方式，相反，则建议进行彰显个人专业性水平的交流方式（权靖予，2022）。此外，权力感会影响游客在酒店预订时对于价格评估的判断，高权力感的游客表现出会更多考虑内部参考价格，相反，低权力感的游客会更多从外部价格上进行参考（Choongbeom，Sungwoo，Anna，2019）。除此之外，学者在关于权力理论的研究中发现，旅游费用引起的权力感会导致游客的越轨行为（Li T，Chen Y，2017）。

权力感也会影响工作人员的感知，如权力感会影响旅游业基层员工对公平的感知。与权力感较低的基层员工相比，权力感较高的员工在面对消费者的不合理行为时，感知到的消极影响会有所减弱；但同时，他们对程序公平的负面感知却会增强（徐虹等，2018）。在当地住户权力感方面，当地住户的权力感作用于他们对于目的地长远发展的认识，进而作用于整个旅游产业的长久繁荣（Rasoolimanesh，Jaafar，Barghi，2017）。另外根据学者对于节庆活动的调查结果，当地住户的权力感高低会影响当地居民和游客之间的交往，以及游客对于节庆活动的参与和拥护（韦瑾，戴光全，2018）。与此同时，旅游者的权力感高低同样会影响节事活动的兴盛程度（Wei J，Dai G，2018）。尽管旅游领域关于权力感的研究已经有了一些显著的研究成果，但是鲜少有旅游学者的研究将单一离散情绪与权力感联系起来，本研究通过探究权力感在道德效能和游客越轨倾向关系中发挥的作用，将进一步丰富旅游领域关于权力感的研究。

第三节 研究方法与研究设计

本研究采用情境实验法（Scenario Experiment）和实地实验（Field Experiment），通过参考现有文献中成熟的实验步骤，对自变量（道德提升感）进行严格操纵并控制其他无关变量可能造成的影响，通过实验法获取模型中其他变量（如调节变量与因变量）的数据。

首先，实验1设计了单因素（道德提升感 vs. 对照组）的组间实验，通过回忆和写作任务操纵被试的道德提升感，初步验证主效应是否成立。而实验4为了提升实验的外部生态效度，选择在真实的旅游目的地开始实地实验来进一步验证实验1中的主效应，观察游客实际的越轨行为，有利于减少游客的社会期望偏差，提高实验结论的可靠性。进一步，实验2也设计了单因素（道德提升感 vs. 对照组）的组间实验，通过情境想象（自然景区）验证角色榜样影响和道德效能的链式中介效应。同样，在实验3中，采用单因素（道德提升感 vs. 对照组）的组间设计，并通过变换情境想象实验景区类型（人造景观）验证、检验权力感的调节效应。最后，通过单因素方差检验、中介检验等系列数理统计方法对收集到的一手数据展开分析，从而检验研究假设是否得到支持。

表 3-1　本研究的四个实验

实验	研究设计	假设	研究情境	分析方法	越轨行为倾向测量	研究目的	样本	N
实验1	道德提升感：有 vs. 无	H1	旅游中的道德提升感体验	单向协方差分析（ANCOVA）	浪费自助餐食物	主效应	社会样本	96
实验2	道德提升感：有 vs. 无	H2	自然景区	单向协方差分析（ANCOVA）；Bootsrapping检验	在旅游大巴上进食	中介效应	社会样本	156

续表

实验	研究设计	假设	研究情境	分析方法	越轨行为倾向测量	研究目的	样本	N
实验3	道德提升感：有 vs. 无 * 连续变量（权力感）	H3	人造景观	单向协方差分析（ANCOVA）；Bootsrapping 检验	越轨行为倾向的量表测量	调节效应	社会样本	192
实验4	道德提升感：有 vs. 无	H1	真实目的地：西湖景区西泠印社	单向协方差分析（ANCOVA）；Logistic Regression 检验	观察真实的触摸文物行为	主效应	真实游客	118

资料来源：作者根据本研究开展的实验整理，2023 年

第四节　数据分析与研究结果

基于情境实验法和实地实验法，本研究设计了四个实验以验证上文假设。实验 1 首先设计了单因素（道德提升感 vs. 对照组）的组间实验，初步验证主效应是否成立。接着，实验 2 同样以单因素（道德提升感 vs. 对照组）的组间实验检验角色榜样影响和道德效能的链式中介效应。而实验 3 同样采用单因素（道德提升感 vs. 对照组）的组间设计，变换情境想象实验景区类型（人造景观）验证检验权力感的调节效应。最后，为了提升实验的外部生态效度，实验 4 选择在真实的旅游目的地开始实地实验来进一步验证主效应。

一、实验 1 单因素（道德提升感 vs. 对照组）的组间实验

（一）实验目的

实验 1 通过回忆和写作任务（A Recall and Writing Task）验证主效应：旅

游情境中道德提升感的激发对游客越轨倾向有显著负向影响，即调查经历道德提升感的参与者是否比对照组的参与者表现出更低的越轨行为倾向。回忆和写作任务在市场营销和旅游领域对于激发如感恩等离散积极情绪的作用已经得到了较为充分的证实（Liang, Guo, 2021；Piff et al., 2015）。因此，实验1将通过回忆和写作任务来激发和操纵参与者的道德提升感（Yang, Hu, 2021）。

（二）参与者与实验程序

通过专业问卷网站Credamo招募被试，被试获得一定的酬劳。征得被试认可之后，将其随机地分派至道德提升感组或对照组之中。

道德提升感组要求：请您仔细回忆您在最近一次旅行中看到的意外的道德行为，这个道德行为展现了人类"更高"或"更好"的本性，让您产生了感动、温暖、被提升或钦佩、感激等积极情绪。这是他本来没有义务去做但他做了，让您感到意外的行为。

对照组要求：请您仔细回忆您在旅游中经常会做的事情，并用尽可能详细的语言进行描述并写下您的感受。参与者被要求尽可能地多描述这个事件以及伴随的感受（不少于20字）（Ding, Wang, Sun, 2014）。

在完成写作任务后，所有的参与者都对自己感受的道德提升感程度打分（操纵检验），包括如"回忆起的这件事，让我感到感动"等6个题项（见表3-2）。对于游客越轨倾向的测量，本研究参考了发表在国际顶刊上成熟的研究的情景。具体而言，参与者被要求想象在某景区的自助餐厅享用他们的食物，并面临有吃不完剩下的食物的风险，然而他们又非常想尝试餐厅的甜点拼盘（Schaefers et al., 2016）。本研究选择了"浪费自助餐食物"行为作为测量的因变量，包括如"您倾向于去拿甜点拼盘吗？"等3个题项（Ye, Li, Xu, 2022）。124名参与者参与了调研，去除28份无效问卷（这些问卷没有通过注意力测试或是所有选项基本相同），从而收集了96位被试的有效问卷（$N_{道德提升感组}=48$，$N_{对照组}=48$）。

表3-2 道德提升感量表

题项
看到这个场景，我感到感动
看到这个场景，我会有振奋感

续表

题项
看到这个场景，我对人性乐观
看到这个场景，我心里暖洋洋的
看到这个场景，我想要帮助他人
看到这个场景，我想要成为一个更好的人

资料来源：根据 Aquino 等人的量表自行翻译，2023 年

（三）变量的测量

道德提升感通过 6 题项量表来进行测量（Aquino，Mcferran，Laven，2011），未设置反向题。其中，游客越轨倾向通过情境化"浪费自助餐食物"来测量，变量名称、题项以及来源见表 3-3。游客越轨倾向采用万等（Wan L C et al., 2021）的题项量表，被试需要按照七点李克特量表填答，分值结果更大意味着参与人员从事越轨行为的念头会更强。同时选择社会期望偏差作为控制变量，其能够反映个体对于大众认可的需求程度，具体表现为人们有多大程度会做出符合大众认同的举动。现有研究发现，社会期望偏差与旅游可持续尤为相关（McKercher，Prideaux，2011），并被作为控制变量广泛运用于旅游越轨行为研究当中（Su L J et al., 2022；Li T，Chen Y，2022）。本研究采用 Hays 等使用的 5 题项量表（见表 3-4）（Hays，Hayashi，Stewart，1989），其中后 3 个题项需要反向计分，反向后数值大，意味着参与人员追求大众认可的程度会更高。

表 3-3 游客越轨倾向（浪费自助餐食物）量表

题项
您倾向于去拿甜点拼盘吗？
您去拿甜点拼盘的可能性有多大？
您会去拿甜点拼盘吗？

资料来源：根据 Wan 等的量表自行翻译，2023 年

表 3-4　社会期望偏差量表

题项
即使是对令人讨厌的人，我也总是彬彬有礼
我有时也会占他人的便宜
我有时试图报复，而不是原谅和忘记
当我不能如愿时，我有时会感到怨恨
不管我跟谁说话，我都是一个很好的倾听者

资料来源：根据 Hays 等的量表自行翻译，2023 年

（四）实验 1 结果

1. 人口学统计特征

对获得的实验数据采用描述性统计（详见表 3-5）：参与者的年龄为 18~65 岁（$M = 30.34$，$SD = 9.22$），64.6% 的参与者为女性，86.5% 的参与者拥有大学及以上学历，80.3% 的参与者是学生和企业从业人员。

表 3-5　实验 1 人口统计学概况

变量	选项	频率	百分比
性别	男	34	35.4%
	女	62	64.6%
学历	初中及以下	5	5.2%
	高中/中专/技校	8	8.3%
	大专/本科	76	79.2%
	硕士及以上	7	7.3%
职业	学生	23	23.9%
	企业从业人员	54	56.3%
	政府机关事业单位工作者	7	7.3%
	个体经营者	5	5.2%
	自由职业者	5	5.2%
	其他	2	2.1%

注：N=96，由 SPSS26.0 所得。

资料来源：作者根据数据分析结果自行整理，2023 年

2. 操纵检验、真实性检验和假设猜测

对于道德提升感组和对照组的道德提升感情绪进行操纵检验，根据分析结果，不同条件下的道德提升感存在显著差异 [$F(1, 95) = 7.77, p < 0.01$]，对照组参与者的道德提升感水平显著低于道德提升感组参与者（M$_{道德提升感组}$ = 6.14，M$_{对照组}$ = 5.38），证明实验操纵成功。此外，为了排除回忆激活的其他可能产生干扰的情绪，本研究测量了其他情绪，如警惕、激动、害怕等（Erickson 等，2018）。并对这些情绪分别按照积极情绪和消极情绪取平均值来处理（Wang 和 Lyu，2019）。结果显示，对照组和道德提升感组在其他积极情绪及消极情绪上都没有呈现出显著差异（其中，$p_{积极情绪} > 0.07$，$p_{消极情绪} > 0.12$）。另外，对于景区自助餐厅拿甜点拼盘的场景，参与者认为该场景符合现实（M = 6.11，SD = 0.68），且道德提升感组和对照组之间的差异不显著（$p > 0.01$），真实性检验也通过。另外，本实验中的所有参与者都没有正确地猜出研究目标。

3. 量表信度检验

根据学界对信度的标准和对信度测量方法检验问卷的信度（Nunnally，1978），结合 Cronbach's α 系数检验实验 1 涉及的量表（见表 3-6），当系数大于 0.7 时说明量表较可靠，且内部一致性较高。道德提升感、游客越轨倾向、社会期望偏差各 6、3、5 项题项，他们的 Cronbach's α 系数为 0.811、0.950、0.816，比 0.8 数值更大，表示实验 1 涉及的量表较为可靠。

表 3-6 变量信度

变量	题项数	Cronbach's α
道德提升感	6	0.811
游客越轨倾向	3	0.950
社会期望偏差	5	0.816

注：N=96，由 SPSS26.0 所得。
资料来源：作者根据数据分析结果自行整理，2023 年

4. 道德提升感对于游客越轨倾向的影响

采用道德提升感为自变量，社会期望偏差作为控制变量，对游客越轨倾

向使用单向协方差分析（ANCOVA）来检验假设 H1。根据分析结果，道德提升感对游客越轨倾向作用显著（$F = 37.41$，$p < 0.01$），越轨行为倾向在道德提升感条件下（$M_{道德提升感组} = 3.05$；$SD_{道德提升感组} = 1.62$）显著地小于对照条件下（$M_{对照组} = 5.00$，$SD_{对照组} = 1.44$）。因此，道德提升感能够减少游客的越轨行为倾向，支持 H1。

（五）小结和讨论

实验 1 的研究结果为 H1 提供了初步的经验证据。具体来说，激发起道德提升感（vs. 对照组）的参与者更有可能减少越轨行为倾向。但目前尚不清晰这一因果关系的传导机制，实验 2 将具体探讨角色榜样影响和道德效能的中介效应。

二、实验 2 角色榜样影响和道德效能的链式中介效应

（一）实验目的

本实验主要检验道德提升感对于游客越轨倾向的作用是否通过道德榜样影响和道德效能的链式中介作用进行传递。本实验采用单因素（道德提升感 vs. 对照组）的组间设计验证 H2。实验 2 主要通过阅读文字和图片材料的方法激发被试的道德提升感，在市场营销和旅游领域，材料诱发法已被广泛证实可以有效激发起被试的道德提升感（Immordino et al., 2009）。

本研究对情境材料进行了一项前测实验，确保图文材料情境操纵的准确性和真实性。研究者公开招募了 40 名社会样本进行了预测试，对于道德提升感的唤起，独立样本 t 检验证明道德提升感组测试值大于对照组测试值（$M_{道德提升感组} = 6.34$，$M_{对照组} = 4.14$，$F = 9.47$，$p < 0.01$），呈现显著水平，且对照组和道德提升感组在其他积极情绪、可能的消极情绪，以及场景现实性的差异方面，都未呈现出显著水平（$p > 0.01$）。因此，选择这组图文材料作为实验 2 的刺激材料。

（二）参与者与实验程序

同实验 1，采用专业问卷网站 Credamo 征集 180 位被试，被试获得相应的酬劳。在道德提升感组，参与者被要求想象自己在某自然景区登山，在登山

过程中看到了让自己心生暖意的一幕,这一幕主要呈现了自发组织的志愿者游客将残疾游客抬上2000米高峰、实现残疾游客登山愿望的画面(Freeman, Aquino, Mcferran, 2009)。对照组的参与者则被要求想象自己在某自然景区游玩,在登山过程中看到其他游客也在爬山的一般场景的图文材料。

在完成情境想象后,所有的参与者都对自己感受的道德提升感程度进行打分,以进行实验操纵检验,包括如"回忆起的这件事,让我感到感动"等6个题项(实验操纵检验)。对于游客越轨倾向的测量,参与者被要求想象他们在该自然景区游览结束后乘坐旅游大巴离开景区,在行车过程中感到非常饥饿,但是旅游大巴上禁止进食(Ye, Li, Xu, 2022)。本次实验选择不按照相关规定在公共交通工具上进食即"在旅游大巴上进食"作为因变量,包括如"您倾向于在巴士上吃东西吗?"等3个题项。去除24份质量较低的问卷,这些问卷未通过注意力测试或是所有选项基本一致,从而得到156位被试的有效问卷(两组均为78份)。

(三)变量的测量

自变量道德提升感情绪(vs. 对照组)、因变量游客越轨倾向操作性定义和测量与前文一致,其中,游客越轨倾向通过情境化"在旅游大巴上进食"来测量,共3个题项(见表3-7);中介变量角色榜样影响通过量表测量(Escalas, Bettman, 2003)),共2个题项(见表3-8);道德效能通过量表测量(Marika et al., 2022),共5个题项(详见表3-9)。控制变量同实验1,为社会期望偏差(见表3-4)。被试需要按照七点李克特量表填答,选择的数字越大,表示进行越轨行为的倾向性越大,以及角色榜样影响和道德效能越高。

表3-7 越轨行为倾向(在旅游大巴上进食)量表

题项
您倾向于在巴士上吃东西吗?
您有多大可能在巴士上吃东西?
您会在巴士上吃东西吗?

资料来源:作者根据Wan等的量表自行翻译,2023年

表 3-8　角色榜样影响量表

题项
我很敬佩三位游客 / 志愿者这样的人
我渴望成为三位游客 / 志愿者这样的人

资料来源：作者根据 Bettman 等的量表自行翻译，2023 年

表 3-9　道德效能量表

题项
我相信自己能够按照道德准则行事
我相信当面临道德冲突时自己能够以正确的方式来处理
我相信自己能够成为一个具有道德感的人
我相信自己能够成功抵制许多违反重要道德规范的诱惑
我相信比起他人自己是一个在大多数时候具有道德感的人

资料来源：作者根据 Marika 等的量表自行翻译，2023 年

（四）实验 2 结果

1. 人口统计学特征

对获得的实验数据采用描述性统计（详见表 3-10）：参与者的年龄为 17~64 岁（M = 29.53，SD = 8.92），56.4% 的女性，96.1% 的人拥有大专 / 本科以上学历，主要的参与者是企业从业人员和学生群体。

表 3-10　实验 2 人口统计学概况

变量	选项	频率	百分比
性别	男	68	43.6%
	女	88	56.4%
学历	初中及以下	0	0
	高中 / 中专 / 技校	6	3.8%
	大专 / 本科	123	78.8%
	硕士及以上	27	17.3%

续表

变量	选项	频率	百分比
职业	学生	62	39.7%
	企业从业人员	68	43.6%
	政府机关事业单位工作者	16	10.3%
	个体经营者	5	3.2%
	自由职业者	3	1.9%
	其他	2	1.3%

注：N=156，由 SPSS26.0 所得。
资料来源：作者根据数据分析结果自行整理，2023 年

2. 操纵检验、真实性检验和假设猜测

对于道德提升感组和对照组的道德提升感情绪进行操纵检验，根据分析结果，不同条件下的道德提升感存在显著差异 $[F(1, 155) = 57.53, p < 0.01]$，道德提升感组参与者的道德提升感水平高于对照组参与者（$M_{道德提升感组} = 6.08$，$M_{对照组} = 4.31$），实验操纵成功。此外结果显示，对于其他积极情绪，以及可能的消极情绪，道德提升感组与对照组之间没有呈现出显著差异（其中，$p_{积极情绪} > 0.93$，$p_{消极情绪} > 0.12$）。另外，对于在公共交通工具上进食的场景，参与者认为该场景符合现实（$M = 5.90$，$SD = 0.73$），且道德提升感组和对照组的差异未呈现显著水平（$p > 0.01$），真实性亦检验通过。本实验中所有合格参与人员都未能猜到本研究的目标。

3. 量表信度检验

与前文的研究一致，根据 Cronbach's α 系数检验实验 2 涉及的量表的信度（表 3-11）。道德提升感、游客越轨倾向、角色榜样、道德效能、社会期望偏差各 6、3、2、5、5 项题项，他们的 Cronbach's α 系数分别为 0.94、0.791、0.841、0.912、0.75，比 0.7 数值更大，表示实验 2 涉及的量表题项较为可靠。

表 3-11　变量信度

变量	题项数	Cronbach's α
道德提升感	6	0.940
游客越轨倾向	3	0.791
角色榜样	2	0.841
道德效能	5	0.912
社会期望偏差	5	0.750

注：N=156，由 SPSS26.0 所得。

资料来源：作者根据数据分析结果自行整理，2023 年

4. 道德提升感对游客越轨倾向影响

和实验 1 处理方法一致，采用道德提升感作为自变量，控制被试的社会期望偏差，对游客越轨倾向运用单向协方差分析（ANCOVA）来检验假设 H1。根据分析结果，道德提升感作用于游客越轨倾向的结果呈现显著 $[F(1, 155) = 14.59, p < 0.01]$，见图 3-1 所示。如假设 1，越轨行为倾向在道德提升感条件下（$M_{道德提升感组} = 1.78$）显著地低于对照组条件下（$M_{对照组} = 2.54$）。

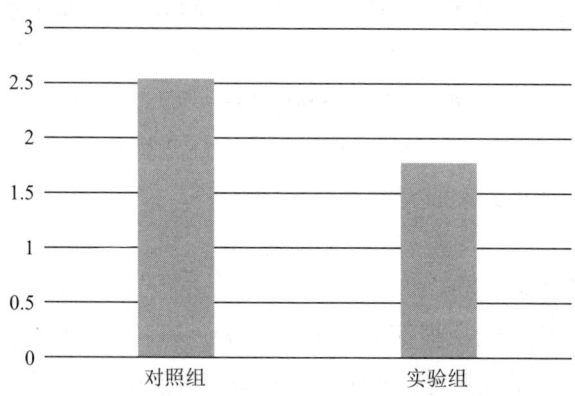

图 3-1　道德提升感对游客越轨倾向的影响

注：N=156，由 SPSS26.0 所得。

资料来源：作者根据数据分析结果自行整理，2023 年

5. 中介效应检验

为了检验角色榜样与道德效能的链式中介效应（检验 H2），采用 PROCESS Model 6 进行中介分析，以单因素变量（道德提升感 vs. 对照组）为自变量，角色榜样影响和道德效能为中介变量，游客越轨倾向为结果变量，并控制住被试的社会期望偏差。检验结果显示（见表 3-12），角色榜样影响部分中介了道德提升感对游客越轨行为的影响（由表，间接效应值 = 0.734，95%CI = [0.126，1.281]，不含 0）。角色榜样影响与道德效能在道德提升感和游客越轨倾向中发挥链式中介效应（其中，间接效应值 = −0.361，95%CI = [−0.706，−0.039]，不包含 0），检验结果支持 H2。

表 3-12 中介效应检验结果

路径	效应值	Boot 标准误	BootC 下限	BootC 上限
Ind1：道德提升感→角色榜样影响→游客越轨倾向	0.734	0.352	0.126	1.281
Ind2：道德提升感→道德效能→游客越轨倾向	0.061	0.059	−0.051	0.193
Ind3：道德提升感→角色榜样影响→道德效能→游客越轨倾向	−0.361	0.169	−0.706	−0.039

注：N=156，由 SPSS26.0 所得。
资料来源：作者根据数据分析结果自行整理，2023 年

（五）小结和讨论

实验 2 更换了刺激材料，以及变换了游客越轨行为测量的场景，本次实验的分析结果证实了本研究主效应的稳健性。在本次实验中，重点验证了角色榜样影响与道德效能是否发挥链式中介效应，分析结果支持了 H2。但是尚不明晰相关的作用边界，为此，实验 3 将检验权力感在道德效能和越轨行为倾向的关系中是否具有调节作用。

三、实验 3 权力感的调节效应

（一）实验目的

本实验主要验证 H3，即权力感对道德效能与越轨行为倾向关系的调节影

响。实验 3 通过道德提升感 vs. 对照组的组间实验设计验证 H3，并且主要通过文字材料的情境实验激发参与者的道德提升感。

（二）参与者与实验流程

通过专业问卷平台 Credamo 招募 220 个参与者，参与者获得相应的报酬。在道德提升感组，参与者被要求想象自己在某个人造景区游玩，在游玩过程中看到了让自己心生暖意的一幕，这一幕主要呈现了一位景区工作人员在自己受伤的情况下还忍着伤痛在自己的休息时间帮助游客的道德事迹。对照组的参与者则被要求想象自己在某个人造景区游玩，在游玩过程中看到景区工作人员安排园区工作的日常场景。

为尽可能确保文字材料情境操纵的准确性和真实性，本研究对被试情境材料进行了一项前测实验。32 名在校学生被征集参与前测实验，对于道德提升感的操纵，独立样本 t 检验说明道德提升感组测试值大于对照组（$M_{道德提升感组}$ = 6.07，$M_{对照组}$ = 3.96，F = 18.71，$p < 0.01$），呈现显著水平，且对照组和道德提升感组在其他积极情绪、可能的消极情绪以及场景现实性上的差异并未呈现出显著水平（$p > 0.05$）。正式实验中，在完成情境想象后，所有的参与者都对自己感受到的道德提升感进行打分，包括如"回忆起的这件事，让我感到感动"等 6 个题项。对于游客越轨倾向的测量，本次研究采用游客越轨倾向量表来测量，包括"通过草坪走捷径"等 3 个题项。去除 28 份质量较低的问卷，这些问卷未通过注意力测试或者是选项基本一致，因而本次实验总计收集 192 位被试的有效问卷。在得到被试认可后，把被试随机地分派至道德提升感组（$N_{道德提升感组}$ = 96）和另外对照组（$N_{对照组}$ = 96）。

（三）变量的测量

自变量道德提升感情绪（vs. 对照组）、因变量游客越轨倾向操作性定义和测量与前文一致，中介变量道德榜样和道德效能的测量与前文一致。其中游客越轨倾向通过游客越轨倾向量表来测量（Li T，Chen Y，2017），共 3 个题项（见表 3-13）。权力感题项（Anderson，Galinsky，2006）共 8 项（见表 3-14），后 4 个进行反向统计，统计数值更大意味着参与人员的权力感更高。控制变量为社会期望偏差，同实验 1 和实验 2，具体题项详见表 3-4。

表 3-13　游客越轨倾向量表

题项
您会通过草坪走捷径吗？
您会爬上雕塑拍照片吗？
您会不按规定扔垃圾吗？

资料来源：作者根据 Li 和 Chen 的量表自行翻译，2023 年

表 3-14　权力感量表

题项
我能让他人听从我的话
我可以让他人按照我的要求行事
我认为自己具有很强的控制力和影响力
只要我愿意，我往往是拿主意（做决定）的人
我的想法和意见常常被忽视
即使我发出声音，我的观点也没有什么影响力
我的愿望和期许一点也不重要
即使我再努力，也无法得到我想要的

资料来源：作者根据安德森和加林斯基（Anderson, Galinsky）的量表自行翻译，2023 年

（四）实验 3 结果

1. 人口统计学特征

对获得的实验数据采用描述性统计（详见表 3-15）：参与者的年龄为 18~57 岁（$M = 29.75$，$SD = 8.38$），52.6% 为女性被试，96.4% 的人拥有大专 / 本科甚至更高的文化水平，超过一半的被试是在企业工作的员工。

表 3-15　实验 3 人口统计学概况

变量	选项	频率	百分比
性别	男	91	47.4%
	女	101	52.6%

续表

变量	选项	频率	百分比
学历	初中及以下	2	1%
	高中/中专/技校	5	2.6%
	大专/本科	157	81.8%
	硕士及以上	28	14.6%
职业	学生	52	27.1%
	企业从业人员	104	54.1%
	政府机关事业单位工作者	18	9.4%
	个体经营者	4	2.1%
	自由职业者	6	3.1%
	其他	8	4.2%

注：N=192，由 SPSS26.0 所得。
资料来源：作者根据数据分析结果自行整理，2023 年

2. 操纵检验、真实性检验和假设猜测

对于道德提升感组和对照组的道德提升感情绪进行操纵检验，根据分析结果，不同条件下的道德提升感存在显著差异 [$F(1, 191) = 76.46$，$p < 0.01$]，道德提升感组参与者的道德提升感水平显著高于对照组参与者（$M_{道德提升感组}$ = 6.27，$M_{对照组}$ = 4.95），实验操纵成功。此外，对于其他积极情绪和可能的消极情绪，道德提升感组与对照组之间并未呈现显著区别（其中，$p_{积极情绪} > 0.42$，$p_{消极情绪} > 0.25$）。另外对于情景材料中的员工助人或安排工作的场景，参与者认为该场景非常现实化（$M = 6.12$，$SD = 0.73$），且道德提升感组的现实性和对照组之间未呈现显著区别（$p > 0.11$），通过了真实性检验。此外，本实验中的所有参与者都没有正确地猜出研究目标。

3. 量表信度检验

与前文的研究一致，根据 Cronbach's α 系数检验实验 3 涉及的量表的信度（表 3-16）。道德提升感、游客越轨倾向、角色榜样影响、道德效能、权力感、社会期望偏差各 6、3、2、5、8、5 项题项，他们的 Cronbach's α 系数分别为 0.927、0.759、0.729、0.727、0.850、0.876，比 0.7 数值更大，表示实

验 3 运用的量表题项较为可信。

表 3-16 变量信度

变量	题项数	Cronbach's α
道德提升感	6	0.927
游客越轨倾向	3	0.759
角色榜样影响	2	0.729
道德效能	5	0.727
权力感	8	0.850
社会期望偏差	5	0.876

注：N=192，由 SPSS26.0 所得。
资料来源：作者根据数据分析结果自行整理，2023 年

4. 道德提升感对游客越轨倾向的影响

同前两个实验的处理方法一致，采用道德提升感作为自变量，控制被试的社会期望偏差，对游客越轨倾向运用单向协方差分析（ANCOVA）来检验假设 H1。根据分析结果，道德提升感作用于游客越轨的结果呈现显著 [$F(1, 191) = 11.80, p < 0.01$]。如 H1，越轨行为倾向在道德提升感条件下（$M_{道德提升感组} = 1.45$）显著地低于对照组条件下（$M_{对照组} = 2.02$），再次验证了主效应。

5. 中介效应检验

对于角色榜样影响的中介作用（检验 H2），和角色榜样影响与道德效能的链式中介效应（检验 H3），同样采用 PROCESS Model 6 进行中介分析，以单因素变量（道德提升感 vs. 对照组）为自变量，角色榜样影响和道德效能为中介变量，游客越轨倾向当作结果变量，同时控制住被试的社会期望偏差。

根据分析结果（见表 3-17），角色榜样影响中介了道德提升感作用于游客越轨行为的过程（其中，间接效应值 = -0.164, 95%CI = [-0.346, -0.030]，不包含 0），H2 再次得到支持。角色榜样影响和道德效能在道德提升感与游客越轨倾向之前发挥了链式中介的作用（由表 3-17，间接效应值 = -0.037, 95%CI = [-0.080, -0.005]，不包含 0），H3 再次得到支持。

表 3-17 中介效应检验结果

路径	效应值	Boot 标准误	BootC 下限	BootC 上限
Ind1：道德提升感→角色榜样影响→游客越轨倾向	−0.164	0.808	−0.346	−0.030
Ind2：道德提升感→道德效能→游客越轨倾向	−0.027	0.024	−0.087	0.006
Ind3：道德提升感→角色榜样影响→道德效能→游客越轨倾向	−0.037	0.019	−0.080	−0.005

注：N=192，由 SPSS26.0 所得。
资料来源：作者根据数据分析结果自行整理，2023 年

6. 调节效应检验

对于权力感的调节效应（检验 H3），首先以道德效能充当自变量，而越轨行为倾向充当因变量，另外权力感充当调节变量，通过 PROCESS Model 1 进行调节分析，道德效能和权力感的交互项为 $0.07 < 0.1$，表明至少有 90% 的把握说明权力感能调节道德效能和越轨行为倾向之间的关系。进一步，参考 Hayes 等的处理方式，通过 Bootstrapping，采用 PROCESS Model 87 进行调节分析，以单因素变量（道德提升感 vs. 对照组）为自变量，中介变量是角色榜样影响和道德效能，权力感是调节变量，游客越轨倾向为因变量，社会期望偏差作为控制变量，结果如表 3-18 所示。权力感和道德效能的交互项 β 结果为 0.15，同时 $p = 0.03 < 0.05$，权力感的调节作用显著，权力感会抑制道德效能降低越轨行为倾向的程度，H3 得到支撑。由图 3-2 可知，当游客权力感较低时，道德效能显著负向地预测游客越轨倾向；当游客权力感较高时，这种负向作用呈现得不明显。

对比权力感高状态和低状态下的链式中介效应值和置信区间有无含零来判断有无链式中介关系的调节作用（王炳成和郝兴霖，2023），将权力感分为高低两组，以权力感的平均值为临界点（见表 3-19）。当游客权力感处于低水平，意味着权力感平均值减去 1 标准差，道德提升感借助角色榜样影响与道德效能的链式中介效应作用于游客越轨倾向的效应值是 −0.048。由表 3-19 可知，在 95% 的概率水平下，下限值为 −0.114，上限值为 −0.007，未含零。

当游客权力感处于高水平，意味着权力感平均值加上 1 标准差，道德提升

感借助角色榜样影响与道德效能的链式中介效应作用于游客越轨倾向的效应值是 –0.005，同时由表 3–19 可知，在 95% 的概率水平下，下限值为 –0.044，上限值为 0.038，包含零。这表明，当权力感平均值加上或者减去 1 标准差会发生包括零或是不包括零的变化，这说明了分析结果证实有调节的链式中介效应是显著的。这表明游客的权力感水平越低，角色榜样影响和道德效能的链式中介效应越强。

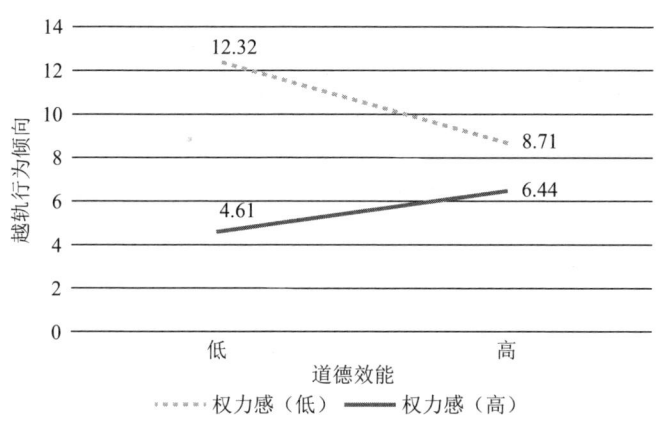

图 3–2　权力感的调节效应图

注：N=192，由 SPSS26.0 所得。
资料来源：作者根据数据分析结果自行整理，2023 年

表 3–18　权力感的调节效应检验

	角色榜样影响		道德效能		越轨行为倾向	
	β	SE	β	SE	β	SE
截距项	4.72**	0.28	4.22**	0.23	9.15**	2.06
控制变量						
社会期望偏差	0.12*	0.53	0.14**	0.03	0.01	0.04
自变量						
道德提升感	0.87**	0.14	0.11	0.08	–0.30**	0.10
中介变量						
角色榜样影响			0.17**	0.04	–0.19**	0.05
道德效能					–0.97**	0.35

续表

	角色榜样影响		道德效能		越轨行为倾向	
	β	SE	β	SE	β	SE
调节变量						
权力感					−0.98*	0.41
交互项						
道德效能 × 权力感					0.15*	0.68
R^2	0.46		0.53		0.56	

注：N = 192，* 和 ** 分别表示显著性水平为 5% 和 1%。

资料来源：作者根据数据分析结果自行整理，2023 年

表 3-19 有调节的链式中介

路径关系	调节变量	效应	SE	95% 置信区间	
道德提升感→角色榜样影响→道德效能→游客越轨倾向	高权力感	−0.005	0.020	−0.044	0.038
	低权力感	−0.048	0.028	−0.114	−0.007
	差值（△）	−0.026	0.017	−0.065	0.003

注：N=192，由 SPSS26.0 所得。

资料来源：作者根据数据分析结果自行整理，2023 年

（五）小结和讨论

实验 3 证实了权力感在道德效能和越轨行为倾向之间发挥了调节作用。目前所有假设都得到了初步证实。现有的三个实验均为情境想象实验，并且测量的是参与者的越轨行为倾向，为了进一步提高主效应研究结果的外部效度，实验 4 会在真实的旅游目的地观察实际的越轨行为。

四、实验 4 提升外部生态效度——实地实验

（一）实验目的

实验 4 的目的是通过实地实验的方法来进一步检验主效应，即旨在检验在旅游真实情境下道德提升感的唤起是否可以真正地减少游客越轨行为。实验 4

是尽量在不干扰的情形下观察的实际的越轨行为,所以具有更大的外部效度,可以减少游客的社会期望偏差。游客触摸文物行为(文物旁标注了"禁止触摸")是一种常见的游客越轨行为(Li T,Chen Y,2017),因此实验1将游客触摸文物的行为作为主要探究的游客越轨行为。

(二)实验地点

本研究现场实验地点选择在中国浙江西湖景区的西泠印社,它是享誉国内的悠久印社,受到国家和政府的重点保护。社内有非常多珍贵的文物,这些文物旁通常会放置"请勿触摸"的标牌,但由于游客的不良越轨行为,这些珍贵文物受到一定程度的损害。

图 3-3 景点内"请勿触碰"提示标牌

资料来源:作者现场拍摄,2023 年

(三)刺激材料

实验 4 将相关视频作为本实验道德提升感的刺激资料,研究者借助国内主流社交媒体诸如哔哩哔哩、微信视频号、抖音短视频、微博视频等进行视频材料的选取(欧梨成,张帆,陈培颖,2022)。选取时将采用"感动、温暖、被提升和钦佩、感激"+"旅游"为关键词对旅游中的道德事件进行检索,在删除低质量、长视频的基础上,确定 4 条长短合适、画面清晰、与主题最为相关的道德提升感视频,并使用剪辑工具根据拟定的道德提升感组视频确定对应的内容相关、长短一致的对照组视频,以确保控制的有效性。并且邀请两位旅游方向学者确认该组视频所操纵的"道德提升感"和"对照组"的准确度和相似性,其中 1 组得到了专家认可后开始实验。道德提升感组视频主要展示了在地铁上出现的道德暖心行为,一位疲惫的旅客在晃动的行李箱上睡着后,周围的旅客默默用手或用脚稳住她的行李箱,让她能够睡得更安稳;而对照组视频主要展示了地铁上非常日常且普通的旅客出现场景。

为尽可能确保实验操纵的准确性和真实性,本研究对被初步选中的道德事件视频进行了一项前测实验。同前面的实验一样,通过 Credamo 线上问卷平台公开征集了 60 名社会人士参与研究,为了确认操纵检验道德提升感成功,本研究对于视频进行了操纵检验,题项同实验 1(见表 3-2)。独立样本 t 检验说明道德提升感组测试值大于对照组,呈现为显著水平 [$M_{\text{道德提升感组}}$ = 6.41,$M_{\text{对照组}}$ = 4.78,$t(58)$ = -8.24,$p < 0.01$]。同实验 1,为了排除视频激活的其他可能产生干扰的情绪,本研究也测量了其他可能的干扰情绪,如警惕、激动、害怕等。研究结果表明,对于其他积极或可能的消极情绪、视频清晰度以及情境真实性的 p 值均大于 0.05,这表示对照组与道德提升感组在这些可能干扰的变量上并未呈现出显著区别。因此,本次实验的道德提升感刺激材料选择这两个处理后的视频资料。

(四)参与者和实验程序

实验 4 共持续两周,并分别在 2023 年 7 月 28 日、8 月 4 日以及 8 月 5 日 3 天展开。每天实验持续时间为 8 个小时,有 6 个小时的观察和追踪:从 9:00 到 12:00,从 13:00 到 16:00。另外,为了进一步提高实验的外部效度,被调查者的构成群体多样化,包括学生、企业从业者、政府机关事业单位工作者、个体经营者以及自由职业者等。

研究人员共分两组,一组研究人员在西泠印社文物展厅入口休息区随机邀请游客观看视频,研究人员会每隔 1 小时调换道德提升感组和对照组视频,以尽量保证实验的随机性。另外,研究人员配置了专门的降噪耳机让游客沉浸式地观看视频,视频观看后研究人员会和被试进行简单的交流确认被试观看视频的认真程度和情绪感受的效果(由于实验 4 的刺激材料通过预实验已经证实了能够激发被试的道德提升感 [vs. 对照组],为了减少研究人员对于被试的干扰和避免让被试猜测到后续的研究意图,因此实验 4 没有再单独进行操纵检验），随即让被试完成人口学统计特征和社会期望偏差的调查问卷。至此，参与者认为的调查结束，认真参与的被试将被按顺序编号纳入待观察的名单并且获得 5 元红包报酬。

而另一组研究人员在景点内假扮游客，结合观察法的观察步骤严格对游客进行隐蔽型观察，具体表现为假装跟其他普通的游客一样在景点闲逛参观（实际跟在被试后默默观察被试的越轨行为），偶尔对周边的景色进行拍照留念（实际会抓拍被试的越轨行为，主要是触摸文物行为）。待被编号的被试完成调查后研究人员开始实施观察并采用标记记录法对被试的越轨行为进行及时记录，并详细完成结果记录表。考虑观察的可执行性，主要以展馆内游客是否触摸文物为主（文物旁有明确的"请勿触摸"标识）。125 名参与者成功地完成了调查，在排除那些未能完整观看视频的人（7 名参与者）后，118 名参与者得以保留（$N_{对照组} = 58$，$N_{道德提升感组} = 60$）。

（五）实验 4 结果

1. 人口学统计特征

对获得的实验数据采用描述性统计（详见表 3-20）：被试男女性别比较均衡，46.6% 的被试年龄都位于 18~30 岁。此外，参与群体是多元化的，主要包括了学生、企业从业人员以及政府机关事业单位工作者等。同时，77.1% 被试的学历都为大专 / 本科及以上。

表 3-20　实验 4 人口统计学概况

变量	选项	频率	百分比
性别	男	61	51.7%
	女	57	48.3%
年龄	18 岁以下	11	9.3%
	18~30 岁	55	46.6%
	31~50 岁	40	33.9%
	51 岁及以上	12	10.2%

续表

变量	选项	频率	百分比
学历	初中及以下	8	6.8%
	高中/中专/技校	19	16.1%
	大专/本科	63	53.4%
	硕士及以上	28	23.7%
职业	学生	38	32.2%
	企业从业人员	27	22.9%
	政府机关事业单位工作者	27	22.9%
	个体经营者	7	5.9%
	自由职业者	7	5.9%
	其他	12	10.2%

注：N=118，由 SPSS26.0 所得。

资料来源：N = 118，作者根据数据分析结果自行整理，2023 年

2. 道德提升感对于游客越轨倾向的影响

研究人员对于被试在景区内的越轨行为进行了跟踪观察，其中由于展厅内的文物触摸行为更好聚焦观察，因此研究人员重点记录了被试是否有"触摸文物"的行为，并针对有触摸行为的被试，围绕触摸文物的位置、触摸方式等进行补充说明，完成了结果记录表。结果分析时将有越轨行为的样本因变量命名为"1"，没有越轨行为的样本因变量命名为"0"并进行分析。遵循先前研究中的方法（Vriens, Vidden, Schomaker, 2020），通过逻辑回归来分析数据。逻辑回归的结果与假设相一致，当参与者被唤起道德提升感时，会减少越轨行为倾向（0 = 没有游客越轨倾向，1 = 有游客越轨倾向），游客在道德提升感情绪被唤起时更有可能减少越轨行为［Wald$\chi 2$（1）= 6.81，$p < 0.01$，Exp（B）= 15.39，代表对照组比道德提升感组在表现越轨行为倾向方面高 15.39 倍］。因此，真实旅游情境中的主效应得到证实。在考虑社会期望偏差影响后，进一步回归分析，可以发现，道德提升感对于游客越轨的负向影响依旧显著（$p < 0.01$）。

（六）小结和讨论

实验 4 在真实的旅游目的地展开，证实了道德提升感的激发可以减少实际的越轨行为。由于实验 4 是尽量在不干扰的情形下观察的实际的越轨行为，所以具有更大的外部效度，有利于减少游客的社会期望偏差。根据 4 个实验的研究结果，道德提升感和越轨行为倾向的因果关系得到了较为稳健的证实，假设 H1 得到了充分的支持。

第五节　研究启示与展望

本研究揭示了道德提升感影响游客越轨行为的作用机制，丰富了情绪评价理论和社会学习理论在旅游领域的实证研究，弥补了道德提升感在旅游领域的研究不足。另外，本研究从个体情绪的角度发现了游客越轨行为新的抑制因素，拓展了越轨行为的前因研究。在实践层面，本研究关注到道德提升感情绪的作用，并提出在旅游宣传中要注重运用道德事件素材，并针对不同权力感游客提供不同营销策略，从而强化道德提升感对于越轨行为倾向的负向效果。

一、研究启示

本研究对于旅游领域的道德提升感进行了探索，发现旅游过程中的道德提升感可以减少游客的越轨行为倾向。通过探究道德提升感影响游客越轨倾向的中介机制，结合情绪评价理论和社会学习理论，本研究提出角色榜样影响和道德效能的链式中介作用，并且从游客特点的角度，提出权力感的调节作用，解释了不同游客的权力感如何影响道德效能对于游客越轨倾向的作用，从而帮助给予目的地游客越轨抑制实践相关可能的建议。

本研究首先发现激发游客的道德提升感可以降低游客的越轨行为倾向。由此结论，建议旅游工作人员有意识地唤起游客的道德提升感。具体而言，旅游宣传中应该注重运用能够唤起游客道德提升感的素材。例如，对于在目的地发生的道德事件进行宣传报道，通过设置展板、海报、宣传手册等多种形式宣扬旅游中发生的彰显人性之善、人性之美的道德行为，宣传社会正义、鼓励游客伸出援助之手的同时激发游客的道德提升感，并在旅途当中减少越轨行为。另外根据学者的研究发现，消费者的道德提升感情绪会受到企业社会责任的唤起，所以旅游目的地在宣传时也可以张贴展示自己卓越的社会责任行为的海报或者公告等。通过多种形式吸引游客关注道德事件，唤起游客对于真善美的感知，激起游客的道德提升感，激发游客对于这些榜样人物的崇敬和向他们学习的动力。通过展示平凡人的伟大，揭示每一个普通人都可以做出不普通的道德行为的道理，在这个过程中不断增强游客的道德效能感，从而减少一些越轨行为。

根据本研究，旅游目的地应该考虑到权力感是影响游客道德效能产生作用的重要因素，并与游客越轨倾向直接相关，无力的游客更有可能促进道德效能对于越轨行为倾向的负向影响。相关研究证实了社会地位可以反映个体的权力感（Keltner，Gruenfeld，Anderson，2003），因此景区工作人员可以从游客社会特征的角度，如通过经济水平、职业身份、行为特征等方面的信息对游客权力感的高低进行判断和评估，进而识别和理解游客的心理和动机。例如，来自欠发达地区的游客比来自发达地区的本地居民通常具有较低的经济水平，建议旅游工作人员在游客凭身份证验证订票信息时（如进入景区检票时），根据他们的身份证区位代码，同时结合游客的穿着打扮和行为举止综合评估游客的社会地位，进而合理判断游客权力感高低。

对于权力感低的游客，在验证信息完毕后可以随即发放包含本景区发生的道德事件信息（道德模范宣传专栏）的景区介绍和游览图，并将有关本景区的道德事件置于游览图比较醒目的位置，在不经意间传递角色榜样的影响，强化游客道德效能对于游客越轨倾向的作用。对于权力感高的游客，研究证实可以通过简单认知启示来启发游客的低权力感（Smith，Trope，2006），建议可以在景区道德事件宣传栏或者游览图上使用"吹走无力的风，给你自由的心""与美景相伴，忘却生活的无力"等引入语或宣传标语，通过自然融入故事叙事当中来启动游客的低权力感（Dubois，Rucker，Galinsky，2012）。根据营销领域的研究结果，相较于营销环境常运用的暖气味（如香草味），冷气味（如薄荷味）可以刺激个体产生低权力感（Madzharov，Block，Morrin，2015）。建议在景区景点适当运用散发薄荷味的空气清新器来启动游客的低权力感，特别是在设置了道德事件宣传信息的宣传室或宣传栏处，通过启发游客的低权力感强化道德效能对于越轨行为倾向的效果。相类似的，与重贝斯音乐相比，更容易激起消费者的低权力状态的是轻贝斯音乐，因此建议景区景点可以播放合适的轻贝斯音乐来影响游客的权力感状态（Hsu et al.，2015）。

二、研究展望

随着道德提升感被旅游学者引入旅游研究当中，这一重要概念受到了一定的关注，但是道德提升感在旅游领域目前还有待继续深入探讨。另外，游客越轨行为的影响因子是复杂多样的，单从离散情绪的角度分析，从现实影响层面来说可能还相对有限。但是本研究鼓励从多个视角去探究如何抑制甚至解决游客越轨行为，因而本研究从道德提升感情绪的角度也能够给予旅游目的地和管理人员一定的启示。

道德提升感和游客越轨行为两者关系的探究是一个有意思且值得广泛关注的问题，未来的研究可以继续结合拓展—构建等相关理论深挖两者之间存在的作用机制。在传导机制上，可以考虑结合灵感（Inspiration）、社会联结（Social Connectedness）、生命的自我超越意义（Self-Transcendence Meaning of Life）等可能的关联变量。在调节变量上，可以考虑社会文化、管理等因素，延伸不同的研究场景，以提高研究结果运用的广泛性和结果的稳健性。同时，也可以结合游客个体的特点，考虑主观规范（Subjective Norm）、道德认同（Moral Identity）等关联变量。

在研究方法上面，由于道德提升感是会产生情绪反应、身体反应、认知反应和行为反应的综合体验，未来可以结合生理心理学研究方法，如结合眼球追踪仪、皮肤电实验来深化对于道德提升感从激起、产生到发生影响等不同阶段的认识，深挖道德提升感作用于游客越轨倾向的各个发展阶段。另外建议可以更多地推广和运用田野实验，结合不同的真实旅游目的地，包括自然旅游目的地、城市旅游目的地等，更自然地激发被试的道德提升感，更加准确考察被试越轨倾向。特别是对于越轨行为的测量方式，本研究运用现场实验测量了"触摸文物"这一项真实的游客越轨行为，未来的研究人员可以继续创新游客越轨行为的测量方法，结合更多真实的旅游场景去研究实际的越轨行为，减少量表测量、自我报告等存在的测量误差，使得实验内外部效度能够在更大限度上得以提升。

对于社会期望偏差，需要承认的是确实有部分被试存在因为道德压力可能隐藏真实想法并做出符合社会期望的选择和行为，尽管目前学者已经开发了许多评估社会期望偏差的工具和技术，但是由于越轨行为是不被大众认可的消极行为，所以被试可能还是会下意识地从积极的方面进行作答和表现，所以未来的研究可以考虑运用多种方式或者更复杂和隐蔽的方法来测量被试的社会期望偏差，以缩小"越轨行为倾向"和实际的"越轨行为"之间的差距。

参考文献

［1］Algoe S B, Haidt J. Witnessing excellence in action: The other-praising emotions of elevation, gratitude, and admiration［J］. Journal of Positive Psychology, 2009, 4（2）: 105–127.

［2］Anderson C, Galinsky A. D. Power, optimism, and risk-taking［J］. European Journal of Social Psychology, 2006, 36（4）: 511–536.

［3］Anderson C, John O P, Keltner D. The personal sense of power［J］. Journal of Personality, 2012, 80（2）: 313–344.

［4］Aquino K, Mcferran B, Laven M. Moral identity and the experience of moral elevation in response to acts of uncommon goodness［J］. Journal of Personality and Social Psychology, 2011, 100（4）: 703–718.

［5］Arnold M B. Motives as causes［J］. Journal of Phenomenological Psychology, 1971, 1（2）: 185–192.

［6］Bagozzi R P, Gopinath M, Nyer P U. The role of emotions in marketing［J］. Journal of the Academy of Marketing Science, 1999, 27（2）: 184–206.

［7］Bagozzi R P, Romani S, Grappi S. Corporate socially responsible initiatives and their effects on consumption of green products［J］. Journal of Business Ethics, 2016, 135（2）: 253–264.

［8］Bandura A. Social learning theory［M］. Englewood Cliffs（NJ）: Prentice-Hall, 1977.

［9］Bandura A. Self-efficacy mechanism in human agency［J］. The American Psychologist, 1982, 37（2）: 122–147.

［10］Bandura A. Social cognitive theory of moral thought and action［M］. Mahwah:

Lawrence Erlbaum Associates, 1991.

[11] Bandura A. Self-efficacy: toward a unifying theory of behavioral change [J]. Psychological Review, 1995, 84 (2): 191-215.

[12] Bandura A. A social learning interpretation of psychological dysfunctions [J]. Foundations of Abnormal Psychology, 1968, 5 (2): 293-344.

[13] Bandura A, Adams N E, Beyer J. Cognitive processes mediating behavioral change [J]. Journal of Personality and Social Psychology, 1977, 35 (3): 125-139.

[14] Bandura A, Barbaranelli C, Caprara G. V, et al. Multifaceted impact of self-efficacy beliefs on academic functioning [J]. Child Development, 1996, 67 (3): 1206-1222.

[15] Bandura A, Cioffi D. Man as proactive agent of experience [J]. Child Development, 1981, 52 (1): 1-15.

[16] Bandura A, Walters R H. Social learning and personality development [M]. New York: Holt, Rinehart, and Winston, 1963.

[17] Bandura A, Wood R E. Effect of perceived controllability and performance standards on self-regulation of complex decision making [J]. Journal of Personality and Social Psychology, 1989, 56 (5): 805-814.

[18] Bendahan S, Zehnder C, Pralong F P, et al. Leader corruption depends on power and testosterone [J]. Leadership Quarterly, 2015, 26 (2): 101-122.

[19] Bhati A, Pearce P. Vandalism and tourism settings: an integrative review [J]. Tourism Management, 2016, 57 (c): 91-105.

[20] Bhati A S, Agarwal M. Vandalism control: Perception of multi-stakeholder involvement in attraction management [J]. Current Issues in Tourism, 2021, 24 (17): 2374-2380.

[21] Bosma N, Hessels J, Schutjens V, et al. Entrepreneurship and role models [J]. Journal of Economic Psychology, 2012, 33 (2): 410-424.

[22] Cohen E H, Ifergan M, Cohen. A new paradigm in guiding: the Madrich as a role model [J]. Annals of Tourism Research, 2002, 29 (4): 919-932.

[23] Conner M, Lawton R. Desire or reason: predicting health behaviors from affective and cognitive attitudes [J]. Health Psychology, 2009, 28 (1): 56-65.

[24] Ding W, Wang X, Sun B, et al. The structure and measurement of the moral

elevation [J]. Advances in Psychology, 2014, 4 (6): 777–787.

[25] Dubois D, Rucker D D, Galinsky A D. Super size me: product size as a signal of status [J]. Journal of Consumer Research, 2012, 38 (6): 1047–1062.

[26] Dubois D, Rucker D D, Galinsky A D. Social class, power, and selfishness: when and why upper and lower class individuals behave unethically [J]. Journal of Personality and Social Psychology, 2015, 108 (3): 436–449.

[27] Eden D. Means efficacy: External sources of general and specific subjective efficacy [M] //. Erez M, Kleinbeck U, Thierry H. Work motivation in the context of a globalizing economy. Lawrence Erlbaum Associates Publishers, 2001: 73–85.

[28] Erickson S, McGuire S, Scarsella J, et al. Viral videos and virtue: moral elevation inductions shift affect and interpersonal goals in daily life [J]. Journal of Positive Psychology, 2018, 13 (6): 643–654.

[29] Escalas J E, Bettman J R. You are what they eat: the influence of reference groups on consumers' connections to brands [J]. Journal of Consumer Psychology, 2003, 13 (3): 339–348.

[30] Fast N J, Gruenfeld D H, Sivanathan N, et al. Illusory control: a generative force behind power's far-reaching effects [J]. Psychological Science, 2009, 20 (4): 502–508.

[31] Fida R, Paciello M, Tramontano C, et al. "First, do no harm": the role of negative emotions and moral disengagement in understanding the relationship between workplace aggression and misbehavior [J]. International Journal of Selection and Assessment, 2015, 23 (3): 286–301.

[32] Filep S, Glover T D. On kindness of strangers in tourism [J]. Annals of Tourism Research, 2015, 50 (5): 159–162.

[33] Fombelle P W, Voorhees C M, Jenkins M R, et al. Customer deviance: a framework, prevention strategies, and opportunities for future research [J]. Journal of Business Research, 2020, 116 (9): 387–400.

[34] Foulk T A, Lanaj K, Tu M H, et al. Heavy is the head that wears the crown: an actor-centric approach to daily psychological power, abusive leader behavior, and perceived incivility [J]. Academy of Management Journal, 2018, 61 (2): 661–684.

[35] Fullerton R A, Punj G. Repercussions of promoting an ideology of consumption:

consumer misbehavior [J]. Journal of Business Research, 2004, 57（11）: 239-1249.

[36] Gezhi C, Xiang H. From good feelings to good behavior: Exploring the impacts of positive emotions on tourist environmentally responsible behavior [J]. Journal of Hospitality and Tourism Management, 2022, 50（1）: 1-9.

[37] Glover T D, Filep S. On kindness of strangers in tourism [J]. Annals of Tourism Research, 2015, 50（5）: 159-162.

[38] Gossling S, Schumacher K, Morelle M. Tourism and street children in Antananarivo, Madagascar [J]. Tourism and Hospitality Research, 2004, 5（2）: 131-149.

[39] Haidt J. The positive emotion of elevation [J]. Prevention and Treatment, 2000, 3（1）: 1-5.

[40] Haidt J. Elevation and the positive psychology of morality [J]. Handbook of Positive Psychology, 2003, 27（3）: 528-539.

[41] Haidt J, Graham J. When morality opposes justice: conservatives have moral intuitions that liberals may not recognize [J]. Social Justice Research, 2007, 20（1）: 98-116.

[42] Haidt J, Seder P. The moral emotions [J]. Handbook of Affective Sciences, 2007, 11（5）: 852-870.

[43] Haidt J, Tracy J L. What makes people worship? New evidence for the moral origins of praise and worship [J]. Evolution and Human Behavior, 2004, 25（1）: 89-94.

[44] Hannah S T, Avolio B J. Moral potency: building the capacity for character-based leadership [J]. Consulting Psychology Journal, 2010, 62（4）: 291-310.

[45] Hannah S T, Avolio B J, May D R. Moral maturation and moral conation: a capacity approach to explaining moral thought and action [J]. Academy of Management Review, 2011, 36（4）: 663-685.

[46] Hays R D, Hayashi T, Stewart A L. A five-item measure of socially desirable response set [J]. Educational and Psychological Measurement, 1989, 49（3）: 629-635.

[47] Hu H, Mo P, She R, et al. Understanding the pathways from mindfulness to COVID-19 vaccination intention via positive psychology attributes among health care

workers in China [J]. Journal of Psychology, 2022, 156（8）: 535-551.

[48] Hsu D Y, Huang L, Nordgren L F, et al. The Music of Power: Perceptual and Behavioral Consequences of Powerful Music [J]. Social Psychological and Personality Science, 2015, 6（1）: 75-83.

[49] Hwang Y H, Su N, Mattila A. The interplay between social crowding and power on solo diners' attitudes toward menus with popularity and scarcity cues [J]. International Journal of Contemporary Hospitality Management, 2020, 32（3）: 1227-1246.

[50] Immordino-Yang H M, McColl A, Damasio H, et al. Neural correlates of admiration and compassion [J]. National Acad Sciences, 2009, 106（19）: 8021-8026.

[51] Jones A, Fitness J. Moral hypervigilance: the influence of disgust sensitivity in the moral domain [J]. Emotion, 2008, 8（5）: 613-627.

[52] Juvan E, Grün B, Dolnicar S. Biting off more than they can chew: food waste at hotel breakfast buffets [J]. Journal of Travel Research, 2017, 57（2）: 232-242.

[53] Kate L, Reynolds, Lloyd C, et al. Dysfunctional customer behavior severity: an empirical examination [J]. Journal of Retailing, 2009, 85（3）: 321-335.

[54] Keltner D, Gruenfeld D H, Anderson C. Power, approach, and inhibition [J]. Psychological Review, 2003, 110（2）: 265-284.

[55] Keltner D, Piff P K. Awe, the small self, and prosocial behavior [J]. Journal of Personality and Social Psychology, 2015, 108（6）: 883-899.

[56] Kramer N, Eimler S C, Neubaum G, et al. Broadcasting one world: how watching online videos can elicit elevation and reduce stereotypes [J]. New Media and Society, 2017, 19（9）: 1349-1368.

[57] Lawton R, Conner M, McEachan R. Desire or reason: predicting health behaviors from affective and cognitive attitudes [J]. Health Psychology, 2009, 28（1）: 56-65.

[58] Li T, Chen Y. The destructive power of money and vanity in deviant tourist behavior [J]. Tourism Management, 2017, 61（4）: 152-160.

[59] Liang J, Guo L. Gratitude and sustainable consumer behavior: a moderated mediation model of time discounting and connectedness to the future self [J]. Psychology and Marketing, 2021, 38（8）: 1238-1249.

[60] Lockwood P, Kunda Z. Superstars and me: predicting the impact of role

models on self [J]. Journal of Personality and Social Psychology, 1997, 73 (1): 91-103.

[61] Madzharov A V, Block L G, Morrin M. The cool scent of power: Effects of ambient scent on consumer preferences and choice behavior [J]. Journal of Marketing, 2015, 79 (1): 83-96.

[62] Malloy D C, Fennell D A. Codes of ethics and tourism: an exploratory content analysis [J]. Tourism Management, 1998, 19 (5): 453-461.

[63] McKercher B, Prideaux B. Are tourism impacts low on personal environmental agendas [J]. Journal of Sustainable Tourism, 2011, 19 (3): 325-345.

[64] Moreton S G, Arena A, Hornsey M, et al. Elevating nature: moral elevation increases feelings of connectedness to nature [J]. Journal of Environmental Psychology, 2019, 65 (8): 1-11.

[65] Morgenroth T, Ryan M K, Peters K. The motivational theory of role modeling: how role models influence role aspirants' goals [J]. Review of General Psychology, 2015, 19 (4): 465-483.

[66] Nauta M M, Kokaly M L. Assessing role model influences on students' academic and vocational decisions [J]. Journal of Career Assessment, 2001, 9 (1): 81-99.

[67] Nunnally J C. An overview of psychological measurement [J]. Clinical Diagnosis of Mental Disorders, 1978, 8 (1): 97-146.

[68] Oliver M B, Kim K, Hoewe J, et al. Media-induced elevation as a means of enhancing feelings of intergroup connectedness [J]. Journal of Social Issues, 2015, 71 (1): 106-122.

[69] Owens B P, Yam K C, Bednar J S, et al. The impact of leader moral humility on follower moral self-efficacy and behavior [J]. Journal of Applied Psychology, 2019, 104 (1): 146-163.

[70] Paciello M, Fida R, Skovgaard S I, et al. Withstanding moral disengagement: moral self-efficacy as moderator in counterproductive behavior routinization [J]. Group and Organization, 2022, 48 (4): 1096-1134.

[71] Peng D, Ma J, Tian Q. Ethical climate and moral efficacy: moral ownership as a mediator [J]. Transactions on Computer Science and Engineering, 2017, 45 (7): 1-12.

[72] Piff P K, Dietze P, Feinberg M, et al. Awe, the small self, and prosocial behavior [J]. Journal of Personality and Social Psychology, 2015, 108(6): 883-899.

[73] Rafaeli A, Erez A, Ravid S, et al. When customers exhibit verbal aggression, employees pay cognitive costs [J]. Journal of Applied Psychology, 2012, 97(5): 931-950.

[74] Rasoolimanesh S M, Jaafar M, Barghi R. Effects of motivation, knowledge and perceived power on residents' perceptions: application of weber's theory in world heritage site destinations [J]. International Journal of Tourism Research, 2017, 19(1): 68-79.

[75] Robinson S L, Bennett R J. A typology of deviant workplace behaviors: a multidimensional scaling study [J]. Academy of Management Journal, 1995, 38(2): 555-572.

[76] Romani S, Grappi S. How companies' good deeds encourage consumers to adopt pro-social behavior [J]. European Journal of Marketing, 2014, 48(5-6): 943-963.

[77] Rotter J B. Some implications of a social learning theory for the prediction of goal directed behavior from testing procedures [J]. Psychological Review, 1960, 67(5): 301-316.

[78] Rucker D D, Dubois D, Galinsky A D. Generous paupers and stingy princes: power drives consumer spending on self vs. others [J]. Journal of Consumer Research, 2011, 37(6): 1015-1029.

[79] Rucker D D, Galinsky A D, Dubois D. Power and consumer behavior: how power shapes who and what consumers value [J]. Journal of Consumer Psychology, 2012, 22(3): 352-368.

[80] Ruvio A, Gavish Y, Shoham A. Consumer's doppelganger: a role model perspective on intentional consumer mimicry [J]. Journal of Consumer Behavior, 2013, 12(1): 60-69.

[81] Rullo M, Lalot F, Heering M S. Moral identity, moral self-efficacy, and moral elevation: A sequential mediation model predicting moral intentions and behavior [J]. Journal of Positive Psychology, 2022, 17(4): 545-560.

[82] Savur S. Role of Exemplars in Ethical Decision-Making in Small and Medium Enterprises (SMEs) [J]. Research in Ethical Issues in Organizations, 2017, 17(1):

21-35.

[83] Schaefers T, Wittkowski K, Benoit S, et al. Contagious effects of customer misbehavior in access-based services [J]. Journal of Service Research, 2016, 19 (1): 3-21.

[84] Schnall S, Roper J. Elevation puts moral values into action [J]. Social Psychological and Personality Science, 2012, 3 (3): 373-378.

[85] Shulman D, Halperin E, Elron Z, et al. Moral elevation increases support for humanitarian policies, but not political concessions, in intractable conflict [J]. Journal of Experimental Social Psychology, 2021, 94 (2): 104-113.

[86] Smith H M, Betz N E. Development and validation of a scale of perceived social self-efficacy [J]. Journal of Career Assessment, 2000, 8 (3): 283-301.

[87] Smith P K, Trope Y. You focus on the forest when you're in charge of the trees: power priming and abstract information processing [J]. Journal of Personality and Social Psychology, 2006, 90 (4): 578-596.

[88] Solstrand M V, Gressnes T. Marine angling tourist behavior, non-compliance, and implications for natural resource management [J]. Tourism Management, 2014, 45 (c): 59-70.

[89] Su L, Cheng J, Wen J, et al. Does seeing deviant other-tourist behavior matter? The moderating role of travel companions [J]. Tourism Management, 2022, 88 (1): 1-11.

[90] Taheri B, Olya H, Ali F, et al. Understanding the Influence of Airport Servicescape on Traveler Dissatisfaction and Misbehavior [J]. Journal of Travel Research, 2020, 59 (6): 1008-1028.

[91] Thirumaran K. Managing Graffiti at Tourist Attractions [M]. Berlin: Springer, 2013.

[92] Tickle L, Essen E V. The seven sins of hunting tourism [J]. Annals of Tourism Research, 2020, 84 (4): 1-10.

[93] Tolkach D, Pratt S, Zeng C Y H. Ethics of Chinese and Western tourists in Hong Kong [J]. Annals of Tourism Research, 2017, 63 (c): 83-96.

[94] Tsaur S H, Cheng T M, Hong C Y. Exploring Tour Member Misbehavior in Group Package Tours [J]. Tourism Management, 2019, 71 (2): 34-43.

[95] Uriely N, Belhassen Y. Drugs and risk-taking in tourism [J]. Annals of Tourism Research, 2006, 33 (2): 339-359.

[96] Uriely N, Ram Y, Malach P A. Psychoanalytic sociology of deviant tourist behavior [J]. Annals of Tourism Research, 2011, 38 (3): 1051-1069.

[97] Vadera A K, Pathki C S. Competition and cheating: investigating the role of moral awareness, moral identity, and moral elevation [J]. Journal of Organizational Behavior, 2021, 42 (8): 1060-1081.

[98] Vianello M, Galliani E M, Haidt J. Elevation at work: the effects of leaders' moral excellence [J]. Journal of Positive Psychology, 2010, 5 (5): 390-411.

[99] Vriens M, Vidden C, Schomaker J. What I see is what I want: top-down attention biasing choice behavior [J]. Journal of Business Research, 2020, 111 (c): 262-269.

[100] Walker D D, Jaarsveld D D V, Skarlicki D. P. Exploring the effects of individual customer incivility encounters on employee incivility: the moderating roles of entity (in) civility and negative affectivity [J]. Journal of Applied Psychology, 2014, 99 (1): 151-161.

[101] Wan L C, Hui M K, Qiu Y. Tourist misbehavior: psychological closeness to fellow consumers and informal social control [J]. Tourism Management, 2021, 83 (2): 1-12.

[102] Wang L, Lyu J. Inspiring awe through tourism and its consequence [J]. Annals of Tourism Research, 2019, 77 (7): 106-116.

[103] Wei J, Dai G. Tourists' power perception at an ethnic festival: a qualitative approach [J]. Journal of Vacation Marketing, 2018, 25 (3): 363-374.

[104] Xu S, Van H H, Serrano A L, et al. The role of coworker support in the relationship between moral efficacy and voice behavior: the case of hospitality students in ecuador [J]. Journal of Human Resources in Hospitality and Tourism, 2017, 16 (3): 252-269.

[105] Ye W, Li Z, Xu Y. Transmission of environmentally responsible behavior between tourist destination employees and tourists: the role of moral elevation and environmental knowledge [J]. Frontiers in Psychology, 2022, 13 (11): 1-13.

[106] Yu X J, Xu H G. Moral gaze at literary places: experiencing "being the first to

worry and the last to enjoy" at Yueyang Tower in China [J]. Tourism Management, 2018, 65 (c): 292-302.

[107] Yukl G, Mahsud R, Hassan S, et al. An improved measure of ethical leadership [J]. Journal of Leadership and Organizational Studies, 2013, 20 (1): 38-48.

[108] Zhong C B, Liljenquist K A, Cain D. M. Moral self-regulation: licensing and compensation [M]. Charlotte: Information Age Publishing, 2009.

[109] Zhang C, Wei X. Differentiating the effects of power and status on unethical behavior: a moderated mediation meta-analysis [J]. Journal of Business and Psychology, 2023, 38 (5): 1-26.

[110] Zhang C X, Pearce P, Chen G. Not losing our collective face: Social identity and Chinese tourists' reflections on uncivilised behaviour [J]. Tourism Management, 2019, 73 (4): 71-82.

[111] Zhang L, Zheng L, Zhu Y, et al. The mediating role of moral elevation in cause-related marketing: a moral psychological perspective [J]. Journal of Business Ethics, 2017, 156 (2): 439-454.

[112] 丁威, 王晓, 孙斌, 等. 道德提升的结构与测量 [J]. 心理学进展, 2014, 4 (6): 777-787.

[113] 董念念, 王雪莉. 管理者榜样作用与文化类型的交互对员工企业文化认同的影响研究 [J]. 管理学报, 2018, 15 (8): 1136-1143.

[114] 樊友猛, 谢彦君. 具身欲求与身体失范: 旅游不文明现象的一种理论解释 [J]. 旅游学刊, 2016, 31 (8): 4-6.

[115] 刘建新, 范秀成, 李希. 脱销遗爱, 为善之选? 新产品脱销经历对消费者捐赠意愿的影响研究 [J]. 南开管理评论, 2024, 27 (2): 1-28.

[116] 江若尘, 郑玲. 善因营销的捐赠水平与消费者态度: 一个有中介的调节效应模型检验 [J]. 心理学报, 2017, 49 (5): 692-698.

[117] 黎常. 社会文化特征对区域创业活动影响差异研究 [J]. 科学学研究, 2014, 32 (12): 1888-1896.

[118] 李放, 陈世民, 王巍欣, 等. 道德提升感: 一种提升道德情操的积极道德情绪 [J]. 心理科学进展, 2018, 26 (7): 1253-1263.

[119] 李惠璠, 刘宇青. 顾客不当对待对旅游业一线员工公平感的差异化影响:

权力的调节作用[J].南开管理评论,2018,21(5):93-104.

[120]刘小双.道德效能感:概念、测量和相关研究[J].智库时代,2019,3(49):259-260.

[121]程建青,罗瑾琏.创业者人力资本如何激活机会型创业:一个被调节的中介模型[J].科学学与科学技术管理,2022,43(6):110-122.

[122]肖金岑,程豹,罗文豪.不道德行为在组织管理中的"涓滴"效应[J].管理评论,2023,35(10):205-217.

[123]宋雪,侯俊如,李翌,等.权力与冲动购买:权力感与购买冲动特质对冲动购买的影响[J].心理科学,2023,46(5):1188-1195.

[124]孙秀明,徐振亭,罗瑾琏."舍己"能"断离"吗?自我牺牲型领导对员工工作疏离感的跨层次影响[J].商业经济与管理,2021,41(4):26-37.

[125]拓倩,李创新.国内文明旅游的研究进展、理论述评与学术批判[J].旅游学刊,2018,33(4):90-102.

[126]韦福祥,刘颖艳.控制点对角色冲突与越轨行为的调节效应分析:归因理论视角[J].现代财经(天津财经大学学报),2019,39(5):40-55.

[127]韦瑾,戴光全.民族节事场域居民的权力感、主客交往意愿与节事支持度研究[J].旅游科学,2018,32(6):65-78.

[128]王炳成,郝兴霖.平台型领导如何推动商业模式创新:一个有调节的链式中介模型[J].管理工程学报,2023,37(5):23-35.

[129]王利平,李颖.组织的社会评价:整合框架、动态分析和未来展望[J].外国经济与管理,2017,39(4):52-67.

[130]王雪枫,王沛.情绪对内隐刻板印象表达的调节机制[J].西北师大学报(社会科学版),2015,52(3):88-95.

[131]杨莹,周天爽,孙兰,等.权力感与亲社会倾向:自我获益的中介和情境的调节作用[J].心理科学,2021,44(2):370-376.

[132]杨淑萍,张雅楠.从自然人到道德人:青少年道德人格生成的省思逻辑[J].教育理论与实践,2018,38(34):44-46.

[133]颜爱民,刘晶玲,李亚丽,等.企业社会责任内在归因对员工建设性越轨行为的影响机制研究[J].中南大学学报(社会科学版),2023,29(1):96-107.

[134]张光曦,朱燕.道德型领导与组织公民行为:社会学习与归因理论的交互视角[J].科技与经济,2020,33(2):76-80.

[135]张军伟,张亚军,尹长琴,等.宽恕的代价:领导宽恕、员工道德推脱与工作场所越轨行为的关系研究[J].管理评论,2023,35(2):228-236.

[136]诸彦含,范岚清,汤红,等.组织中道德情绪的"双刃剑"效应:基于动机的解释[J].软科学,2023,37(5):139-144.

第四章 游客情感体验的积极调控策略:以"品味"为例

在当今旅游业快速发展的背景下，旅游者的情感体验成为影响其态度和行为的重要因素。积极情感，作为旅游体验的核心，对旅游者的整体满意度和回顾性评价起着至关重要的作用。其中，品味作为一种增强积极情感的调控手段，尽管在心理学领域已有深入研究，但在旅游情境中的应用仍然是一个相对较新的课题。

第一节　研究背景与意义

一、研究背景

在服务经济的基础上，体验经济成为不同产业领域经济形态的发展趋势，其重要性得到了经济管理者与研究人员的充分认识。在派恩和吉尔摩（Pine, Gilmore, 1998）先驱性的工作的推动之下，一种重视客户体验的管理范式被开发、构建起来，并促进了整个产业的变革。如今，为各国消费者所熟知的国际品牌，如华为、迪士尼、乐高、星巴克等，都是体验经济的代表。企业明确地设计与提供让客户感觉惊艳的消费体验，力求形成独特的联系，以确保其客户的喜爱，从而获得竞争优势。

在体验经济发展的背景下，童和里奇（Tung, Ritchie, 2011a）提出，旅游业以开发和提供游客体验为本质。游客体验（又称旅游体验）逐步取代旅游产品，成为旅游业的管理者、营销人员与学者们的关注重心。而旅游体验的核心组成部分是情感（Aho, 2001）。现有研究已经充分说明了情感是旅游业与酒店业消费的关键驱动因素（Le et al., 2020）。旅游者的情感显著地影响了他们对住宿服务（Ali et al., 2016; Denge et al., 2013）、娱乐景点（Benkenstein et al., 2003）与旅游目的地（Prayag et al., 2017; Abubakar, Mavondo, 2014）的满意度与忠诚意愿，在塑造游客的态度和行为中发挥了重要作用。可以说，旅游体验所带来的积极情感是旅游者的核心诉求，也是旅游产业的从业人员与学者们开展工作的着力点。

在旅游的过程中，个体不仅会被动地接受游客体验的刺激以产生积极情感，还会主动地采取一定的认知或行为手段来调节其积极情感，游客的情绪调节过程是旅游研究的重点（Gao，Kerstetter，2018）。然而，过往的旅游领域研究多关注于旅游者对于消极情绪的调节（Li s s et al.，2021），致力于探寻减弱消极情绪的途径，却忽略了旅游者是如何对积极情感进行增强、延长以最大化其旅行体验的积极结果的。直至Yan和Halpenny（2021）正式将"品味"这一积极心理学中的积极情绪调节概念引入旅游，旅游者的积极情绪调节才引起旅游研究者注意。作为积极情绪调节的主要手段之一，品味与旅游体验特别相关，能够帮助旅游者集中注意力、产生目的地互动，从而实现丰富旅游者旅游体验的目的（Pine和Gilmore，1999）。尽管品味在心理学中已经得到较为充分的研究，但是作为旅游的新兴话题，旅游领域研究者对于旅游情境下的品味仍然处于探索阶段。在现有研究的基础上，本研究聚焦于旅游者在旅游情境中的品味行为、关注中国旅游者这一典型的东方群体，深入探究旅游情境下中国旅游者对品味策略的运用及其影响。本研究关注以下4个问题：①中国旅游者在旅游情境中是否运用品味策略？②中国旅游者运用哪些有别于西方旅游者的品味策略？③这些品味策略与现有心理学研究的品味策略有何异同？④旅游情境中品味策略的使用如何对旅游者回顾性评价产生影响？本研究意在通过解释现象学分析方法探寻中国旅游者在旅游情境中运用的品味策略，并揭示这些策略对旅游者回顾性评价的影响机制。

二、研究意义

（一）理论意义

本研究的理论意义体现在以下三方面：

首先，本研究弥补了以往文献中以东方个体为主体进行品味策略研究的不足，揭示了中国旅游者在旅行过程中采用的不同品味策略，并提供丰富的证据支持。文化是影响个体行为的重要因素（Legohérel et al.，2009），现有研究显示品味策略的使用可能因文化背景的不同存在差异（Smith et al.，2019）。然而当前品味策略研究的样本聚焦于西方旅游者，忽视了中国背景下的旅游者所应用的品味策略。严和哈尔彭尼（Yan，Halpenny，2021）研究发现西方旅游者在旅游过程中主要采取三种方式来加强和延长积极情感体验。本研究进一步发现，中国旅游者使用的品味策略相比西方旅游者而言品类更为丰富，在旅游情境中，中国旅游者会主动品味而非抑制积极情绪以维持积极情绪与消极情绪的平衡。这有别于跨文化研究所持的观点，其观点认为，东方背景下的个体会受到"祸兮，福之所倚，福兮，祸之所伏"的辩证思维影响和干扰，使得其更愿意让积极情绪与消极情绪处于折中状态（Miyamoto，Ryff，2011）。因此，本研究进一步细化和聚集中国游客在享乐型消费过程中的品味行为，对现有品味跨文化研究结论的适用性提出了质疑。

其次，本研究扩展了品味策略发生的时间框架。当前针对旅游者品味的研究侧重于描述性（Yan，Halpenny，2021），并未揭示非惯常环境下旅游者品味策略与惯常环境下个体品味策略有何差异。本研究发现，在心理学研究中被用于品味未来（预期品味，如联想与想象、积极的心理时间旅行）或是品味过去（回想品味，如积极的心理时间旅行）的策略在旅游情境中被旅游者作为在旅游过程中品味当下的有效手段。因此，本研究扩展了品味策略发生的时间框架，在一定程度上揭示了非惯常环境下旅游者品味策略与惯常环境下个体品味策略的差异，提供了更为丰富的品味策略情境化解读。

此外，本研究发现旅行阶段的品味是预测旅游者回顾性评价的前因，扩充了现有旅游领域中品味行为对于旅游者回顾性评价的影响机制研究。过往研究聚焦于旅游者的旅行后品味（回忆品味）对于回顾性评价的影响（Kim，Fesenmaier，2017；Li et al.，2022；Tung et al.，2018），而本研究关注到了旅游情境这一个体具有更多品味机会、更强烈品味动机的环境。基于对受访者描述的深入、细致分析，本研究丰富了品味策略影响游客评价的机制，发现对积极情感的反刍和聚焦不但可以进一步提升积极情感的强度，还伴随着旅游体验记忆的加深和社会互动的加强，在一定程度上拓展了品味影响机制的不同路径，促进了旅游学科知识的外溢。

（二）实践意义

在实践方面，本研究同样能够为真实旅游情境中的旅游实践提供一定的启发。相较于旅行前或旅行后阶段，在旅行中阶段，旅游规划、组织与营销人员更容易通过体验设计、员工培训等方式对旅游者的品味施加影响。例如，可以通过便利条件设置帮助旅游者更容易地做出品味行为，如提供免费 Wi-Fi 以便于旅游者发送即时信息或在社交平台上分享。还可以通过信息引导来激发旅游者的品味，如通过播放视频、设置标语牌等帮助旅游者联想相关故事背景以帮助其联想想象。特别地，对于更愿意在群体中做出行为表达的中国旅游者，旅游景区与目的地可以增设"氛围组"员工，带动游客采取行为表达这一品味策略。此外，旅游景区与目的地管理者还可以通过对游客在游览过程中典型性品味行为的记录、分析，识别为游客提供积极体验的重要环节或产品，进而优化体验设计与目的地营销。

第二节 研究述评

本研究涉及"品味策略"与"旅游者回顾性评价"这两个主要概念，故本节主要围绕这两个概念进行研究述评。考虑到品味这一概念为旅游领域的新兴话题，第一部分从"品味策略"这一研究的核心概念出发，首先阐释其在心理学中的含义，接着对现有的心理学领域品味策略研究进行述评，最后说明品味与旅游的关系以及品味在旅游领域中研究的重要性与必要性。第二部分则分别从旅游者回顾性评价的定义以及品味与旅游者回顾性评价两个方面展开，说明旅游者在旅游过程中的品味当下行为为何有可能对旅游者回顾性评价产生影响。

一、品味策略

（一）品味策略的含义

品味（Savoring）是积极心理学中的重要概念。本研究所探究的品味与中文语境中常用的品味含义有所不同，并非品尝（美食）、体会（语言）抑或（物品的）品质和风味、（个体的）格调和趣味，[①] 而是积极情绪调节的一种重要手段。布莱恩特和维罗夫（Bryant, Veroff）在其著作《品味：一种新的积极体验模型》中，将品味定义为人们参与积极的体验，并积极、主动地使用认知

---

① 《现代汉语词典》，商务印书馆第 7 版，第 1004 页。

或行为手段来提升从这些积极体验中产生的积极情绪（Bryant，Veroff，2007）。按照时间维度，品味可以分为回想（Reminiscing）、品味当下（Savoring The Moment）以及预期（Anticipating）三种类型，人们通过回忆过去的积极体验、品味当下发生的积极体验，或是期待未来的积极体验，从而延长或增强当下的积极情绪（Smith et al.，2014）。在对关于品味的研究成果进行整合的基础上，布莱恩特等（Bryant et al.，2011）总结了品味的三个重要概念组成部分，分别为品味体验（Savoring Experience）、品味过程（Savoring Process）、品味反应或品味策略（Savoring Response/Strategy）。到目前为止，品味已经在积极的员工工作成果（Castanheira，Story，2016）、关系满意度（Lenger，Gordon，2019）、广告效果（Moore，2010）等多个背景下得以研究。

在解释品味的本质时，布莱恩特和维罗夫（Bryant，Veroff，2007）提出了品味体验（Savoring Experience）、品味过程（Savoring Process）及品味策略（Savoring Strategy）这三个相互关联的、由广泛至具体的层层递进的概念组成部分。品味体验属于最广泛的层面，代表着一个人认真地关注、欣赏积极的刺激时产生的感觉、感知、思想、行为和情感的总和（Bryant，Veroff，2007）。品味过程位于中间的概念层面，是随着时间的推移而展开的一系列将积极的刺激转化为人们所参与和品味的积极感觉的心理或身体操作（Bryant，Veroff，2007），具体包括感激（Thanksgiving）、享受（Basking）、赞叹（Marveling）、沉醉（Luxuriating）等（郭丁荣等，2013）。品味策略处于最微观的层面，是品味过程的操作层面（Bryant et al.，2011），是人们面对积极的刺激、结果或事件所做出的反应（Bryant，Veroff，2007），是一种特定的、具体的思想或行为。人们自然地（例如，由特定的积极事件触发）或有意地运用不同的品味策略（认知或行为反应），来放大积极情绪的强度，或延长其持续时间，从而调节积极事件对积极情绪的影响（Bryant，Veroff，2007）。为方便读者理解，本研究将三个概念的关系以图形形式直观展现（见图4-1）。

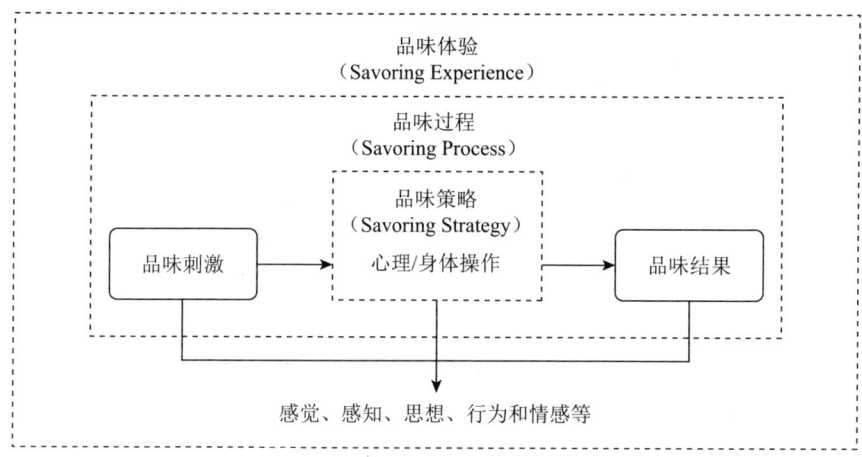

图 4-1　品味相关概念结构

资料来源：作者自行绘制

到目前为止，心理学领域的文献已经记录了多种常用的品味策略，且开发了多个量表以衡量个体在应对积极事件时使用的认知层面及行为层面的品味策略。其中，最具代表性的是布莱恩特和维罗夫（Bryant, Veroff, 2007）通过对开放式问题的回答进行整理提出的有关行为层面（与他人分享、沉浸专注、行为表达）和认知层面（对比、感知敏锐、记忆建构等）的十种常见的品味策略（见表4-1），以及内利斯等（Nelis et al., 2011）通过回顾过去30年中有关积极情绪调节的文献所归纳的资本化（capitalizing, Langston, 1994）、专注当下（Focusing On The Present）、行为表达（Behavioral Display）和积极的心理时间旅行（Positive Mental Time Travel）这四类品味策略。其中，专注当下及行为表达与布莱恩特和维罗夫所提出的沉浸专注、行为表达内涵一致。资本化指与他人交流、庆祝积极事件。相比于与他人分享，资本化更加强调交流所起到的增强积极情感的作用，以及分享这一行为为个体创造的超越积极事件本身的积极影响（Gable et al., 2004; Langston, 1994）。积极的心理时间旅行指个体通过回忆过往的积极事件或是想象未来发生的积极事件来获得积极体验（Quoidbach et al., 2010）。品味策略的使用（例如，最常见的记忆建构策略）不仅能够帮助个体在当前的积极事件中获得更好的体验，还能够促进个体以后的回忆（Bryant, 2021; Bryant, Veroff, 2007）。

表 4-1　十种常见的品味策略

品味策略	示例
行为策略	
（1）与他人分享	与他人分享自己的积极体验； 向他人表达自己有多珍惜这一瞬间
（2）沉浸专注	试着不做思考，完全放松，沉浸在积极的瞬间中
（3）行为表达	通过非语言行为表达自己的积极情感，如鼓掌、放声大笑、欢呼雀跃等
认知策略	
（4）比较	将自己当下的经历与自己之前的经历做对比； 将自己当下的感受与他人可能的感受做对比
（5）感知敏锐	努力集中注意力以增强感知； 享受这一积极瞬间，屏蔽其他无关因素
（6）记忆建构	通过"心理图像"储存记忆，以便未来回忆或与他人分享
（7）自我激励	告诉自己你以自己为傲，或是别人一定会对此留下深刻印象
（8）当下意识	提醒自己美好时光稍纵即逝，要及时享受； 希望此时此刻永远持续下去
（9）细数幸运	珍惜自己拥有的，提醒自己是多么幸运； 想到自己身上发生如此多幸事
（10）避免扼杀愉悦	避免产生这一积极事件本可以通过其他方式变得更好等扼杀愉悦的无关想法

资料来源：作者自行整理

不过，现有的品味策略相关研究多为心理学研究，且大多聚焦于惯常环境，忽视了个体在具体情境下（例如，休闲旅游情境）所运用的品味策略。然而，相较于日常生活的惯常环境，旅游世界中的个体能够体验到更多的积极情绪（Mitas et al., 2012; Nawijn, 2011），这意味着个体在旅游情境下具有更多品味积极情绪的机会。此外，旅游情境提供了比惯常环境更多的品味刺激。旅游环境中不同于惯常环境的新鲜事物能够诱发游客的品味，尤其是那些引起游客好奇心的事物（Yan, Halpenny, 2021）。且在旅游世界这一非惯常环境中，个体的环境感知、自我感知以及存在方式和活动图式等均发生不同程度的变化，旅游者更容易感知到"新鲜感"（李琳等，2022）。不仅如此，旅游情境下的个体具有更强烈的品味动机。在旅游环境中，旅游者投入了时间、精力、金钱以及其他资源（Lehto et al., 2004）以实现他们获得积极和放松的体验的目标（Gnoth et al., 2000），故旅游者更可能主动采取策略以增强积极情感，从而最大化其旅行体验的积极成果。因此，针对旅游者在旅游情境中所采用的品味策略展开研究是必要的。

（二）旅游领域的品味研究

品味的核心是延长或增强积极情绪，而积极情绪在旅游体验中扮演着重要角色。一方面，积极情绪是创造游客旅游体验的关键（Bastiaansen et al., 2019；Kim, Fesenmaier, 2015）。旅游者愉悦的、难忘的旅游体验与其旅游过程中产生的积极情绪密切相关（Hosany, Gilbert, 2010；Tung, Ritchie, 2011b）。难忘的旅游体验是指"旅行结束后，旅游者记忆与回味的积极旅游体验"（Kim et al., 2012）。另一方面，积极情绪还是影响旅游者回顾性评价的重要因素（Hosany et al., 2015；Song et al., 2015）。现有研究表明，在旅游后阶段，积极情绪增强了旅游者的满意度以及目的地忠诚度、支付意愿、推荐意愿、重游意愿等行为意图（Bigne, Andreu, 2004；Hosany, Gilbert, 2010；Hosany, Prayag, 2013；Su et al., 2014；Lee, 2016；Prayag et al., 2017）。这些研究多从静态视角展开，将积极情绪视为前因变量（Lee, 2016；Prayag et al., 2017）或是结果变量（Hosany, 2012；Ma et al., 2013）。

尽管积极情绪在塑造旅游者的态度和行为中发挥重要作用，但过往对积极情绪的研究仍停留在静态层面，忽略了个体对积极情绪的调节这一动态过程（Gross, Barrett, 2011）。情绪调节（Emotion Regulation）是指个体对情绪的发生、体验与表达施加影响的过程（Gross, 1998）。在旅游过程中，旅游者会采取情绪调节策略（Emotion Regulation Strategy）来最大化其旅行体验的积极成果（Gao, Kerstetter, 2018），或上调积极情绪（例如，从快乐到更快乐），或下调消极情绪（例如，从悲伤到快乐）。这些情绪调节策略会导致旅游者情感强度的变化，最终影响体验评价。因此，情绪调节策略的研究对于深入理解旅游者情感如何影响后续体验评价至关重要（Gross, Barrett, 2011）。当前旅游研究主要聚焦于旅游者消极情绪的调节策略（Li et al., 2021），忽略了旅游者对积极情绪的调节。然而，相比于日常生活，个体在旅游情境中会产生更多的积极情绪（Mitas et al., 2012），且积极情绪在旅游体验中扮演重要角色。因此，探究旅游者如何进一步增强积极情绪以最大化其旅行体验的积极成果，是必不可少的。

作为积极情绪调控的主要手段之一，品味与旅游体验特别相关，不但能够增强旅游者对旅游体验中不同积极方面的关注或意识（Bryant, Veroff, 2007），包括那些可能被忽视的方面（Smith, Bryant, 2019），还能够触发、促进或延长旅游者的拓展—建构过程（Jose et al., 2012），起到拓宽其思维活动序列的作用（例如，产生探索、创新的冲动）（Fredrickson, 1998）。这意味着品味能够帮助旅游者集中注意力、产生目的地互动，从而实现丰富旅游者旅游体验的目的（Pine, Gilmore, 1999）。

尽管旅游情境下的品味研究至关重要，但目前旅游领域中对品味的研究仍处于探索阶段。已有研究多聚焦于旅游者的品味过程（Miyakawa et al., 2022; Sthapit, 2019），且重点落在旅游者旅行后的品味上，鲜有学者关注到旅游者在旅行过程中的品味策略。然而，品味策略作为个体面对积极事件时产生的思维或采取的行动（Bryant, Veroff, 2007），于营销者而言是可以直接观察，甚至可以采取行动进行引导干预、施加影响的。引导、激发、促进个体的品味，不仅可以增强广告的说服力（Moore, 2010）、帮助消费者在消费过程中获得更好的体验（Chun et al., 2017），还有可能促进消费后的回忆（Bryant, 2021），进而引发重复购买行为。

当前，仅有的关注到品味策略的研究是严和哈尔彭尼关于旅游者品味体验的研究（Yan N X, Halpenny, 2021）。该研究调查了旅游所涉及的三个品味体验要素（品味刺激、品味策略、品味结果），所选取的样本主要为西方旅游者。然而，品味策略的适用性价值并非普适的，可能因文化背景的不同存在差异（Smith et al., 2019）。现有心理学对于情绪调控的跨文化研究表明，不同的情绪调节风格来源于东西方文化背景下个体不同的思维模式——东方文化氛围中的个体往往具有中庸、辩证的思维，而西方文化并不强调辩证思维（Miyamoto, Ryff, 2011）。因此，在面对积极情绪时，相较于西方人，东方人会更多地采用抑制积极情绪的手段以维持积极情绪与消极情绪的平衡（Miyamoto, Ma, 2011）。例如，西方人更有可能在公共场合展示他们的积极情绪（例如，与他人分享、行为表达等），而东亚人更有可能抑制积极情绪的表达。崔等（Choi H et al., 2019）以欧洲裔美国人和韩国人为样本调查了资本化这一品味策略，得出了东亚人比西方人更不愿意与他人分享自己的积极事件的结论。这是由于东方文化规训下的个体认为，积极情绪的表达是不合适的、不受欢迎的（Diener et al., 1995; Eid, Diener, 2001），表达积极情绪的个体会被认为是肤浅的、不成熟的。不仅如此，在东方文化背景之下，表达自己的积极情绪可能会冒犯他人,并且听众通常会对炫耀这一典型的积极情绪表达行为做出负面的反应(Yamagishi,2011)。因此,东方文化背景中的个体通常选择抑制积极情绪的表达。此外,严和哈尔彭尼(Yan N X,Halpenny,2021)的研究仅对旅游者在三个旅行阶段的品味体验进行简单描述,并没有揭示旅游情境下品味策略的特殊性,且未对品味策略的后续影响机制展开研究。

因此,中国旅游者在旅游情境中是否运用品味策略、运用哪些品味策略、这些品味策略与现有心理学研究总结的品味策略有何异同,以及其在旅游情境中运用的品味策略有何后续影响,这些问题仍不清晰。本研究聚焦以上研究空白,对中国旅游者在旅游情境中的品味策略及其影响展开研究。

二、旅游者回顾性评价

(一)旅游者回顾性评价的定义

回顾性评价(Retrospective Evaluation)是指发生在体验结束后,基于个体所参与的事件的记忆对过往体验中包含的整个系列事件的评价(Ariely,1998;Ross,Simonson,1991)。尽管是对整个系列事件的评价,回顾性评价并非来源于个体对体验过程中所经历的一切事件的准确回忆(Cowley,2007;Kahneman et al.,1997),而是个体在当前(做出评价的这一时刻)对过往的体验过程中经历的几个印象深刻的关键时刻进行回忆后所形成的评价(Ariely,Carmon,2000;Ratner et al.,1999;Baumgartner et al.,1997;Kahneman et al.,1997)。这些关键时刻可能包括最极端的(最好的或是最差的)体验、事件末尾的体验等(Varey,Kahneman,1992)。由于记忆缺失、回忆时对记忆的临时"召回"等原因,回顾性评价通常与个体所经历的真实情况在情感强度、频率等方面存在差异(Thomas,Diener,1990)。个体在回忆时倾向于夸大过去的情感体验(Nikolova,Hassan,2013)。消费者倾向于将过去的体验视为有价值的、可信的信息来源(Hoch,Deighton,1989)。相较于消费过程中发生的实际体验,对过往体验的回顾性评价才是未来决策真正的驱动力(Kahneman et al.,1997)。因此,了解旅游者如何回顾性地得出对旅游体验的总体评估对旅游营销者而言是重要的。

参考现有的旅游领域对旅游者回顾性评估的研究(Hosany,Prayag,2013;Ma et al.,2013;Su,Hsu,2013),本研究选取满意度(Satisfaction)、推荐

意愿（Intention to Recommend）及重游意愿（Revisit Intention）来衡量旅游者回顾性评价。满意度是指消费前的期望和消费后的感知体验之间的差异——当消费体验不如期望时，消费者就会感到不满意（Oliver，1980）。简单来说，满意度可以定义为消费者认为所购买的体验唤起的积极感受的程度（Rust，Oliver，1994）。在旅游背景之下，满意度是旅游者旅行前对体验的预期与旅行中获得的实际体验比较的结果。当体验与预期相比产生积极感受时，旅游者将对旅游体验感到满意（Reisinger，Turner，2003）。对目的地营销人员而言，增强旅游者的重游意愿是在开展营销活动时意欲达成的重要目标。不过，寻求目的地多样性这一旅游需求的本质（Kozak，Rimmington，2000），意味着即便旅游者具有较高的重游意愿，在短时间内也通常不会真正做出重游行为。因此，作为吸引潜在旅游者的有效途径，旅游者的推荐意愿同样是衡量目的地成功与否的重要标准（Ekinci，Hosany，2006）。此外，部分研究认为，重访意愿和推荐意愿可以被视为满意度的延伸（Prayag et al.，2013，2017；Li S S，2021）。满意度是旅游者产生行为意图的重要前因（Cronin，Taylor，1994）——对旅行满意的旅游者更有可能重访或向他人推荐目的地以及景点。由于保留现有消费者的成本远低于吸引新消费者（Um et al.，2006；Spreng et al.，1995），如何提升旅游者的满意度从而增强旅游者的重游与推荐意愿同样是营销人员必须思考的问题。

（二）品味与旅游者回顾性评价

过往研究发现旅游者在旅行后的部分"回忆品味"行为，例如与人面对面分享过往旅行经历（Tung et al.，2018），或是在社交媒体上分享积极的旅游体验（Li et al.，2022），均可能对旅游者的回顾性评价起到提升作用。本研究认为，旅游者在旅游情境下（旅行中阶段）所采取的"品味当下"的品味行为比旅游者的回忆品味更加值得关注。

一方面，回忆品味依赖于旅游者对旅游体验的原始记忆，且发生回忆品味的前提是旅游者将旅游体验纳入回忆范畴。而旅游过程中旅游者品味当下的行为不仅能够增强其对旅游体验中不同积极方面的关注或意识（Bryant，Veroff，2007），还能够触发、促进或延长旅游者的拓展—建构过程（Jose et al.，2012），帮助旅游者创造更加丰富的旅游体验。故旅行中阶段的品味或许有助于增强旅游者对旅游体验的记忆，使得积极的旅游体验成为旅游者在旅游后进行回顾性评价时优先"召回"的回忆。

另一方面，回忆品味通常发生在惯常环境而非旅游情境中。相较于惯常环境，个体在旅游情境中具有更多品味积极情绪的机会、更强烈的品味动机，其在旅行中阶段所运用的品味策略相较于旅行前或旅行后阶段可能会更加丰富。不仅如此，在旅游情境中，旅游规划、组织与营销人员更容易通过体验设计、线路规划、员工培训等方式对旅游者的品味行为施加影响。因此，针对旅游者在旅行中阶段采取的品味策略对于旅游后旅游者回顾性评价的影响展开研究是有意义的，能够充实现有的旅游领域品味策略及旅游者回顾性评价研究，为旅游规划与营销等旅游实践提供启示。

现有公开研究中，尚未有学者聚焦中国旅游者在旅行中阶段所采取的品味策略及其对旅游者回顾性评价的影响展开研究。诚然，在中国文化的中庸、辩证思想影响下，中国个体在面对积极情绪时更倾向于采取抑制策略（Miyamoto，Ryff，2011），但在旅游这一具备更多品味机会的特殊情境中，中国旅游者可能会主动采取增强积极情感的调控策略，做出比在惯常环境下更丰富的品味行为，且这些旅游情境中的品味或许能通过促进旅游者与目的地的互动、加深旅游者对旅游积极体验的记忆等途径对旅游者的回顾性评价产生正面影响。因此，本研究意在调查中国旅游者在旅游这一特殊情境中对品味策略的运用，及其所运用的品味策略是否对其回顾性评价产生影响。

第三节 研究方法和研究设计

本研究整体上采用质性研究方法。质性研究是一种更为主观、灵活的研究方法，注重现象变化的具体动态过程，强调对表层含义之下现象本质的探索（卡拉·威利格，2013）。本研究的研究问题要求研究者对旅游者在旅游情境中所描述的品味体验进行具体的解读，因此更适用于质性研究方法。参考Yan和Halpenny（2021）的研究，本研究采用解释现象学分析（Interpretative Phenomenological Analysis，IPA，Smith et al.，2009）这一更适合于研究个体体验本质（卡拉·威利格，2013）的方法来解释旅游者的主观品味。

一、数据收集

（一）样本选择与数据收集过程

本研究采用半结构化访谈法来收集文本资料。该方法的主要优势在于允许研究者询问开放式的问题，并根据需要对特定回应进一步追问从而对研究问题获得较为深入的理解（Bryman，2016）。访谈的抽样方法为立意抽样，考虑到记忆的短时性，要求受访者需要在近半年内至少有一段积极的休闲旅行经历。通过在朋友圈、微博等平台发布问卷招募及微信联系，确定受访意向，对于异地受访者进行线上访谈，而同城受访者尽可能面对面访谈。在抽样时，以最大差异化为原则来确保所获得受访者的异质性。

每个半结构化访谈主要是由三部分内容组成。第一部分围绕品味发生的场景，邀请受访者分享本段旅行中印象深刻的积极体验，并追问可能发生品味的体验的细节。第二部分聚焦于受访者在旅行中品味策略的运用，首先请受访者自行回忆描述，如"在这个过程当中，你有没有采取一些措施让这段体验带给自己的积极情感延续得更久？"，而后根据受访者所描述的体验过程，询问受访者是否做出某种可能的品味行为，并要求其描述具体的品味过程。第三部分关注旅行中品味策略的使用对旅行后回顾性评价的影响，询问受访者在使用了某种品味策略后，其回顾性评价是否有所提升，如"这种反应是否会让你觉得对这段旅游的满意度更高"，并根据受访者在描述品味过程时所提及的感受追问回顾性评价得以提升的可能原因是什么，如"这种更加紧密的感觉是否让你对这个地方的好感也增加了"。访谈问题并不固定，而是依据受访者的回答灵活地做出调整。访谈过程中，访谈者尽可能使用开放性问题以便受访者能够自由地表述，从而提供更加丰富的信息。

（二）数据收集情况

本研究共进行 26 个半结构化访谈。访谈时间为 2023 年 6 月至 7 月。这些访谈持续时间从 22 分钟至 57 分钟不等，平均每个访谈时长为 41 分钟。这 26 个被访者被编码为 I-A 至 I-Z，其基本信息如表 4-2 所示。在表 4-2 中，可以看到，本研究中的样本从人口统计学特征（如性别、年龄、职业等）、出游方式等方面覆盖了多样化的游客群体。需要指出的是，本研究中的样本大小并不是事先确定的。正式访谈中，研究者同步进行访谈与编码过程，每完成一次访谈后对访谈资料进行转录与编码。在处理第 19 份资料时，主题饱和度已达到了 90%，并在第 21 份资料处理完毕后达到 100%。在主题饱和的基础上，为了充分理解研究对象的深度、丰富性和复杂性，研究者持续进行访谈直至没有新的信息出现。也就是说，本研究数据资料通过 26 个访谈达到了饱和，因而没有必要再进行更多访谈。

表 4-2 受访者基本信息

编号 No.	性别 Gender	年龄 Age	职业 Job	出游方式 Travel Partner	旅游目的地 Destination	旅游时长 Time
I-A	女	22	学生	好友旅行	重庆	四天三夜
I-B	女	22	学生	好友旅行	香港地区	四天三夜
I-C	男	33	国有企业员工	家庭旅行	上海	四天三夜
I-D	女	23	学生	独自旅行	江苏苏州 & 浙江杭州	五天四夜
I-E	男	31	国有企业员工	独自旅行	泰国	六天五夜
I-F	男	44	企业员工	好友旅行	甘肃 & 陕西西安	七天六夜
I-G	男	26	企业员工	好友旅行	甘肃 & 陕西西安	八天七夜
I-H	男	28	企业员工	好友旅行	甘肃 & 陕西西安	八天七夜
I-I	女	21	学生	情侣旅行	山东青岛	四天三夜
I-J	男	23	学生	情侣旅行	陕西西安	四天三夜
I-K	女	21	学生	好友旅行	江苏南京	四天三夜
I-L	男	32	自由职业者	夫妻旅行	广东江门	三天两夜
I-M	男	29	国有企业员工	独自旅行	四川成都	五天四夜
I-N	男	22	学生	好友旅行	浙江杭州	五天四夜
I-O	女	24	学生	好友旅行	江苏苏州 & 浙江杭州	四天三夜
I-P	男	29	国有企业员工	情侣旅行	广东潮汕	三天两夜
I-Q	女	22	学生	好友旅行	云南丽江	六天六夜
I-R	男	38	自由职业者	夫妻旅行	山西太原	五天四夜
I-S	男	35	国有企业员工	夫妻旅行	马来西亚	五天四夜
I-T	女	22	学生	独自旅行	陕西西安	六天五夜

续表

编号 No.	性别 Gender	年龄 Age	职业 Job	出游方式 Travel Partner	旅游目的地 Destination	旅游时长 Time
I-U	女	21	学生	好友旅行	四川成都＆九寨沟	七天六夜
I-V	女	22	学生	好友旅行	香港地区	四天三夜
I-W	男	21	学生	独自旅行	广东广州＆佛山	七天六夜
I-X	男	32	国有企业员工	好友旅行	福建德化	三天两夜
I-Y	女	21	学生	好友旅行	湖南长沙	四天三夜
I-Z	女	21	学生	情侣旅行	江苏南京	六天五夜

资料来源：作者自行整理

二、数据分析

（一）数据分析方法：IPA 分析

本研究对所收集到的访谈资料进行 IPA 分析。编码过程参照史密斯和奥斯本提出的 IPA 步骤规范（Smith 和 Osborn，2003）进行分析，并使用 NVivo 20 软件以提高数据分析过程的有效性及效率，具体步骤为：

由第一位访谈对象寻找主题。多次阅读访谈文本以便熟悉访谈内容，并对文本中出现的关于品味的描述进行初步注释与评析。此时的文本分析几乎是完全开放的，不存在批注规则或标准，内容包括对受访者表述的总结或转述、初步的解释以及研究人员的想法等，体现了 IPA 所强调的"双重解释"原则。接着，参考品味及品味策略的含义，将最初的批注提炼为能够体现文本意义的简明扼要的短语，即抽象为概念化的主题。这一步骤的目的在于找出足以连接不同个案的理论术语或概念（Smith 和 Osborn，2003）。

（1）表 4-3 节选了信息较为密集的受访者 I-K 的访谈资料分析作为步骤（1）分析示例。

表 4-3 分析资料节选示例

批注	访谈资料	主题
下雨天带来的好心情 捕捉愉悦的细节 产生美好遐想 沉浸其中 与白天的樱花做比较 捕捉愉悦的细节 联想；与同伴分享（后续访谈提及） 拍照	受访者 I-K：然后，然后就是，我是一个比较，我是一个非常喜欢下雨的人，然后那个路上它就开始飘雨了。南大旁边的那一条，那条小街上，就是一路上有特别多那种店铺什么的，就有一种，那种，就是你在昏黄的灯光下看到有很细的雨丝，然后，感觉那个店里头很温暖的那种感觉。我就是一路上看着这种情景，感觉很开心，对。然后，然后我们晚上吃完饭，就去看樱花了。虽然说那个鸡鸣寺樱花一般是白天比较好看，但我们嫌白天人太多了，然后我们就去了，就去了鸡鸣寺旁边那一条河边，好像叫珍珠河。然后我们就在那里拍樱花，确实，晚上的樱花就是给人一种不一样的感觉。然后你还可以看到河岸里面，就是雨滴滴落产生的那种一圈一圈的涟漪。我当时就在想，它叫珍珠河，是不是因为雨落进去就真的很有那种"珍珠落玉盘"的感觉，对。然后我们在那里拍了好多好多漂亮的照片，然后走的时候还碰到一个姐姐，她在那里拍婚纱照，真的特别美。白色、粉色的樱花树下是她穿那种白色的纱裙，想想就特别美，对。然后我的第一天的旅行大概就结束了。	感知敏锐 沉浸专注 比较 感知敏锐 定向分享 拍照

资料来源：作者自行整理

（2）整理所得到的主题，形成主题表。首先，结合注释与评析内容，重新排列所得主题，合并含义相同的主题并将具有共同意义的主题聚集在一起。接下来，将具有共同意义的主题合并为更高层次的理论概念。最后，以一定的顺序排列所得主题，并标注参考来源（原始语句资料）。

（3）依次处理其他访谈文本，对主题进行持续分析与完善。这一步骤存在两种规范，一是依据上述步骤分别为每个案例创建主题表，最终对所有主题表进行整合；二是以步骤（2）中所得主题表为参考，在后续案例分析的过程中进行主题的调整或增加，从而实现主题表的补充与完善。本研究采用的方式为第二种，在这一过程中，所有的参考来源（原始资料语句）都被保留并链接到访谈文本中，以便于查询与分析。

表 4-4 访谈文本分析示例

资料摘录 Original material	编码 Coding	主题 Theme
我刚才跟你说的那句话，我其实是跟她说的，我说的雨滴滴落的感觉像珍珠砸进去。（I-K）	与同行者分享	同他人分享

续表

资料摘录 Original material	编码 Coding	主题 Theme
我一般出门都会随身带一个小本子和一支笔……随时记录自己生命（被）打动等地方……在旅行中如果遇到令人愉快的（体验），我会写诗。（I-L）	抽象记录（文字）	旅行随记
那时候我想下次有机会要和朋友一起来，然后可能就会有不一样的体验，但是想要让他们也看到这样的一种很美丽的场景。（I-I）	期待他人感同身受	积极的心理时间旅行

资料来源：作者自行整理

（二）数据分析结果概览

依据上述步骤对访谈资料进行处理后，得到了 11 个主题。需要说明的是，在处理第 4 份资料时，主题饱和度已经达到了 90%，并在第 7 份资料处理完毕后达到 100%。在主题饱和的基础上，为了充分理解研究对象的深度、丰富性和复杂性，笔者完整地处理了所有 15 份资料，直至完全没有新的内容出现。

表 4-5 展示了旅游者在旅游过程中运用的 11 种主要品味策略及旅游者的具体表现。

表 4-5 旅游情境下旅游者品味策略

主题（旅游者的 11 种品味策略）	具体表现
（1）与他人分享（Sharing With Others）	■ 与同行旅游者分享 ■ 发送即时信息分享 ■ 在社交媒体上分享
（2）沉浸专注（Absorption）	■ 完全沉浸在当下的旅游体验中 ■ 有意忽视外界（非旅游）信息
（3）行为表达（Behavioral Expression）	■ 发出大笑、尖叫等声音或做出享受的表情、跳跃等肌肉/肢体反应
（4）旅行随记（On-the-go Recording）	■ 具象记录（拍照或录像记录） ■ 抽象记录（以文字形式记录）
（5）感知敏锐（Sensory-Perceptual Sharpening）	■ 特别关注某种感官的感觉 ■ 有意捕捉让自身感到积极的细节
（6）记忆建构（Memory Building）	■ 感官记忆建构（拍摄"心理图像"）
（7）向下比较（Downwards Comparing）	■ 将此刻体验与过往旅游体验对比 ■ 将此刻体验与日常生活体验对比

续表

主题（旅游者的 11 种品味策略）	具体表现
（8）当下意识（Temporal Awareness）	■ 希望美好时刻延续 ■ 提醒自己好好把握当下
（9）细数幸运（Counting Blessing）	■ 为此时此刻的愉悦体验感到幸运 ■ 为出乎意料的惊喜体验感到幸运
（10）积极的心理时间旅行（Positive Mental Time Travel）	■ 联想到过往类似的愉悦体验 ■ 期待或想象他人将感同身受
（11）联想想象（Imagining）	■ 联想与此情此景相关的诗词/故事 ■ 想象与此情此景相关的场景

资料来源：作者自行整理

第四节　研究结果

本节基于访谈资料分析对中国旅游者的品味策略及其定义做出阐释且提供了具体的情境化解读，并且提出了旅行中阶段旅游者的品味策略对其回顾性评价的可能的影响路径。

研究结果显示，中国旅游者在旅游情境中的品味策略主要有 11 种，与现有心理学所得出的个体品味策略有所不同。例如，"联想想象"这一在心理学领域中常用于品味未来的策略，在旅游情境中表现为中国旅游者的一种品味当下的有效策略。"积极的心理时间旅行"这一通常被用于联系、促进个体的预期与回想品味能力的策略（Quoidbach et al., 2009），在旅游情境下作为旅游者的品味反应之一而时常发生。在"细数幸运"时，旅游者的"幸运"不仅包括心理学所强调的感激，还与积极惊喜、愉悦、满足等积极情感联系在一起。相较于日常生活，在旅游情境中，旅游者更加容易产生"当下意识"，这是由于在旅游环境中，旅游者投入了时间、精力、金钱以及其他资源（Lehto et al., 2004）。此外，在旅行过程中，优美的自然风光、宏伟的人造景观以及表演演出场景是旅游者最常使用"沉浸当下"策略的旅游情境。

过往研究聚焦于旅游者的"回忆品味",发现旅行后的回忆品味行为可能提升旅游者的回顾性评价。本研究发现,旅游者在旅游情境下(旅行中阶段)所采取的"品味当下"策略能够起到提升旅游者的回顾性评价的作用。研究发现除行为表达及当下意识外的其余 9 种品味策略均有可能通过不同的中介路径对旅游者的回顾性评价产生正面影响。可能的解释是,社会互动策略帮助旅游者保持对他们正在品味的体验的注意力(Bryant,Veroff,2007),旅游世界聚焦策略使得旅游者关注到了旅游环境中的细节、优化了其注意力分配(Gross,Thompson,2007)。

值得注意的是,本研究发现旅游者在旅游过程中可能受到旅游情境的触发产生相关诗词/故事的联想或是与旅游情境相关的想象,联想想象是旅游者在旅游过程中一种品味当下的有效手段。此外,中国旅游者在旅行中阶段对未来旅行的积极的心理时间旅行(例如,期待亲朋好友对此刻的积极体验感同身受)能够极大地唤起旅游者的重游冲动。这是全新的发现,未来,如何在旅游情境中触发旅游者的联想想象、帮助旅游者进入这样畅想未来的积极的心理时间旅行,是旅游从业者应当关注的问题。

一、旅游情境下中国旅游者的品味策略

(一)与他人分享

与他人分享是所有的受访者均提及的在旅行过程中多次使用的重要品味策略。在旅行过程中,结伴旅行的旅游者会频繁地与同行旅游者分享。与同行者分享时,旅游者往往出于邀请的目的,并通过观察分享对象的反应进行"替代性"的享受,以增强当下的愉悦体验。例如,I-B 表示自己在吃到美味的食物时会邀请同行者"快点试一下我这个",且在对方表示出同样的享受时会"感觉特别幸福"。此外,与同行者的分享还能够帮助旅游者捕捉到旅途中可能被忽略的美好细节,"之前基本不太会去注重景色……这次跟 A 去香港,就会更留意香港好看的景色"(I-V)。

除了与同行者分享,旅游者在旅行时还会使用移动设备发送即时信息同远方的亲朋好友分享。分享时,如若对方给予正向的反馈,将有效提升旅游者的积极情感,"我跟朋友分享之后,如果得到他积极的反馈,我会更开心"(I-N)。受访者指出,对方的正向反馈使得自己获得了一定程度的自我认同,进而

增强了积极的情感体验，"我得到这种正向的一种反馈之后，其实就是（得到）一种肯定，所以（得到）肯定之后，我（的）心情也会变得更好"（I-J）。此外，部分受访者表示，自己还会在社交媒体平台实时分享自己的旅游体验，并在与朋友的互动中获得新的愉悦以增强当下的积极体验："比如说你发了朋友圈，很多人点赞和留言，你就跟他回复……其实跟朋友的互动也会给我带来一些新的愉悦（I-R）。"

值得关注的是，在旅行过程中，尚在求学的年轻旅游者相对于已经参加工作的较为年长的旅游者而言，更善于通过"同他人分享"品味旅游体验。一方面，年轻旅游者在旅游过程中并不避讳向他人"炫耀"自己的积极体验进而提升积极情感，"第一时间就跟家人朋友分享我当时的快乐，然后让他们也羡慕一下"（I-A），"分享给我的室友，炫耀我在吃重庆的火锅"（I-T），而这一点在较为年长的旅游者中不曾被提及。另一方面，年轻旅游者更加乐于在微博、微信朋友圈等社交媒体上分享自己的旅行体验，而大部分较为年长的旅游者则表示自己在社交媒体的分享意愿较低，尤其是微信朋友圈这一类强关系社交平台。即便发朋友圈，他们也是选择性分享与工作相关的内容，"我（的）朋友圈当时是截了10秒钟的一个祝我们直播间大卖的……其他我没发"（I-S），对此，I-C指出，微信对于自己而言"变成一个比较（带有）工作（属性）的一个平台"，并且在有了家庭之后"更注重自己跟家庭的体验，不太会再通过社交媒体或者朋友圈分享"。

（二）沉浸专注

沉浸专注是指不做思考、以放松的状态主动地或是下意识地沉浸、专注于当下的积极体验中，有时甚至会有意忽视外界的信息。旅途中美丽的自然风光是受访者沉浸专注最主要的场景，"那里特别漂亮……只是沉浸下来、放松下来，去欣赏当时的景色"（I-B），"头上就是那种瀑布飞泻而下的场景……我觉得那一刻可能是我比较进入自己的一个状态"（I-U）。除了自然风光，宏伟的人造景观同样能够使得旅游者沉浸其中，例如，在第一次见到橘子洲头的毛主席雕像时，I-Y表示："虽然周围很热闹，很喧嚣，但是当你面对面去仰望这个巨大的雕塑的时候，你就会不由得去陷入这样子的沉思，然后你会瞬间觉得世界上就只剩下你和雕像在对话。"此外，观看演出亦是旅游者比较容易沉浸专注的体验，"因为他们当时用手风琴拉了一首《我和我的祖国》……那旁边其实有一些热狗摊，但是大家其实一点都不会关心那些东西的存在，感受不到"（I-W）。

在实现沉浸专注的状态时，有受访者提到他们会刻意无视甚至屏蔽外界的消息，从而让自己更加沉浸在当下的愉悦体验中，"可能别人给我发信息，我看不是特别重要，我也不会当时回他"（I-D），"因为很安静，也没有任何工作，其实有，但我（把手机）开了勿扰模式"（I-W）。不仅如此，感知敏锐与沉浸专注时常同时发生，并且为记忆建构提供帮助，起到增强旅游者积极情感的效果："我觉得在闭上眼睛感受到海风之后，会让我更好地沉浸在当下，会增加我开心的感觉"（I-V）。

（三）行为表达

行为表达是指通过非语言的行为（包括肢体表达及发出声音）来表达自己的积极情感，包括肢体表达（身体表达）、发出声音以及发出享受的声音或是做出享受的样子（通常在品味美食时）。在旅游情境下，尽管具有东方文化背景的部分个体不再避讳"炫耀"，但对积极情感的表达仍然较为内敛。这体现在受访者所提及的较为夸张的行为表达仅在与周围其他个体保持一致时发生："当时人特别多，鸽子一起飞的时候，周围人就会一起欢呼"（I-Z）；"那个时候，就大家，游客大家都一起'哇'这样子"（I-I）；"我们鼓掌，各种起哄"（I-W）。其他情况下，即便产生了强烈的通过行为表达积极情绪的想法，个体也会有意克制自己的行为表达，"因为我有时候激动的话，我其实会有点想要尖叫，但是也不是叫很大声的，稍微发出那种小小的声音，因为人很多，就会克制一下"（I-Q）。和同他人分享这类策略不同，旅游情境对东方文化背景下的个体的行为表达并没有起到太多的促进作用，只有在与周围个体保持一致的行为时，旅游者才可能会尽情地做出积极情绪的表达。

（四）旅行随记

旅行随记是旅游情境中一种全新且重要的行为层面品味策略，包括具象记录（拍照或录像）与抽象记录（文字记录）。与记忆建构类似，旅行随记同样是旅行者对于积极体验的记忆定格："我眼睛、头脑里面存储的那些我觉得很有意思的点，在我的手机照片里面肯定有"（I-D），"我一般出门都会随身带一个小本子和一支笔……随时记录自己生命（被）打动的地方……在旅行中如果遇到令人愉快的（体验），我会写诗"（I-L）；不同的是，旅行随记能够使得积极的旅游体验记忆更加完整、鲜活，如 I-L 所言，"照片比起我们的眼睛更加客观全面地记录了当下我们所看见的内容"，并可能在未来成为触发个体品味旅游体验的"开关"，"很多事你会忘记，可很久之后，再点开照片的那一刻，情绪就会变得新鲜起来。照片会帮你记住很多你可能会忘记的事情"（I-K）。不仅如此，旅行随记还是旅游者后续做出分享行为的重要客观证据，"会觉得（照片）更方便分享给其他人，可能到时候我想带他们来，我会给他们看照片，就是我觉得可能光靠我讲，没有那么多的说服力，我觉得可能照片或者这种（随记），其实是一种比较好的工具"（I-J）。

（五）感知敏锐

感知敏锐是指个体从意志层面努力，集中注意力关注某种特定感官的感觉（如嗅觉、听觉、视觉、触觉等），以及有意识捕捉让自身感到积极的细节："我就想要像你说的专注一点，去屏蔽别的感受，我就去静心地去感受安静的片刻。"（I-W）"我坐到安静的地方，我会刻意去听，这个时候可能会有一些鸟叫或者其他的自然的声音。"（I-O）在对感知敏锐进行描述时，部分受访者表示他们会通过弱化甚至关闭某些感官来达成特别关注某种感官的目的："会闭上眼睛去感受海吹过来的风。"（I-V）"（我）会有这种选择性地打开或者关闭我的感官的感觉。"（I-W）此外，受访者还提到自己会刻意放慢速度，来"延长"当下的积极体验："会细嚼慢咽去感受。"（I-N）"我那个时候就会放慢脚步……想能够花更长的时间欣赏这些美景。"（I-J）

（六）记忆建构

记忆建构是指通过利用感官（尤其是视觉）拍摄"心理图像"来储存积极的旅游体验记忆，在受访者遇到自认为无法被相机还原、记录的美景时常被使用。"我感觉我经常会很想用眼睛去记一下我觉得好美的东西，因为有的东西它拍出来真的没有眼睛看的好看。"（I-U）"我觉得照片其实拍不出那个时候的那种氛围……我一直看着天空，因为天空的颜色非常美。"（I-I）

（七）向下比较

不同于心理学研究中的向下比较，受访者表示自己在旅游情境中经历积极体验时，鲜少将自身的积极体验同他人的糟糕经历相比较，而更多聚焦于自身，"比较沉浸在当下的体验，没有太想之前搜集的信息，或者是跟其他的游客进行对比"（I-O）。本研究发现，旅游者在旅行中阶段的比较包括将此刻体验与过往旅游体验或日常生活中的体验相比较，通过与过去较为普通甚至糟糕的体验相比较来增强对于此刻积极体验的正向感受："起码就在我刚踏入他们家店的时候，我就有过这样子，马上跟前一天（体验糟糕）的那一家对比，就感觉很好。"（I-Y）"以前跟家人来可能只是去玩玩，去买东西，但是这次跟你（同游者）来就可以收获到不一样的景色，来到了更多不一样的地方。"（I-U）

值得一提的是，在描述与过往的体验做比较这一策略时，I-N描述了明显的诱发其品味的情境，说明对于旅行中与惯常环境下类似但不同的体验会产生新奇的感觉，更容易做出品味行为，从而产生更加积极的体验、留下更深的印象。例如，描述在杭州参观寺庙的积极体验时他强调了自己从小生活的环境中的寺庙与杭州的寺庙的差别："我们家其实寺庙也挺多的……去了杭州的寺庙就感觉他们的风格跟我们的不太一样……当时就觉得很新鲜。"在提到旅行中另一段积极体验时，他表示之所以会发现杭州茶叶博物馆这一小众旅游景点并对其留下深刻印象，也是源自其过往生活的惯常环境下的习惯："我们去参观了一个茶叶博物馆……我本身在家里头也可能比较爱喝茶……当时可能是因为知道龙井茶很出名，然后就去自己去搜了一下。"

（八）当下意识

当下意识是指旅游者在经历积极体验时产生的提醒自己珍惜当下的意识，以及希望当下这一美好时刻留存的想法。由于旅游情境的异地性，旅游者更容易产生提醒自己珍惜当下的想法，从而更注重当下经历的积极体验。例如，"就会觉得可能这次、现在看不到，过一会儿就过去了，之后可能就会看不到了，就尽可能多看一些"（I-J），"还是想多看几眼，多感受这种感觉，因为回去就很难再有了"（I-K）。

除了提醒自己珍惜当下之外，受访者还提到了自己在经历积极体验时，会产生希望当下这一美好时刻留存的想法："我好像就突然很希望这一刻能延长，觉得很美好。"（I-U）"就是这束光好暖啊，希望每天都可以晒到这样子很暖的阳光。"（I-V）。尽管受访者所提到的美好时刻可能只是一次日落、一片天空，但正是因为处在旅游这样放松的环境中，这些在生活中被错过的景色才能够更好地被旅游者欣赏、捕捉，成为美好的时刻，如 I-V 所说的："平时看日落，看什么都好，都是在一个比较匆忙的环境下……但是在旅游的过程当中，你可以静下心来、真正地去看一次这样的日落。"

（九）细数幸运

旅游情境中，"细数幸运"这一品味策略与心理学中对应着感激这一积极情绪的"幸运"的含义不同，旅游过程中受访者描述的"幸运"不仅包括感激，还与积极惊喜、愉悦、满足等积极情感联系在一起，具体表现为此时此刻的体验感觉到幸运以及为出乎意料的惊喜体验感觉到幸运。

当感觉到感激、愉悦及满足时，受访者会为此时此刻的体验而感觉到幸运。例如："（我感觉）很幸运，很幸福，特别是见到玲娜贝儿的时候。"（I-B）"我就觉得我能在几家比较小众的推荐里面选到一个我没有踩雷的，还很符合我自己的预期的，而且环境很宜人的这种店，我觉得自己很幸运，我觉得我是'天选干饭人'。"（I-Y）"会觉得自己很幸运，就觉得能有这么悠闲的时间，还有经济能力，也有女朋友陪着，还可以吃到这么美味的（食物）。"（I-J）

当旅行中出现出乎意料的惊喜体验、让旅游者产生积极惊喜这一积极情感时，受访者也会运用细数幸运的品味策略。例如："所以我们也没有期待，我们只想去上面看一下那种快要融化的雪。但是没想到我们上山就发现它下雪了，当时就觉得自己超级幸运。"（I-Q）"上去的目的其实是为了看夜景，但是没有想到在看夜景之前我还能收获这样一个日落。"（I-V）"很幸运，明明真的一点计划都没有，结果就撞到了真正旅游会去的地方。"（I-W）

（十）积极的心理时间旅行

在心理学领域，积极的心理时间旅行指个体通过回忆过往的积极事件或是想象未来发生的积极事件来获得积极体验（Quoidbach et al.，2010），这种方法在日常生活中并不像品味当下的策略那样常见，但通常被用于练习和促进个体的预期与回想品味能力。对旅游者而言，旅游情境下的积极的心理时间旅行作为旅游者的品味反应之一时常发生，表现为联想到过往的积极体验以及期待他人感同身受。

受访者表示，在经历旅游中的积极体验时，时常会联想到具体内容不同但感觉上类似的旅游体验,并通过对过往的积极旅游体验进行品味以增强当下的积极情感。例如:"我就想到之前去……我会想到当时看到一些佛教的那种东西。"(I-Y)"佛山的感觉让我觉得它是极其传统,甚至有点迷信……在这边的话,舞狮让我更感受到了,更像是一种武术,而不是一种表演。"(I-W)

此外,受访者在经历积极体验时还会期待他人感同身受,并且想象他人体验时的场景,或是规划未来与他人一起再次经历这样的体验从而延长当下的积极情感。例如:"我以前觉得旅游的地方你去一次就够了……我现在觉得你可以在不同的季节和不同的人去……因为我爸妈他们都没有去过,我很想带他们也去一趟。"(I-D)"那时候我想下次有机会要和朋友一起来……想要他们也看到这样的一种很美丽的场景。"(I-I)换言之,旅游者通过期待自己所爱之人感同身受、并想象他们从体验中获得的积极情感来品味未来的可能发生的积极体验,且在期待他人感同身受时,旅游者表现出积极的重游意愿。

(十一)联想想象

联想想象是指旅游者在旅游过程中受到旅游情境的触发产生相关诗词/故事的联想或是与旅游情境相关的想象。过去,尽管布莱恩特和维罗夫(Bryant, Veroff, 2007)曾经提到,联想与想象有助于个体的品味,但尚未有研究将其视为一种品味当下的策略,而更多的是在期待(品味未来)的背景下讨论联想与想象。

然而,访谈发现,在旅游情境中的联想与想象是受访者在旅游过程中一种品味当下的有效手段。例如:"你站那(儿),人很少的时候,你就会想象,这地下了雨,滑。古代人穿的不都是那种布底的鞋,布鞋吗?下雨很滑嘛,你会去想看他如果真的住在那(儿),会是一个什么样的情况……你不是说你去西湖就看一潭水,这个湖这么出名是有原因的。'水光潋滟晴方好'什么的诗句好像都从脑子里面开始浮现出来了。"(I-D)"刚才说面包店挂了一排风铃,所以我现在还记得。情景也特别特别像那种什么日本电影里头的那种。"(I-K)"我会想到,像唐僧以前西天取经,因为他也经过甘肃那种地方……我看到大唐不夜城我会想……这么大一个地方让他随便逛随便玩,这个古代帝王生活还是比较丰富的。"(I-F)不仅如此,访谈过程中,提及联想与想象的受访者所表现出的品味倾向较为强烈,对于细节的描述也更为详尽,且会产生联想的旅游者往往也会产生想象。

二、旅游情境中品味策略对旅游者回顾性评价的影响及作用机制

研究结果显示,在旅游情境中,大部分品味策略均能够起到提升旅游者的回顾性评价的作用。不过,访谈资料未发现包括"行为表达"及"当下意识"这两种品味策略对于旅游者回顾性评价产生影响的证据。而其余9种品味策略均有可能通过不同的中介路径对旅游者的回顾性评价产生正面影响。根据品味体验关注焦点的不同,品味可以被分为聚焦外部世界的品味(World-Focused Savoring)以及聚焦自我的品味(Self-Focused Savoring)(Bryant,Veroff,2007)。前者强调品味与外部刺激的高度相关性,而后者关注个体对自身积极情感体验的"再加工"过程。借鉴以上思路,本研究基于对访谈文本的分析将9种可能对于旅游者回顾性评价起到正向影响作用的品味策略进行归类,将其划分为社会互动、旅游世界聚焦及旅游者自我聚焦三类,并发现三类品味策略均通过增强旅游者的积极情感及旅游者的旅游体验记忆以提升旅游者的回顾性评价,且社会互动(同他人分享)这一品味策略还能够通过增强旅游者的社会联结感的途径提升旅游者的回顾性评价(见图4-2)。具体分析如下:

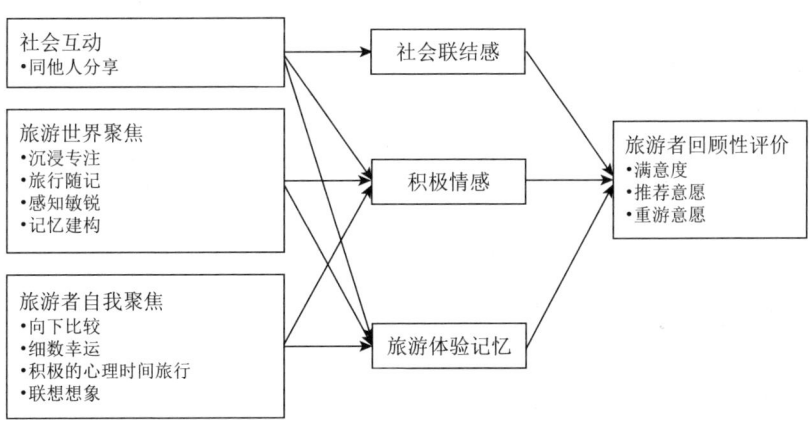

图4-2 旅行中阶段旅游者的品味策略对其回顾性评价的影响路径

资料来源:作者自行整理

(一）社会互动对旅游者回顾性评价的影响

社会互动是一类独立于外部世界聚焦及自我聚焦的品味，原因在于社会互动虽然是由旅游情境触发的，但其后续对旅游者积极情感的调控作用几乎完全依赖于被分享者的表现，包括观察分享对象的反应进行"替代性"享受、期待同行者的积极反馈等。访谈资料显示，同他人分享这类策略可以通过增强旅游者的积极情感、社会联结感及旅游体验记忆三个途径来提升旅游者的回顾性评价。

不论是与同行者的分享还是通过即时信息分享，旅游情境中的个体希望通过分享旅途中的积极体验获得积极的反馈，以进一步提升自己的体验。例如："（分享是为了）把这种觉得好吃的感觉传递给她……你把快乐分享给另外一个人，快乐不会减少，反而会变成两倍。"（I-J）"（我）分享给别人，别人给我的一些正向的反馈，都会让我觉得很满足，非常愉悦。"（I-A）"我跟别人分享的过程中如果得到了对方的一个积极反馈，快乐就会增加一点。"（I-T）

除了单纯的积极体验分享，受访者在旅游过程中的分享有时还会伴随着推荐行为，且 I-B 表示，分享时如若收到听众的积极反馈，会使自己出现重游的想法："如果我向别人推荐一个东西，得到很正面的反馈，他们说他们也想去的话，我就会想说那我们下次一起去那里。"在描述与他人分享这类策略时，I-A 明确表示，积极情感的增强是受访者明确提到的提升其回顾性评价的路径："我跟别人互动，归根结底也是提升了我自己的愉悦程度……反正最终肯定是落实到我自己身上，我的满意度肯定是提高的。"

社会联结感是指个体对自己在社会生活中人际关系亲密程度的主观感受（Lee, Robbins, 1998）。在旅行过程中，受访者表示通过即时信息与远方的亲朋好友分享能够让自己感觉到跨越空间的陪伴，增强其社会联结感，例如："我分享给他，其实会有点像是在某种程度上，他陪伴着我参与了这段旅程。可能虽然并不是在同一个空间，但是我们会在同一个时间去经历这段旅程，这也是一种特殊的陪伴。这种陪伴肯定会加深我与另外一个人之间的联系，无论是我朋友还是我家人。"（I-J）此外，社会联结感的增强使受访者产生了重游目的地的冲动，例如："通过分享就可以增强我们，比如想把他们带到那种地方的冲动……下次说不定也有机会可以再去，一起去。"（I-Q）

对旅游者而言，同他人分享还是增强旅游体验记忆的重要途径（Tung,

Ritchie，2011a）。一方面，与同游者的互动能够丰富旅游者的体验、构建难忘的回忆，"因为我们两个一直一起讨论一些展品之类的东西，让我的回忆很多"（I-Z），这是因为相互分享品味能够诱导彼此保持对他们正在品味的体验的注意力（Bryant，Veroff，2007）。另一方面，在分享的过程中，旅行者需要组织语言、描述自己的感受，因此当下的旅游体验被更好地记录了："分享的过程中我会自己有一些语言的概括，还有一些描述，所以可能我当时的心情会被比较明确地记下来。"（I-O）与他人分享对旅游记忆的增强作用使得受访者在访谈时表达了积极的回顾性评价："它能让我更对这个地方有感触，让我主观上会愿意去向大家推荐。"（I-O）

（二）旅游世界聚焦对旅游者回顾性评价的影响

旅游世界聚焦策略通过增强旅游者的积极情感、帮助旅游者加深旅游体验记忆两个途径来提升旅游者的回顾性评价，对推荐意愿的提升作用尤为明显。通过对旅游世界的聚焦，受访者从当下的旅游体验中获得了更加强烈的积极情感。例如："当时就会想说就是更专注于欣赏那些风景……心情比较放松了以后，然后慢慢地（情绪得到提升）。"（I-B）且这些积极情感是旅游者产生积极回顾性评价的原因："会让我的情感，积极的情绪更加强烈，我采取这种（品味）行动会对我的……对这个地方的一些回忆更加美好，就可能会加强我对这个地方的一些好感。"（I-J）

此外，在描述涉及旅游世界聚焦的品味体验时，受访者往往能够细致地描绘当时的情境。可能的原因是，旅游世界聚焦这一类品味策略通过调控旅游者的积极情绪反应，使得旅游者关注到了旅游环境中的细节、优化了其注意力分配（Gross，Thompson，2007），从而帮助旅游者增强了旅游体验记忆："只有很专注地去沉浸在这些氛围里面，才会让我印象非常深刻……就是这种印象很深刻的事情。我跟朋友推荐的时候，其实我一直在讲的，也就是这些事情。"（I-I）多位受访者表示，旅游世界聚焦策略的使用从主观意愿和客观条件上增强了其旅游后的推荐意愿："一方面可能它能让我对这个地方更有感触，让我主观上会愿意去向大家推荐。客观上我有这些信息，或者我有照片……他们也能更好地感受到我向他们描述的这种感受。"（I-O）

（三）旅游者自我聚焦对旅游者回顾性评价的影响

旅游者自我聚焦策略中，积极的心理时间旅行能够通过增强旅游者的积极情感从而提升旅游者的回顾性评价，特别是对重游意愿的提升。受访者表示，自己通过期待自己所爱之人感同身受、并想象他们从体验中获得的积极情感来品味未来的可能发生的积极体验，且传达出积极的重游意愿："我以前觉得旅游的地方你去一次就够了，这种景点，然后我现在觉得你可以在不同的季节和不同的人去……因为我爸妈他们都没有去过，我说我很想带他们也去一趟。"（I-D）"那时候我想下次有机会要和朋友一起来，然后可能就会有不一样的体验，但是想要他们也看到这样的一种很美丽的场景。"（I-I）

而对于其他旅游者自我聚焦品味策略的使用，受访者并未描述出明确的因果关系，但通过对访谈资料的剖析，本研究认为其他的旅游者自我聚焦策略亦能够帮助旅游者增强积极情感，且有助于加深旅游者的旅游体验记忆，从而提升其回顾性评价。被试 I-K 的访谈资料是得出这一结论的关键：该受访者是一位具有明显品味倾向的个体，在品味时产生极其丰富的聚焦自我的心理活动。在描述旅程中的积极体验时，她不断地提到诸如"在昏黄的灯光下看到就是有很细的雨丝""我觉得雨滴滴落的感觉像珍珠砸进去""花瓣也会落在河里"这样微小的细节，在旅途中遇到的小确幸都能让她出现"正处于非常美好时光"的念头。她表示"我没有办法想象我不品味，我觉得我不可能不品味"，作为一位善于品味，情感细腻、丰富的旅游者，I-K 在旅游过程中频繁地使用旅游者自我聚焦的品味策略，且"觉得自己的每趟旅途都很满意"。此外，其他善于使用旅游者自我聚焦策略的受访者（如运用联想想象策略的 I-D 及 I-F）同样表现出较强的品味倾向，对细节的描述也更为详尽。因此，本研究认为，除了积极的心理时间旅行外，其他的旅游者自我聚焦策略同样能够帮助旅游者增强积极情感，还能够加深旅游者的旅游体验记忆，进而提升旅游者回顾性评价。

第五节 研究启示和展望

一、理论贡献

首先，本研究弥补了以往文献中以东方个体为主体品味策略的研究不足，揭示了中国旅游者在旅行过程中采用的不同品味策略，并提供了丰富的证据支持。文化是影响个体行为的重要因素（Legohérel et al., 2009），品味策略的使用可能因文化背景的不同存在差异（Smith et al., 2019）。然而，现有研究的样本主要为西方旅游者，忽视了中国旅游者的品味策略。严和哈尔彭尼（Yan, Halpenny, 2021）研究发现，西方旅游者在旅游过程中主要采取同他人分享、积极的心理时间旅行以及沉浸专注等方式来加强和延长积极情感体验。本研究进一步发现，中国旅游者使用的品味策略十分丰富，除了上述提到的三种品味方式之外，还包括旅行随记、记忆建构、联想想象等独特的品味策略。这有别于宫本和赖夫（Miyamoto, Ryff, 2011）的研究发现，他们认为东方背景下的个体会受到"祸兮，福之所倚，福兮，祸之所伏"的辩证思维影响和干扰，使得其更愿意让积极情绪与消极情绪处于折中状态，而不像西方人那样愿意最大化积极情绪、最小化消极情绪。在旅游情境中，中国旅游者之所以在旅游过程中主动采取多样化的品味策略，而非抑制积极情绪以维持积极情绪与消极情绪的平衡，主要原因有以下两个方面：首先，随着旅游业高质量发展与国民幸福水平提升，人们对旅游体验的要求也愈发丰富和多样（马勇和张瑞，2023）。多样化的旅游选择已成为满足个人兴趣和生活品味的途径，能够带来情绪的积极反馈（马剑瑜和Scott N，2015）。另一方面，在旅游的情境中，消费者处于更加松弛的状态（Qiu et al., 2019），且旅游过程本身在一定程度上可以被视作一种追逐积极情绪和享乐最大化的过程（Tuerlan et al., 2021）。因此，本研究进一步细化和聚集中国游客在享乐型消费过程中的品味行为，对现有品味跨文化研究结论的适用性进行了质疑。

当前针对旅游者品味的研究十分有限，且现有研究偏重描述性（Yan,

Halpenny, 2021),且并未揭示非惯常环境下旅游者品味策略与惯常环境下个体品味策略有何差异。本研究发现，联想与想象是旅游者在旅游过程中品味当下的有效手段，而在这之前它通常在心理学研究中作为一种品味未来（预期品味）的策略被讨论（Bryant, Veroff, 2007），例如在体验前过度幻想、预期过高可能会导致在经历积极体验时感到失望或是筹备不足而阻碍目标实现（Yan, Halpenny, 2021）。与此类似，本研究还发现"积极的心理时间旅行"不仅会发生在旅游前、后阶段，也会出现于旅行过程中，且作为一种重要的延长游客当下积极体验的方式。不同于日常生活，旅行往往是短暂的，因此游客更珍视当下而更容易沉浸其中。因此，本研究扩展了品味策略发生的时间框架，发现在一定程度上揭示了非惯常环境下旅游者品味策略与惯常环境下个体品味策略的差异，提供了更为丰富的品味策略情境化解读。

此外，本研究发现旅行阶段的品味是预测旅游者回顾性评价的前因，扩充了现有旅游领域中品味行为对于旅游者回顾性评价的影响机制研究。过往研究聚焦于旅游者的旅行后品味（回忆品味）对于回顾性评价的影响（Kim, Fesenmaier, 2017; Li et al., 2022; Tung et al., 2018），而本研究关注到了旅游情境这一个体具有更多品味机会、更强烈品味动机的环境。基于对受访者描述的深入、细致的分析，发现积极情感与旅游体验记忆是社会互动、旅游世界聚焦及旅游者自我聚焦这三类品味策略影响旅游者回顾性评价的中介，且社会互动还可以通过增强旅游者的社会联结感以提升其回顾性评价。本研究丰富了品味策略影响游客评价的机制，发现对积极情感的反刍和聚焦不但可以进一步提升积极情感的强度，还伴随着旅游体验记忆的加深和社会互动的加强，在一定程度上拓展了品味影响机制的不同路径，促进了旅游学科知识的外溢。

二、实践启示

在实践方面，本研究同样能够启发真实旅游情境中的旅游实践。相较于旅行前或旅行后阶段，在旅行中阶段，旅游规划、组织与营销人员更容易通过体验设计、员工培训等方式对旅游者的品味施加影响。例如，可以通过便利条件设置帮助旅游者更容易地做出品味行为，如提供免费 Wi-Fi 以便于旅游者发送即时信息或在社交平台上分享。还可以通过信息引导来激发旅游者的品味，如播放视频、设置标语牌等帮助旅游者联想相关故事背景以帮助其联想想象。特别地,对于更愿意附和人群做出行为表达的中国旅游者,旅游景区与目的地可以增设"氛围组"员工,带动游客采用行为表达这一品味策略。此外,旅游景区与目的地管理者还可以通过对游客在游览过程中典型性的品味行为的记录、分析,识别为游客提供积极体验的重要环节或产品,进而优化体验设计与目的地营销。

三、研究局限与未来展望

如上所述,本研究具有一定的创新与突破,但仍存在局限性,有待未来进一步探索。首先,质性研究方法具有一定的主观性,且研究方法相对复杂,未来可以增加量化研究,与现有质性研究互为补充,提升研究结论的普遍性与可推广性。其次,本研究从旅游者的主观感受出发,探讨其对旅游者回顾性评价的影响及可能的中介作用,未来还可以借助其他手段如心理—生理研究方法来捕捉那些可能被旅游者忽略的情感变化。最后,本研究聚焦于休闲旅游情境,未来的研究可以尝试将研究结论推广至更为细分的旅游情境之中,如康养旅游、探险旅游等,以提供更为丰富的理论贡献与实践启示。

参考文献

[1] Abubakar B, Mavondo F. Tourism Destinations: Antecedents to Customer Satisfaction and Positive Word-of-Mouth [J]. Journal of Hospitality Marketing & Management, 2014, 23 (8): 833-864.

[2] Aho S. Towards a General Theory of Touristic Experiences: Modelling Experience Process in Tourism [J]. Tourism Review, 2001, 56 (3/4): 33-37.

[3] Ali F, Amin M, Cobanoglu C. An Integrated Model of Service Experience, Emotions, Satisfaction, and Price Acceptance: An Empirical Analysis in the Chinese Hospitality Industry [J]. Journal of Hospitality Marketing & Management, 2016, 25 (4): 449-475.

[4] Ariely D. Combining Experiences Over Time: The Effects of Duration, Intensity Changes and On-line Measurements on Retrospective Pain Evaluations [J]. Journal of Behavioral Decision Making, 1998, 11 (1): 19-45.

[5] Ariely D, Carmon Z. Gestalt Characteristics of Experiences: The Defining Features of Summarized Events [J]. Journal of Behavioral Decision Making, 2000, 13 (2): 191-201.

[6] Bastiaansen M, Lub X, Mitas O, et al. Emotions as Core Building Blocks of an Experience [J]. International Journal of Contemporary Hospitality Management, 2019, 31 (2): 651-668.

[7] Baumgartner H, Sujan M, Padgett D. Patterns of Affective Reactions to Advertisements: The Integration of Moment-to-Moment Responses into Overall Judgments [J]. Journal of Marketing Research, 1997, 34 (2): 219-232.

[8] Benkenstein M, Yavas U, Forberger D. Emotional and Cognitive Antecedents of Customer Satisfaction in Leisure Services: The Case of the Rostock Zoo [J]. Journal of Hospitality & Leisure Marketing, 2003, 10 (3-4): 173-184.

[9] Bigne J, Andreu L. Emotions in Segmentation: An Empirical Study [J]. Annals of Tourism Research, 2004, 31 (3): 682-696.

[10] Bryant F. Current Progress and Future Directions for Theory and Research on Savoring [J]. Frontiers in Psychology, 2021, 12: 771698.

[11] Bryant F, Chadwick E, Kluwe K. Understanding the Processes that Regulate Positive Emotional Experience: Unsolved Problems and Future Directions for Theory and Research on Savoring [J]. International Journal of Wellbeing, 2011, 1 (1): 107-126.

[12] Bryant F, Veroff J. Savoring: A New Model of Positive Experience [M]. Mahwah, NJ: Lawrence Erlbaum Associates Publishers, 2007.

[13] Bryman A. Social Research Methods [M]. 5th ed. Oxford: Oxford University Press, 2016.

[14] Castanheira F, Story J. Making Good Things Last Longer: The Role of Savoring on the Relationship Between HRM and Positive Employee Outcomes [J]. Human Resource Management, 2016, 55 (6): 985-1000.

[15] Choi H, Oishi S, Shin J, et al. Do Happy Events Love Company? Cultural Variations in Sharing Positive Events With Others [J]. Personality and Social Psychology Bulletin, 2019, 45 (4): 528-540.

[16] Chun H, Diehl K, MacInnis D. Savoring an Upcoming Experience Affects Ongoing and Remembered Consumption Enjoyment [J]. Journal of Marketing, 2017, 81

(3): 96-110.

[17] Cowley E. How Enjoyable Was It? Remembering an Affective Reaction to a Previous Consumption Experience [J]. Journal of Consumer Research, 2007, 34 (4): 494-505.

[18] Cronin J, Taylor S. SERVPERF Versus SERVQUAL: Reconciling Performance-Based and Perceptions-Minus-Expectations Measurement of Service Quality [J]. Journal of Marketing, 1994, 58 (1): 125-131.

[19] Deng W J, Yeh M L, Sung M. L. A Customer Satisfaction Index Model for International Tourist Hotels: Integrating Consumption Emotions into the American Customer Satisfaction Index [J]. International Journal of Hospitality Management, 2013, 35: 133-140.

[20] Diener E, Suh E, Smith H, et al. National Differences in Reported Subjective Well-Being: Why Do They Occur? [J]. Social Indicators Research, 1995, 34: 7-32.

[21] Eid M, Diener E. Norms for Experiencing Emotions in Different Cultures: Inter and Intranational Differences [J]. Journal of Personality and Social Psychology, 2001, 81: 869-885.

[22] Ekinci Y, Hosany S. Destination Personality: An Application of Brand Personality to Tourism Destinations [J]. Journal of Travel Research, 2006, 45 (2): 127-139.

[23] Fan Y. A Classification of Chinese Culture [J]. Cross Cultural Management: An International Journal, 2000, 7 (2): 3-10.

[24] Fredrickson B L. What Good Are Positive Emotions? [J]. Review of General Psychology, 1998, 2 (3): 300-319.

[25] Gable S, Reis H, Impett E, et al. What Do You Do When Things Go Right? The Intrapersonal and Interpersonal Benefits of Sharing Positive Events [J]. Journal of Personality and Social Psychology, 2004, 87 (2): 228-245.

[26] Gao J, Kerstetter D. From Sad to Happy to Happier: Emotion Regulation Strategies Used During a Vacation [J]. Annals of Tourism Research, 2018, 69: 1-14.

[27] Gnoth J, Zins A, Lengmueller R, et al. Emotions, Mood, Flow and Motivations to Travel [J]. Journal of Travel & Tourism Marketing, 2000, 9 (3): 23-34.

［28］Gross J. The Emerging Field of Emotion Regulation: An Integrative Review［J］. Review of General Psychology, 1998, 2: 271-299.

［29］Gross J, Barrett L. Emotion Generation and Emotion Regulation: One or Two Depends on Your Point of View［J］. Emotion Review, 2011, 3（1）: 8-16.

［30］Gross J, Thompson R. Emotion Regulation: Conceptual Foundations［M］// Aldao A, Nolen-Hoeksema S, Charles S. Handbook of Emotion Regulation. New York: The Guilford Press, 2007, 3-24.

［31］Hoch S, Deighton J. Managing What Consumers Learn from Experience［J］. Journal of Marketing, 1989, 53（2）: 1-20.

［32］Hosany S. Appraisal Determinants of Tourist Emotional Responses［J］. Journal of Travel Research, 2012, 51（3）: 303-314.

［33］Hosany S, Gilbert D. Measuring Tourists' Emotional Experiences Toward Hedonic Holiday Destinations［J］. Journal of Travel Research, 2010, 49（4）: 513-526.

［34］Hosany S, Prayag G. Patterns of Tourists' Emotional Responses, Satisfaction, and Intention to Recommend［J］. Journal of Business Research, 2013, 66（6）: 730-737.

［35］Hosany S, Prayag G, Deesilatham S, et al. Measuring Tourists' Emotional Experiences: Further Validation of the Destination Emotion Scale［J］. Journal of Travel Research, 2015, 54（4）: 482-495.

［36］Jose P, Lim B, Bryant F. Does Savoring Increase Happiness? A Daily Diary Study［J］. Journal of Positive Psychology, 2012, 7（3）: 176-187.

［37］Kahneman D, Wakker P, Sarin R. Back to Bentham?—Explorations of Experienced Utility［J］. Quarterly Journal of Economics, 1997, 112（2）: 375-405.

［38］Kim J, Fesenmaier D. Measuring Emotions in Real Time: Implications for Tourism Experience Design［J］. Journal of Travel Research, 2015, 54（4）: 419-429.

［39］Kim J, Fesenmaier D. Sharing Tourism Experiences: The Posttrip Experience［J］. Journal of Travel Research, 2017, 56（1）: 28-40.

［40］Kim J, Ritchie J, McCormick B. Development of a Scale to Measure Memorable Tourism Experiences［J］. Journal of Travel Research, 2012, 51（1）: 12-25.

[41] Kozak M, Rimmington M. Tourist Satisfaction with Mallorca, Spain, as an Off-Season Holiday Destination [J]. Journal of Travel Research, 2000, 38 (3): 260-269.

[42] Langston C. Capitalizing on and Coping with Daily-Life Events—Expressive Responses to Positive Events [J]. Journal of Personality and Social Psychology, 1994, 67 (6): 1112-1125.

[43] Le D, Pratt M, Wang Y, et al. How to Win the Consumer's Heart? Exploring Appraisal Determinants of Consumer Pre-Consumption Emotions [J]. International Journal of Hospitality Management, 2020, 88: 102542.

[44] Lee R, Robbins S. The Relationship Between Social Connectedness and Anxiety, Self-Esteem, and Social Identity [J]. Journal of Counseling Psychology, 1998, 45 (3): 338-345.

[45] Lee Y. The Relationships Amongst Emotional Experience, Cognition, and Behavioural Intention in Battlefield Tourism [J]. Asia Pacific Journal of Tourism Research, 2016, 21 (6): 697-715.

[46] Legohérel P, Daucé B, Hsu C H C, et al. Culture, Time Orientation, and Exploratory Buying Behavior [J]. Journal of International Consumer Marketing, 2009, 21 (2): 93-107.

[47] Lehto X, O'Leary J, Morrison A. The Effect of Prior Experience on Vacation Behavior [J]. Annals of Tourism Research, 2004, 31 (4): 801-818.

[48] Lenger K, Gordon C. To Have and to Savor: Examining the Associations Between Savoring and Relationship Satisfaction [J]. Couple and Family Psychology: Research and Practice, 2019, 8: 1-9.

[49] Li S. Using Self-Report and Skin Conductance Measures to Evaluate Theme Park Experiences [J]. Journal of Vacation Marketing, 2021, 27 (2): 133-150.

[50] Li S, Jiang Y, Cheng B, et al. The Effect of Flight Delay on Customer Loyalty Intention: The Moderating Role of Emotion Regulation [J]. Journal of Hospitality and Tourism Management, 2021, 47: 72-83.

[51] Li S, Walters G, Packer J, et al. Using Facial Electromyography to Test the Peak-End Rule in Tourism Advertising [J]. Journal of Hospitality & Tourism Research, 2022, 46 (1): 55-77.

[52] Ma J Gao J, Scott N, et al. Customer Delight from Theme Park Experiences: The Antecedents of Delight Based on Cognitive Appraisal Theory [J]. Annals of Tourism Research, 2013, 42: 359-381.

[53] Ma X, Tamir M, Miyamoto Y. A Socio-Cultural Instrumental Approach to Emotion Regulation: Culture and the Regulation of Positive Emotions [J]. Emotion, 2018, 18 (1): 138-152.

[54] Mitas O, Yarnal C, Adams R, et al. Taking a "Peak" at Leisure Travelers' Positive Emotions [J]. Leisure Sciences, 2012, 34 (2): 115-135.

[55] Miyakawa E, Pearce P, Oguchi T. Savoring Tourism: Exploring Basic Processes [J]. Annals of Tourism Research, 2022, 97: 103498.

[56] Miyamoto Y, Ma X. Dampening or Savoring Positive Emotions: A Dialectical Cultural Script Guides Emotion Regulation [J]. Emotion, 2011, 11 (6): 1346-1357.

[57] Miyamoto Y, Ryff C. Cultural Differences in the Dialectical and Non-Dialectical Emotional Styles and Their Implications for Health [J]. Cognition & Emotion, 2011, 25 (1): 22-39.

[58] Moore D. Consumer Response to Affective Versus Deliberative Advertising Appeals: The Role of Anticipatory Emotions and Individual Differences in Savoring Capacity [J]. Innovative Marketing, 2010, 6 (1): 96-103.

[59] Nawijn J. Determinants of Daily Happiness on Vacation [J]. Journal of Travel Research, 2011, 50 (5): 559-566.

[60] Nelis D, Quoidbach J, Hansenne M, et al. Measuring Individual Differences in Emotion Regulation: The Emotion Regulation Profile-Revised (ERP-R) [J]. Psychologica Belgica, 2011, 51 (1): 49-91.

[61] Nikolova M, Hassan S. Nation Branding Effects on Retrospective Global Evaluation of Past Travel Experiences [J]. Journal of Business Research, 2013, 66 (6): 752-758.

[62] Oliver R. A Cognitive Model of the Antecedents and Consequences of Satisfaction Decisions [J]. Journal of Marketing Research, 1980, 17 (4): 460-469.

[63] Pine B, Gilmore J. Welcome to the Experience Economy [M]. Harvard Business Review, 1998, 76 (4): 97-105.

[64] Pine B, Gilmore J. The Experience Economy: Work is Theatre and Every

Business a Stage [C] // Boston, MA: Harvard Business School Press. Boston, 1999.

[65] Prayag G, Hosany S, Muskat B, et al. Understanding the Relationships Between Tourists' Emotional Experiences, Perceived Overall Image, Satisfaction, and Intention to Recommend [J]. Journal of Travel Research, 2017, 56 (1): 41-54.

[66] Prayag G, Hosany S, Odeh K. The Role of Tourists' Emotional Experiences and Satisfaction in Understanding Behavioral Intentions [J]. Journal of Destination Marketing & Management, 2013, 2 (2): 118-127.

[67] Qiu S. (Charles), Cai L, Lehto X, et al. Reliving Self-Presentational Concerns in Rural Tourism [J]. Annals of Tourism Research, 2019, 74: 56-67.

[68] Quoidbach J, Berry E, Hansenne M, et al. Positive Emotion Regulation and Well-Being: Comparing the Impact of Eight Savoring and Dampening Strategies [J]. Personality and Individual Differences, 2010, 49 (5): 368-373.

[69] Quoidbach J, Wood A. M, Hansenne M. Back to the Future: The Effect of Daily Practice of Mental Time Travel into the Future on Happiness and Anxiety [J]. Journal of Positive Psychology, 2009, 4 (5): 349-355.

[70] Ratner R, Kahn B, Kahneman D. Choosing Less-Preferred Experiences for the Sake of Variety [J]. Journal of Consumer Research, 1999, 26 (1): 1-15.

[71] Reisinger Y, Turner L. Satisfaction [M] //Reisinger Y, Turner L. Cross-Cultural Behaviour in Tourism. Oxford: Butterworth-Heinemann, 2003, 175-198.

[72] Ross W T, Simonson I. Evaluations of Pairs of Experiences: A Preference for Happy Endings [J]. Journal of Behavioral Decision Making, 1991, 4 (4): 273-282.

[73] Rust R, Oliver R. Service Quality: New Directions in Theory and Practice [M] // Rust R, Oliver R. Service Quality: Insights and Managerial Implication from the Frontier. Thousand Oaks: SAGE Publications, Inc., 1994, 1-19.

[74] Smith J, Bryant F. Enhancing Positive Perceptions of Aging by Savoring Life Lessons [J]. Aging & Mental Health, 2019, 23 (6): 762-770.

[75] Flowers P, Smith J, Larkin M. Interpretative Phenomenological Analysis: Theory, Method and Research [M]. London: Sage Publications, Inc., 2009.

[76] Smith J, Harrison P, Bryant F. Nurturing the Capacity to Savor Interventions to Enhance the Enjoyment of Positive Experiences [M] //Parks F, Schueller S. The Wiley Blackwell Handbook of Positive Psychological Interventions. Oxford: Blackwell Science

Publishing, 2014, 42-65.

［77］Smith J, Kim S, Bryant F. Developing Savoring Interventions for Use in Multicultural Contexts: Bridging the East-West Divide ［M］//Van Zyl L, Rothmann S R. Positive Psychological Intervention Design and Protocols for Multi-Cultural Contexts. Cham: Springer International Publishing, 2019, 149-170.

［78］Smith J, Osborn M. Interpretative Phenomenological Analysis ［M］//Qualitative Psychology: A Practical Guide to Research Methods. Thousand Oaks: Sage Publications, Inc., 2003, 51-80.

［79］Song H, Ahn Y, Lee C. Structural Relationships Among Strategic Experiential Modules, Emotion and Satisfaction at the Expo 2012 Yeosu Korea ［J］. International Journal of Tourism Research, 2015, 17（3）: 239-248.

［80］Spreng R A, Harrell G. D, Mackoy R. D. Service Recovery: Impact on Satisfaction and Intentions ［J］. Journal of Services Marketing, 1995, 9（1）: 15-23.

［81］Sthapit E. Memories of Gastronomic Experiences, Savoured Positive Emotions and Savoring Processes ［J］. Scandinavian Journal of Hospitality and Tourism, 2019, 19（2）: 115-139.

［82］Su L, Hsu M. Service Fairness, Consumption Emotions, Satisfaction, and Behavioral Intentions: The Experience of Chinese Heritage Tourists ［J］. Journal of Travel & Tourism Marketing, 2013, 30（8）: 786-805.

［83］Su L, Hsu M, Marshall K. Understanding the Relationship of Service Fairness, Emotions, Trust, and Tourist Behavioral Intentions at a City Destination in China ［J］. Journal of Travel & Tourism Marketing, 2014, 31（8）: 1018-1038.

［84］Thomas D, Diener E. Memory Accuracy in the Recall of Emotions ［J］. Journal of Personality and Social Psychology, 1990, 59（2）: 291-297.

［85］Tuerlan T, Li S, Scott N. Customer Emotion Research in Hospitality and Tourism: Conceptualization, Measurements, Antecedents and Consequences ［J］. International Journal of Contemporary Hospitality Management, 2021, 33（8）: 2741-2772.

［86］Tung V, Cheung C, Law R. Does the Listener Matter? The Effects of Capitalization on Storytellers' Evaluations of Travel Memories ［J］. Journal of Travel Research, 2018, 57（8）: 1133-1145.

［87］Tung V, Ritchie J. Exploring the Essence of the Memorable Tourism Experiences［J］. Annals of Tourism Research, 2011a, 38（4）: 1367-1386.

［88］Tung V, Ritchie J. Investigating the Memorable Experiences of the Senior Travel Market: An Examination of the Reminiscence Bump［J］. Journal of Travel & Tourism Marketing, 2011b, 28（3）: 331-343.

［89］Um S, Chon K, Ro Y. Antecedents of Revisit Intention［J］. Annals of Tourism Research, 2006, 33（4）: 1141-1158.

［90］Varey C, Kahneman D. Experiences Extended Across Time: Evaluation of Moments and Episodes［J］. Journal of Behavioral Decision Making, 1992, 5（3）: 169-185.

［91］Yamagishi T. Micro-Macro Dynamics of the Cultural Construction of Reality: A Niche Construction Approach to Culture［M］//Gelfand M, Chiu C, Hong Y. Advances in Culture and Psychology, Vol. 1. New York: Oxford University Press, 2011, 251-308.

［92］Yan N, Halpenny E. Savoring and Tourists' Positive Experiences［J］. Annals of Tourism Research, 2021, 87: 103035.

［93］Yuksel A, Yuksel F. Shopping Risk Perceptions: Effects on Tourists' Emotions, Satisfaction and Expressed Loyalty Intentions［J］. Tourism Management, 2007, 28（3）: 703-713.

［94］郭丁荣, 张振新, Bryant F, 等. 品味: 主动用心地感受积极体验［J］. 心理科学进展, 2013, 21（7）: 1262-1271.

［95］卡拉·威利格. 心理学质性研究导论［M］. 2版. 郭本禹, 王申连, 赵玉晶, 译. 北京: 人民邮电出版社, 2013.

［96］李俊菊, 卢璎. 中国旅游者行为的文化理论境外研究综述［J］. 旅游学刊, 2017, 32（09）: 70-79.

［97］李琳, 唐亚男, 李春晓, 等. 非惯常环境及行为: 基于旅游情境的再思考［J］. 旅游学刊, 2022, 37（11）: 40-51.

［98］马勇, 张瑞. 旅游业高质量发展与国民幸福水平提升［J］. 旅游学刊, 2023, 38（06）: 12-13.

［99］马剑瑜, Scott N. 难忘的愉悦体验设计: 乐趣、幻想、感觉与记忆的机制研究［J］. 旅游学刊, 2015, 30（11）: 9-13.

第五章 游客情感体验多样性：概念与影响机制

在竞争激烈的旅游与酒店业，旅游者在旅游期间的情感体验对其满意度和忠诚度至关重要。行业从业者不仅需要提供基本服务，还需要创造积极的旅游体验。消费者的情感反应能够显著影响他们对整体服务的评价。目前的研究多将情感分为积极情感和消极情感两类，但忽视了服务互动中情感多样性对消费者行为的潜在影响，从而导致其在旅游与酒店业中的应用研究仍不充分。因此，本章以酒店业为研究背景，深入探讨情感多样性对消费者态度和行为意愿的影响，这对于提升服务质量和客户满意度具有重要意义。

第一节 研究背景与意义

一、研究背景

消费者在入住酒店期间的情感体验对其满意度和形成难忘的住宿经历起着至关重要的作用（Bastiaansen，2019）。酒店不仅需要提供基础服务，还应为消费者创造愉快的入住体验（Wu，Gao，2019）。情感的产生，尤其是积极情感，可以使消费者忽视服务过程中的小缺陷，从而最终提升满意度（Lo A S，Wuc，2014）。消费者对酒店住宿经历的回顾性评价容易受到服务和产品引发的情感影响（Sukhu et al.，2019）。因此，酒店经营者致力于为消费者提供多维度的情感体验，以确保在消费者心中占据独特地位（Bravo，Martinez，Pina，2019）。在危机时期，消费者积极情感的价值尤为明显，酒店常常利用这一情感作为衡量危机管理成功的标准之一（Lis et al.，2022）。

尽管消费者在酒店住宿期间的情感体验非常重要，但现有研究主要采用维度方法，将情感大致分为积极情感和消极情感，并探讨其对消费者满意度（Ali，Hussain，Omar，2016）、忠诚度（Ali，Amin，2014；Jani，Han，2015）、感知价值（Lo A S，Wuc，2014）、负面口碑（WOM）（Balaji，Roy，Quazi，2017）、绿色消费者行为（Su et al.，2017）和消费意愿（Lockwood，Pyun，2019）等方面的影响。这些研究表明，较高水平的积极情感和较低水平的消极情感可以显著影响消费者反应。然而，维度方法在捕捉各种服务互动产生的细微情感方面存在一定不足（Wu S H，Gao Y，2019）。其他研究关注了服务体验中消费者的具体离散情感。例如，托雷斯和克莱因（Torres，Kline，2013）研究了酒店服务引发的消费者愉悦感，揭示了酒店员工如何通过具体的行为举止提高消费者愉悦感。同样，其他学者也关注酒店体验引发的怀旧情感，并发现其对酒店品牌依恋具有积极影响（Li et al.，2019）。然而，情感很少单独产生，先前的研究忽略了消费者在酒店住宿期间体验到的情感的丰富性。

服务互动可以引发消费者多种类型的情感（Maguire，Geiger，2015）。因此，消费者在酒店住宿期间产生的情感在类型和强度上会有所不同。酒店服务的复杂性在于消费者与员工的互动或酒店的物理环境都可能引发不同的情感反应（Walls，2013）。例如，在办理入住时与前台服务员的不愉快接触可能会引起消费者的困惑，而房间脏乱（相较于干净）的环境可能引起消费者的反感，从而使其产生消极情感（相较于积极情感）（Barsky，Nash，2002）。另外，（Wu S H，Gao Y，2019）深入研究了消费者在在线旅行社（OTA）上对酒店的评价，归纳出了七种常见的积极情感和四种消极情感。这项研究进一步凸显了全面捕捉和理解消费者在酒店住宿期间情感体验多样性的重要意义。

情感多样性（Emotional Diversity）是指一个人经历的不同情感的数量和相对均匀性。现有关于情感多样性影响的研究仍处于起步阶段（Wang，Hou，Chen，2020）。大多数研究集中于社会和健康心理学领域，认为情感多样性比单一情感具有更高的适应价值（Clifford，Hitchcock，Dalgleish，2020）。这种观点与生物灵活性有利于适应性心理功能和疾病恢复力的理论一致（Kashdan，Rottenberg，2010）。先前的研究发现，情感多样性与个体的心理健康（Urban-Wojcik et al.，2022）、身体健康（Ong，Benson，Zautra，et al.，2018a）和幸福感（Urban-Wojcik et al.，2020；Wang et al.，2020）相关。此外，还有研究关注情感多样性对个人认知功能如智慧（Grossmann，Oakes，Santos，2019）和学习投入（King，Frondozo，2022）的影响。

关于消极情感多样性（Negative Emotional Diversity）的影响，目前学界存在不同观点。尽管有少数研究通过社区样本揭示了消极情感多样性对个体身心健康可能产生的积极影响（Quoidbach et al.，2014），但也有研究指出，在经历痛苦事件的个体中，这种积极影响可能会减弱（Clifford et al.，2020；

Urban-Wojcik et al., 2020）。此外，在教育领域的一项最新研究还发现，消极情感多样性可能对学生的学习成绩和参与度产生不利影响（King, Frondozo, 2022）。由此可见，情感多样性的影响并非一成不变，而是因样本和背景的差异而有所不同。尽管消费者在入住酒店期间会经历多种情感，现有研究主要关注临床症状和个人幸福感，缺乏对情感多样性是否以及如何与酒店消费者复购意愿相关的深入探讨。此外，很少有研究探讨个人因素（如情感调节策略的使用）如何进一步调节这种影响。

为了填补这一研究空白，当前的研究旨在将之前的酒店研究从孤立的离散情感或一般的积极或消极情感中拓展出来，深入探讨酒店客人的情感多样性，包括情感的广度（经历的情感数量）和均匀性（每种情感的相对强度），并分析这些因素如何影响客人的复购意愿及其潜在机制。值得一提的是，本研究首次提供了关于个体在品味策略使用上的差异的实证证据，该策略在调节情感多样性对酒店客人行为意向的影响中起着重要作用。为实现这些研究目标，本研究采用了混合方法，包括使用网络数据爬取技术分析游客住宿评论中的情感多样性、对354名酒店客人的问卷调查以及对25名客人的半结构式访谈。

本研究在多个方面推动了酒店业研究的进展。首先，将情感研究引入酒店领域，明确指出情感多样性这一关键但常被忽视的概念对消费者酒店住宿体验的重要影响，并将现有的情感多样性研究从社会和健康心理学领域扩展到酒店环境中，深入探究其与消费者行为意向的关系。其次，通过揭示情感感知受情感多样性影响的心理机制，为情感多样性的文献研究提供了新的视角。再次，与大多数酒店研究关注消费者的消极情感调节策略（如抑制）不同，本研究强调了积极情感调节策略的重要性，并深入探讨了品味策略在调节情感多样性对酒店客人复购意愿影响中的作用。因此，本研究通过确定共同影响情感多样性对消费者行为意向的重要个体因素，为情感心理学和酒店研究领域做出了重要贡献。

二、研究意义

（一）理论意义

首先，本研究将情感研究的视角引入酒店领域，特别是关注情感多样性这一在消费者行为研究中常被忽视的关键概念。通过将情感多样性研究从传统的社会和健康心理学领域扩展到酒店环境中，本研究不仅深化了对消费者在酒店住宿过程中情感体验复杂性的理解，还进一步揭示了情感多样性对消费者行为意向，特别是复购意愿的重要影响。这一理论视角的拓展，为酒店领域研究提供了新的理论框架和研究方向。

其次，本研究通过揭示情感感知是情感多样性影响消费者行为意向的心理机制，为情感多样性文献研究提供了新的视角。情感感知作为情感多样性影响消费者心理和行为的重要中介变量，其作用的明确不仅丰富了对情感多样性影响机制的理解，也为未来研究提供了新的研究路径和理论工具。这一理论贡献对于推动情感多样性研究的深入发展具有重要意义。

再次，本研究从新的视角强调了积极情感调节策略的重要性，并深入探讨了品味策略在调节情感多样性对酒店客人复购意愿影响中的作用。与大多数酒店领域研究关注消费者的消极情感调节策略不同，本研究关注积极情感调节策略，尤其是品味策略在消费者行为意向形成中的作用，这不仅为酒店领域研究提供了新的研究焦点，也为心理学领域的研究提供了新的理论支撑。

最后，通过确定共同影响情感多样性对消费者行为意向的重要个体因素，本研究为情感心理学和酒店领域研究做出了重要贡献。情感多样性、情感感知以及品味策略等因素的相互作用，为理解消费者行为意向的形成提供了新的理论框架，也为情感心理学和酒店领域实践提供了重要的理论参考。

（二）实践意义

首先，本研究为酒店经营者提供了一种全新的视角，即关注并提升客人住宿期间的情感多样性。通过精心策划和执行酒店服务的每一个环节，酒店能够最大化客人体验到的积极情感，如满足、感激、惊喜和喜悦等。这不仅有助于提升客人对酒店服务的整体评价，还能增强客人的忠诚度和回购意愿。酒店经营者应认识到，提供"追求情感多样性"的住宿体验比简单的"同质化的愉快旅程"更能吸引和留住客人。

其次，尽管积极情感对提升客人评价至关重要，本研究也强调了有效管理消极情感的重要性。酒店应密切关注出现强烈负面情感的客人，并实施有效的服务恢复策略，以确保客户忠诚度。通过加强对一线服务人员的培训，使其能够识别并应对客户的负面情感，酒店可以显著提升服务恢复能力。

最后，本研究还强调了品味策略在减轻负面情感对消费者回购意愿影响中的重要作用。酒店应积极促进品味过程，并提醒消费者在入住期间采用各种具体的品味策略，以帮助他们积极欣赏住宿的积极方面并呵护积极感受。通过实施这些策略，酒店可以帮助客人发现并欣赏住宿体验中可能被忽视的最简单和最小的快乐，从而积极调节他们的情感状态，进一步提升客人的满意度和忠诚度。

三、研究目标与研究内容

游客的情感体验是当前国内外旅游与酒店管理研究的重要议题。以往研究普遍认为，旅游是一种寻求愉悦的活动，游客在旅游过程中更注重享乐型的情感体验（Gnoth，1997；Goossens，2000；Ma et al.，2013）。因此，旅游与酒店管理领域的研究者主要试图探索如何提升游客的积极情感体验并减少其消极情感以增强营销效果。然而，现有研究逐渐质疑"旅游是寻求愉悦"这一观点。罗宾逊（Robinson，2012）的研究表明，游客并不只是简单地寻求"愉快"的情感状态。同时，过去关于情感的研究多集中于探讨游客情感的效价（如积极情感或消极情感）或某几种特定情感（如喜悦、失望、愤怒等）的影响，忽视了情感的丰富性和独特性，从而错失了对情感多样性的重要意义和作用机制的研究（Lin et al.，2014；Prayag et al.，2017）。这种对情感多样性的忽视，使现有研究无法全面理解游客在旅游过程中的复杂情感体验。因此，本研究旨在通过更为细致和多维的情感分析，探讨游客在旅游中的多样化情感体验及其对意愿和态度的影响。希望通过这种更为全面的情感视角，为旅游与酒店管理的从业者提供新的洞察和策略，从而提升整体游客满意度和忠诚度。基于以上研究背景与思考，本研究的目的如下：

首先，运用半结构式访谈方法，深入探究酒店客人在入住酒店期间所体验到的积极和消极情感，验证情感多样性的存在，并识别出引发积极或消极情感的具体酒店刺激物。同时，探索客人在面对不同情感时采用的调节策略，以期为酒店行业提供改善客人体验、提升服务质量的参考依据。

其次，运用问卷调查收集过去一个月内曾入住酒店的参与者的数据，通过整理、编码和分析，进一步研究酒店客人入住期间的情感多样性对其住宿体验的影响机制，探讨品味策略对旅游情感多样性影响的调节作用。同时，研究酒店客人在入住期间是否存在积极情感多样性、消极情感多样性，如何运用品味策略应对情感多样性，以及情感多样性如何影响消费者的回购意愿等关键变量之间的相互关系。

四、研究方法

本研究采用半结构式访谈法和问卷法等混合研究方法，以获得丰富的定性和定量数据。这不仅有助于全面理解定量研究的结果，还为解析东方文化背景下的情感多样性对酒店客人回购意愿的影响提供了新的解释性证据。这种混合方法的设计使得本研究在方法论上更具创新性和说服力，能更准确地把握研究问题，并为实际应用提供更为精准的指导。

（一）半结构式访谈法

本研究采用了半结构式访谈法，以深入探讨游客在住宿期间的情感多样性对其回购意愿的影响机制。通过精心设计的访谈提纲确保访谈的系统性和针对性，同时采用灵活的访谈技巧，根据受访者的具体情况进行适当的调整和引导。

研究对象为在过去一个月内有过酒店住宿经历的游客。受访者被要求尽可能详细地回忆和描述其住宿的细节和感受。在访谈过程中，不仅关注游客的具体住宿经历和情感体验，还探讨个体差异（如年龄、性别、文化背景等）以及其他刺激物（如旅游目的、住宿类型等）如何影响情感多样性。这样的探讨有助于全面了解不同背景和情境下游客的情感反应，从而揭示情感多样性对回购意愿的复杂影响机制。

通过这一方法，能够更直观地洞察消费者在酒店住宿期间的情感多样性，发现许多量化数据难以揭示的复杂关系和影响因素。这为进一步完善理论模型提供了宝贵的定性数据支持，也为深入理解游客情感体验多样性及其对行为决策的影响奠定了坚实的基础。

（二）问卷法

为了验证本研究所提出的研究模型，并深入了解游客情感多样性与回购意愿之间的具体作用机制和边界条件，本研究设计了一份针对过去一个月内曾入住过酒店的消费者的问卷。问卷内容涵盖了积极情感多样性、消极情感多样性、品味策略及回购意愿等多个关键变量。

为了获取可靠的实证数据，本研究将对收集到的数据进行详细的整理、编码和统计分析。通过这些数据分析，可以实证检验各关键变量之间是否存在因果关系，并探讨其作用机制的边界。这不仅有助于验证理论模型，还能够揭示出游客情感多样性对其回购意愿的具体影响途径。问卷法不仅提供了丰富的实证数据支持，还为深入理解游客心理和行为提供了有力的工具。通过定量分析，能够更加准确地把握情感体验多样性在游客决策过程中的角色，从而为理论研究和实际应用提供有价值的见解和建议。

五、研究创新

（一）研究方法创新

与传统研究主要采用访谈或量表统计方法不同，本研究采用多种研究方法检验研究假设，以提升研究成果的稳健性与可信度。具体而言，本研究综合运用了混合方法（半结构式访谈法和问卷法）。通过问卷调查收集大样本量的数据，以保证研究的广泛性和代表性；同时，通过半结构式访谈深入探讨游客的个人情感体验和细微差异，从而弥补问卷调查在细节和深度上的不足。混合方法的运用使得本研究能够更全面地分析游客情感丰富度与旅游体验评价的影响机制，最终进一步丰富和完善了本研究的结论。

（二）理论创新

首先，过去的情感研究主要基于情感的效价，忽视了情感的丰富性。本研究聚焦于情感的丰富性，研究情感多样性对游客旅游体验的影响。通过量化游客的情感多样性，建立其对旅游体验评价的影响模型，弥补了该研究领域的不足。其次，过去的旅游研究很少涵盖情感多样性与旅游体验的关系（Barsch，Levine，Schweitzer，2016），而本研究将积极和消极情感组合与旅游体验联系起来，视情感多样性为一种经验结构，进一步研究其对旅游体验的影响。此前的研究表明，情感多样性对促进认知能力有积极影响。最后，本研究不仅探讨了情感多样性与回购意愿的关系，更深入剖析了其中的作用机制，为一般心理学领域对情感多样性的认识提供了宝贵的补充。

(三)实践创新

研究表明,个体的幸福更多源于多样化的情感,而不仅仅是积极的情感(Lin,Hou,Chen,2020)。这一结论与传统旅游管理观念中的"寻求愉悦感"存在一定偏差。本研究进一步提出,情感多样性对酒店客人入住体验的助益要强于单一的情感。因此,酒店管理者可以通过提供更加丰富多样的情感体验活动,提升客人的旅游体验。这不仅有助于增强消费者的忠诚度,也促进了旅游业的持续发展。本研究为旅游管理者提供了新的营销思路,即通过情感多样性的策略,更有效地提升游客满意度和忠诚度,从而实现旅游业的长期健康发展。

第二节 文献综述与假设

积极情感多样性和消极情感多样性不仅反映了消费者与酒店服务交互的复杂性,还可能影响他们的回购意愿。本研究将关注积极情感多样性和消极情感多样性对酒店消费者回购意愿的不同影响。此外,品味作为消费者个体特征之一,可能在情感多样性与回购意愿之间发挥调节作用。品味高的消费者可能更加敏感于情感的细微变化,因此,品味如何影响消费者对积极和消极情感的感知,以及这些感知如何进一步影响回购意愿,同样值得深入探索。本研究将通过文献综述探讨情感多样性对酒店消费者回购意愿的影响及其作用机制,并提出相关研究假设,以期为酒店业提供提升客户满意度和忠诚度的参考策略。

一、酒店消费者的情感和情感多样性

情感(Emotion)被定义为伴随着特定反应行为的强烈感受,这些反应行为源自个体对与目标相关或无关的外部刺激的评估(Scherer,2009)。尽管情感这一概念较为抽象且难以精确定义,但学界普遍认同情感包含三个核心要素:主观体验,外在的运动性表达(例如面部表情),以及神经生理的激活(Tuerlan,Li,Scott,2021)。从消费者的视角来看,情感无疑是他们在酒店

住宿体验中难以忘怀的关键组成部分（Bravo et al., 2019）。酒店从业者也日益强调在设计和实践中应超越基础设施和服务的功能性和可用性，着重提升消费者的情感体验（Bastiaansen, 2019）。

当前，酒店领域的情感研究多采用维度方法，将消费者的情感概念化，即主要聚焦于平均水平上的积极或消极情感对顾客评价酒店入住体验的影响。此方法的基本假设是，具有相同效价的情感可能会对结果行为产生相似的影响。例如，有研究认为，酒店消费者的忠诚度与他们在住宿期间感受到的积极（或消极）情感呈正（或负）相关（Jani, Han, 2015）。然而，这种方法忽略了即使是相同效价的情感之间，也可能存在微妙的差异。以愤怒和担忧为例，虽然都是消极情感，但它们对消费者行为的影响可能截然不同（Jiang et al., 2020）。此外，满意的消费者与仅仅满足的消费者在口碑传播意愿上也存在显著差异（Ma et al., 2016）。因此，如果单单采用维度方法来概念化消费者在酒店住宿期间的情感，很有可能会忽略消费者情感的复杂性，从而无法完整阐释情感多样性的作用机制（Wang et al., 2020）。

不少健康与社会心理学领域的研究者已经认识到个体情感的丰富性，并提出了情感多样性的概念，研究其对个体感知和行为可能产生的影响（Grossmann et al., 2019; Ong et al., 2018; Urban-Wojcik et al., 2022）。情感多样性指个体在经历过程中所感受到的情感的多样性和相对丰富度（Quoidbach et al., 2014），并可进一步细分为积极情感多样性和消极情感多样性。过往研究已证实积极情感多样性对个体的精神和身体健康具有积极影响。例如，积极情感多样性与个体的系统性炎症水平（Ong et al., 2018）和抑郁程度（Werner-Seidler et al., 2020）具有负相关关系。然而，关于消极情感多样性影响的研究则存在着矛盾的结论。例如，对37 000人的社区样本进行研究后发现，体验消极情感多样性可以为个体提供心理和治疗方面的好处（Quoidbach et al., 2014）。但在维尔纳-塞德勒等（Werner-Seidler et al., 2020）针对慢性精神问题个体的研究中，消极情感多样性的积极作用并未显现。此外，消极情感多样性的影响还可能受特定环境的影响。在教育背景下，金和弗隆多佐（King, Frondozo, 2022）发现，消极情感多样性与健康学生的投入和成就呈负相关。因此，情感多样性是否以及如何影响消费者对酒店住宿体验的回购意愿仍不清楚。

在酒店住宿的情境中，消费者可能会经历各种情感体验（Wu S H, Gao Y,

2019）。正如巴斯蒂安森（Bastiaansen，2019）所强调的，情感是构成酒店体验不可或缺的一部分。在入住酒店期间，消费者会遇到多种"情感触发器"。例如，消费者可能因酒店的物理环境、氛围或设计未达到期望而感到不满，从而引发愤怒、不安和担忧等负面情感（Jani and Han，2015）。另一方面，消费者在与酒店员工和其他消费者的互动中也会激发消极或积极的情感。根据阿里（Ali et al.，2016）的研究，当消费者与专业且可靠的酒店员工以及礼貌的消费者交流时，他们会体验到兴高采烈、兴奋、放松等积极情感。然而，一旦出现服务失败，消费者很可能产生负面情感，特别是当他们遭受不公平对待时，可能会感到痛苦、愤怒和不满（Balaji et al.，2017）。同样，吴和高（Wu S H，Gao Y，2019）发现，入住豪华酒店的消费者可能会因惊艳的游泳池而感到兴奋，因员工友好的态度而感到高兴，也会因错误的餐单而愤怒，或因厕所漏水而失望。

因此，从更宏观的角度来看，关注消费者在酒店期间的情感多样性至关重要。这也引出了一个关键问题：哪些酒店（品牌）的消费者更愿意再次光顾——是那些只经历单一情感（例如，始终感到幸福）的消费者，还是那些经历多种情感（例如，感到幸福、骄傲、喜悦、兴奋）的消费者？综上所述，虽然以往的研究已经确认了情感在塑造消费者酒店体验中的重要性，并指出酒店住宿是检验消费者情感多样性的理想场所，但很少有研究探讨情感多样性在酒店住宿环境中的具体影响。更重要的是，尽管心理学和健康领域的研究者已经对情感多样性的概念进行了探讨，但关于负面情感多样性的影响，研究结果并不一致。为了填补这一空白，本研究旨在基于现有关于酒店消费者情感体验的文献，重点探究消费者情感多样性对其回购意愿的影响。

二、情感多样性对酒店消费者的回购意愿的影响及其作用机制

先前的研究表明，情感多样性与一系列积极的生理和心理结果相关联，且这种关联独立于平均的积极和消极情感水平。然而，目前鲜有研究考察情感多样性对酒店消费者回购意愿的影响及其潜在机制。本研究假设，情感认知在情感多样性对酒店消费者回购意愿的影响中起到中介作用。

情感认知（Emotional Awareness）是指个体有意识地觉察到自己情感的程度（Lane，Smith，2021）。与其他动物不同，人类具有获取和概念化自己情

感的能力（Smith et al.，2020），这种能力有助于个体的适应性控制。意识到自己的情感意味着个体可以关注他们的主观感受和可能会产生的身体反应，并对这些情感有一种所有权感（Lane，Smith，2021）。这种关注或反思为他们提供了进一步反思自身情感的信息的机会，这将有助于他们更好地理解情况并做出明智的决策（Greenberg，Goldman，2019）。根据情感反馈理论，对情感的意识可以作为信息输入，影响后续的个体行为（Baumeiste et al.，2007）。特别地，本研究认为，酒店消费者可以将自觉感受到的情感作为信息输入，并将这种输入作为引导其行为意向的基础。

更高的情感认知并非全然有益，其积极影响往往取决于情感的效价（Schlegel，2020）。具体而言，当消费者在入住酒店时体验到积极情感，并对此有清晰的认识时，这往往会促使他们做出明确的决策，比如未来会再次选择这家酒店，并通过这种方式来维持或再次体验这种积极情感。在心理学领域的广泛研究中，这种对积极情感的意识经常与更好的健康状态和更高的幸福感相关（Ciarrochi，Caputi，Mayer，2003）。然而，当个体对负面情感有高度的意识时，他们可能会采取相反的行动，比如不再选择这家产生负面体验的酒店，以减轻这种消极情感的影响。先前的研究已经证实，持续且有意识地关注消极情感会导致更高水平的消极情感，而这往往与更高水平的焦虑和心理障碍密切相关（Novick-Kline et al.，2005）。因此，情感认知的益处并非一概而论，而是需要根据情感的性质和个体的具体情况来做评估。

（一）积极情感多样性与回购意愿

本研究认为，在酒店住宿期间，消费者所体验到的情感多样性不仅对其心理和身体健康产生重要影响，还会影响其行为意向，比如是否选择再次入住该酒店。在积极情感多样性方面，酒店提供能够激发消费者积极情感多样性的住宿体验至关重要。这种体验不仅为消费者带来丰富多样的情感享受，还为他们提供了详尽且可靠的评估基础，有助于他们做出更明智的选择（Quoidbach et al.，2014）。

值得注意的是，人们往往习惯于重复体验特定的积极情感。然而，不同类型的积极情感体验具有不同的影响（Frederick，Loewenstein，1999），这与享乐适应理论一致。该理论指出，无论外部环境如何变化，个体的积极情感往往会回归到基准水平。当经历某种特定的积极情感时，个体往往会对这种刺激变得不那么敏感，并迅速调整情感状态至基准水平，从而减弱对该类型情感的感知（Lyubomirsky，2012）。本研究认为，正是体验各种积极情感（情感多样性）能够减轻这种享乐适应的效应。具体来说，那些能够体验到积极情感多样性的个体，会经历各种不同的积极刺激，这些刺激的多样性减少了体验的重复性，可以保持积极情感的新鲜感（Leventhal et al.，2007）。这样，个体对刺激会具有更高的敏感性，因为他们的情感体验较少重复，从而增强了他们对这些情感体验的意识。因此，对于酒店业而言，创造和提供多样化的积极情感体验，是提升客户满意度和忠诚度的重要手段之一。

当酒店客人对自身的积极情感有着高度的意识时，这种意识会反过来促进他们的行为意向。先前的研究表明，酒店客人的行为意向（如再次入住的意愿）与他们对积极情感（如喜悦）的明确感知呈正相关（Torres, Kline, 2013）。当客人评估他们的酒店入住体验时，对积极情感的高度意识往往会驱使他们采取"接近行为"，即再次选择这家酒店以维持或重新体验那份积极的情感（Tuerlan et al.，2021）。情感反馈理论还进一步指出，个体会保存他们有意识地觉察到的当前情感中包含的教训和信息，进而采取行动来维持或避免类似的情感体验（Baumeister et al.，2007）。在这种背景下，积极情感的多样性不仅丰富了个体的情感体验，更增强了他们对积极情感本身的意识，进而增加了酒店客人再次选择该酒店的可能性。基于以上分析，本研究提出以下两个假设：

H1：相较于低积极情感多样性，高积极情感多样性将显著提高酒店客人的回购意愿。

H2：积极情感感知中介了积极情感多样性对酒店客人回购意愿的积极影响。

（二）消极情感多样性与回购意愿

与积极情感相比，个体在适应消极情感时通常需要更长的时间（Tuerlan et al.，2021）。本研究认为，体验多样化的消极情感可以为酒店客人提供一种通过降低情感感知来适应消极情感的方法。具体而言，多样化的情感体验有助于防止某一特定的消极情感主导个体的整体感受，因为长期沉浸于某一特定消极情感往往与多种生理和心理问题有关（Ong et al.，2018）。

经历不同种类的消极情感还有助于个体更好地组织和调整后续行为，以更好地适应特定情境（Keltner, Gross, 1999）。换句话说，情感的多样性增强了个人在面对负面事件时的韧性（Quoidbach et al., 2014）。例如，长期体验愤怒的情感可能使客人对酒店的评价更加负面，而愤怒与担忧的交替体验则可能让客人不至于完全沉浸在某种情感中，从而选择离开服务环境。消极情感多样性有助于减少个体对特定消极情感的有意识关注（Wang et al., 2020）。

消极情感感知的降低对酒店客人的评价具有积极影响。特别是当消极情感感知较低时，客人更不容易陷入消极情感状态，从而增加了他们的积极行为意向。根据接近与回避理论，个体倾向于回避不期望的刺激（Tuerlan et al., 2021）。这意味着，为了避免再次经历相同的消极情感，消费者可能会选择不再光顾同一家酒店（Ali, Amin, 2014）。因此，本研究推测消极情感多样性可能会通过降低消极情感的自觉意识，进而促进酒店住宿体验的积极评价。由此，本研究提出以下假设：

H3：相较于低消极情感多样性，高消极情感多样性将显著提高酒店客人的回购意愿。

H4：消极情感感知中介了消极情感多样性对酒店客人回购意愿的积极影响。

（三）品味策略的调节作用

意识到自己的情感状态并不等同于决定行为（Li et al., 2021）。实际上，个体会运用情感调节策略来灵活地调整或控制自己的情感反应的强度和持续时间。情感调节，指在特定情境下，为实现特定目标而启动、抑制或调整自身情感体验的过程（Gross, 2007）。然而，现有酒店领域的研究多聚焦于消极情感的调节策略，如重新评估（Li et al., 2021）、注意力转移（Seontaik, Li, Magnini, 2016）和抑制（Li et al., 2021），鲜少关注积极情感的调节策略。

本研究特别关注积极情感调节策略中的品味（Savoring），这一调节策略可能对情感感知与回购意愿之间的关系产生调节作用。品味源自积极心理学，它是指个体在积极体验中主动寻求并享受愉悦和满足的过程（Bryant, Veroff, 2007）。已有研究表明，采取品味策略可以延长个人的积极情感，并带来一系列积极影响，比如提升幸福感、促进身体健康和改善人际关系（Bryant, 2021）。通过品味，个体能够更深入地理解体验的意义（Yan, Halpenny,

2021)。在酒店住宿的背景下，采用品味策略的客人能够进一步维持、增强并放大他们意识到的积极情感。根据拓宽—建构理论，积极情感较强的消费者更易于接纳多样的思想和行为，从而与服务提供者建立更深的关系，并展现更高的忠诚度（Fredrickson，2013）。

此外，品味也是一种意义中心的应对策略，它能增强个体与同伴、环境和更深层次的意识之间的联系（Bryant，Veroff，2007）。虽然品味主要关注于延长积极情感，但现有研究亦证实其能减少负面情感感知（Hurley，Kwon，2011）。这是因为通过更多地品味体验中的美好，个体能够增强目标感和生活意义感，从而更加专注于积极方面，而减少对消极方面的关注（Garland et al.，2015）。例如，先前研究指出，品味能够缓解健康问题（如疼痛）对生活满意度的负面影响。具体而言，当个体参与品味活动时，健康问题与生活满意度之间的负相关关系会显著降低。这一发现表明，品味能够降低个体对负面情感的意识，进而减少这些情感对体验评价的消极影响。迄今为止，尚未有研究探讨在酒店住宿背景下品味策略是否能在情感感知与回购意愿之间发挥调节作用。基于此，本研究提出以下假设：

H5：品味正向调节积极情感多样性与积极情感感知之间的关系。

H6：品味负向调节负面情感多样性与消极情感感知之间的关系。

以下6个假设的关系如图5-1、图5-2所示。

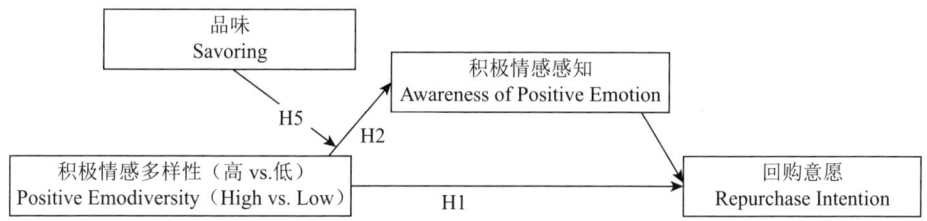

图 5-1　积极情感多样性与回购意愿的模型假设

资料来源：作者绘制

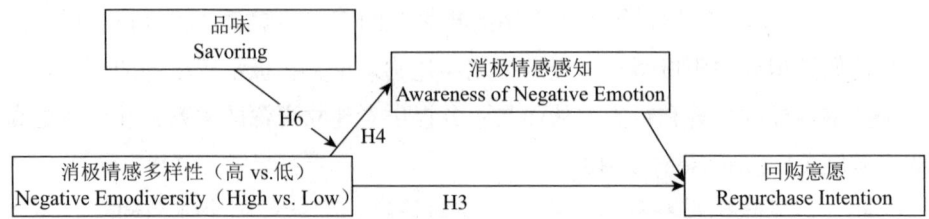

图 5-2　消极情感多样性与回购意愿的模型假设

资料来源：作者绘制

第三节　研究方法

回顾现有文献，本研究注意到在西方文化背景下，大多数关于情感多样性的研究倾向于采用单一的研究方法。然而，本研究通过结合定量与定性两种研究方法，并引入二次定性研究，不仅有助于更全面地理解定量研究的结果，还为理解东方文化背景下的情感多样性对酒店客人回购意愿的影响提供了新的解释性证据。

一、半结构式访谈法

目前大多数关于情感多样性的研究都是在西方国家进行的（Urban-Wojcik et al., 2022）。此外，有证据表明，个人品味体验的方式是存在文化依赖的（Lindberg, 2004）。因此，研究 2 问卷调查的目的是针对中国旅游者提供积极情感多样性、消极情感多样性、情感感知、回购意向和品味之间关系的解释性证据。

为了实现这一目标，本研究对过去一个月内入住过一家酒店的 25 名酒店客人进行了访谈。访谈持续了 30~60 分钟，平均时长约为 40 分钟。每次访谈都被录音，参与者所说的内容被逐字转录。在 25 次访谈后达到理论饱和，表明在访谈中没有出现额外的信息（Guest, Bunce, Johnson, 2006）。

（一）访谈目的

本研究旨在确认情感多样性在酒店住宿体验中的存在，探索引起不同情感的原因，以及初步探讨情感多样性对住宿体验评价的影响，揭示背后可能存在的中介机制和不同人群中的差异。访谈对象为近一个月内住过酒店且可以详细回忆其住宿细节的消费者。

（二）访谈方法与流程

1. 访谈方法

通过电话采访和面对面采访两种方式对受访者进行访谈。

2. 访谈过程

（1）向受访者介绍本次访谈的研究目的。

（2）与受访者进行简单的破冰聊天。

（3）通过问题让受访者回忆住宿体验，并根据回答对受访者进行筛选：如果受访者对住宿体验记忆较模糊，则向其说明不符合研究要求，并表示感谢后结束访谈；如果受访者对住宿体验记忆清晰，则符合研究要求，可进入正式访谈。

（4）让受访者签署访谈同意书。

（5）进入正式访谈。

（6）访谈问题回答完毕后，让受访者填写人口统计学问卷。

（7）给予受访者报酬，并让其签署收款确认书。

（8）访谈结束。

通过这种系统化的访谈流程，本研究期望能够获得关于情感多样性及其对酒店客人回购意愿影响的深入见解。

二、问卷法

（一）样本与实验流程

本研究的数据将通过见数平台（Credamo）收集，见数是一个类似于亚马逊众包平台（Amazon Mechanical Turk）的问卷收集平台，在中国数据收集领域具有重要地位。为确保数据作答的有效性和相关性，问卷的开头设置了筛选问题，仅选取过去一个月内曾入住酒店的个体作为参与对象。随后，参与者需要详细回忆并描述他们在此时间范围内最为难忘的酒店住宿经历，包括酒店名称、地理位置、入住日期、消费金额以及个人情感体验。通过封闭式与开放式问题，帮助参与者重温酒店住宿的细节，从而更准确地回忆当时产生的情感。参与者还需对酒店住宿体验进行综合评价，包括积极情感、消极情感、情感感知、回购意愿、情感辨别能力和品味策略等。此外，问卷还收集了人口统计学信息及酒店住宿的详细数据，如酒店的星级评定、停留时长、访问目的及同行人员等。问卷总共收集到395份数据。经过严格筛选与审查，剔除了未通过注意力检查题、所有问题回答高度一致或重复、完成时间过快（3分钟内）或过慢（超过12分钟）以及提供信息过于简略（字数少于10个字）的问卷。最终，成功筛选出354份高质量问卷，作为后续深入分析的基础。

（二）测量方式

本研究对所有变量均采用了经过验证的测量量表进行评估，并在翻译过程中遵循了布里斯林（Brislin，1970）的回译方法，确保量表内容的准确性和文化适宜性。每个量表条目均采用7分制的李克特（Likert）量表进行评分，其中1代表"完全不同意"，7代表"完全同意"。

针对积极与消极情感的测量，选用了Fredrickson等（2003）开发的20项量表，该量表对情感进行了细致的分类（见表5-1），能够精准捕捉个体体验不同特定情感的程度。每一种情感体验均由三个情感形容词组成，如"有趣"包括"被逗乐的"、"好笑的"或"爱开玩笑的"等描述。在评估情感感知时，基于伊比诺维亚（Igbinovia，2016）的四项量表进行了调整，分别测量了积极情感感知和消极情感感知。此外，采用彭和陈（Peng N Chen A，2019）设计的三项量表对消费者的回购意愿进行了评估。在品味策略方面，采用了布莱恩特（Bryant，2003）的四项量表进行衡量。考虑到消费者在区分情感时可能存在能力差异，进一步引入了基于康和谢弗（Kang，Shaver，2004）的情感辨别能力（Emotional Discrimination Ability）作为控制变量进行测量（如表5-1所示）。这一指标的引入有助于更全面地理解消费者在不同情境下的情感反应和决策过程。此外，还收集了包括性别、年龄、教育程度、月收入、每年入住酒店次数、酒店星级、入住酒店时间、入住原因等人口统计学特征信息。先前文献（如 Peng et al., 2015; Sharipudin et al., 2023; Zhang H et al., 2011）已经指出，这些人口统计学特征会对消费者的回购意愿产生影响。因此，本研究将这些变量作为控制变量纳入分析，以更准确地评估各变量之间的关系。

表 5-1　关键变量测量题项

变量	题项	来源
积极情感（PE）	1. 开心（欢快的、开心的、自在的） 2. 敬畏（感到敬畏，惊叹或惊奇） 3. 感激（感激的、感恩或感谢） 4. 期待（充满希望的、乐观的或鼓舞的） 5. 激动（鼓舞人心的、激励的或振奋的） 6. 有趣（感兴趣的、警觉的或好奇的） 7. 高兴（快乐的、高兴的或快乐的） 8. 喜爱（感觉被爱、感觉亲近或信任） 9. 自豪（自豪的、自信的或有信心的） 10. 平静（宁静的、满足的或和平的）	Fredrickson et al.（2003）
消极情感（NE）	1. 愤怒（生气、恼怒或烦恼） 2. 羞愧（羞耻的、自惭形秽或丢脸的） 3. 鄙视（轻蔑的、倨傲的或鄙视的） 4. 厌恶（反感的、讨厌的或厌烦的） 5. 尴尬（窘迫的、难为情的或脸红的） 6. 内疚（内疚的、后悔的或应受责备的） 7. 憎恨（可恨的、不信任的或怀疑的） 8. 悲伤（伤心的、沮丧的或不开心的） 9. 恐惧（害怕的、担忧的或后怕的） 10. 紧张（焦虑不安，不知所措）	Fredrickso et al.（2003）
情感感知	1. 在酒店期间经历的积极（消极）情感对我来说很清楚 2. 我能意识到我在酒店期间所经历的积极（消极）情感 3. 我总能知道自己在酒店期间产生的感受 4. 我可以理解我在酒店期间所经历的积极（消极）情感	Igbinovia（2016）
回购意愿（RI）	你下次住 × 酒店的可能性有多大？ 1. 不可能的 / 可能的 2. 不会 / 不确定 3. 未必 / 很有可能的	Peng, Chen（2019）
情感辨别能力（EDA）	我意识到我的感受之间的微妙差异	Kang, Shaver（2004）

续表

变量	题项	来源
品味策略（SAV）	1. 我在住酒店时充分利用并享受了美好的时光 2. 我在住酒店时能够找到让自己愉悦的方式 3. 我能够感受并珍惜在酒店期间的美好瞬间 4. 我在酒店住宿时很容易自娱自乐	Bryant（2003）

资料来源：根据相关文献整理而成

第四节 数据分析与研究结果

本研究首先通过半结构式访谈获取丰富的定性数据，借此检验酒店客人在入住期间是否具有情感多样性的经历，并深入探讨引起不同积极或消极情感的刺激物以及消费者相对应地采用的调节策略。此后，将通过问卷法实证检验提出的模型假设，通过定量数据检验情感多样性与回购意愿的主效应、情感感知的中介作用以及品味策略的调节效应。

一、研究 1 半结构式访谈

（一）访谈者基本信息

本研究共访谈了 25 位受访者，基本信息如表 5-2 所示。这些受访者在过去一个月内有过酒店住宿经历，并能够详细回忆其住宿细节。受访者中男女比例较为均衡，其中男性 13 人，女性 12 人。大部分受访者为学生（32%），其次是销售人员（20%）。受访者整体受教育水平较高，大多数为大专及本科学历（68%）。受访者过去一个月内入住酒店的主要原因是出差（56%），其次是旅游（24%）。最近入住酒店时，多数受访者为结伴出行（60%），所入住的酒店星级以三星级（28%）和四星级（40%）为主。

表 5-2　访谈者基本信息汇总表

编号	性别	年龄	受教育程度	职业	月收入	籍贯	每年入住酒店的次数	入住原因	最近一次入住酒店是否有其他人陪同	酒店名称	酒店星级	是否连锁
P1	女	18~25岁	大专及本科	全日制学生	5000元以下	天津滨海新区	5~7次	旅游	结伴出行	敦煌太阳酒店	四星	否
P2	男	18~25岁	本科以上	全日制学生	5000元以下	甘肃武威	10次以上	旅游	独自一人	厦门绿晶酒店	四星	否
P3	女	18~25岁	大专及本科	全日制学生	5000元以下	海南海口	2~4次	旅游	独自一人	厦门工学院国际学术交流中心	四星	否
P4	女	18~25岁	大专及本科	全日制学生	5000元以下	重庆渝北区	2~4次	出差	结伴出行	杏林湾大酒店	五星	是
P5	女	18~25岁	大专及本科	全日制学生	5000元以下	黑龙江哈尔滨	1次及以下	旅游	结伴出行	如家	三星	是
P6	男	46~55岁	大专及本科	技术/研发人员	30 000元以上	河北唐山	10次以上	出差	结伴出行	上海南新雅皇冠假日酒店	五星	否
P7	男	18~25岁	本科以上	全日制学生	5000元以下	浙江杭州	5~7次	校外住宿	独自一人	汉庭酒店（厦门大学店）	三星	是
P8	男	18~25岁	大专及本科	专业人士	5000~10 000元	福建厦门	8~10次	出差	结伴出行	长悦酒店	三星	是

续表

编号	性别	年龄	受教育程度	职业	月收入	籍贯	每年入住酒店的次数	入住原因	最近一次入住酒店是否有其他人陪同	酒店名称	酒店星级	是否连锁
P9	男	18~25岁	大专及本科	全日制学生	5000元以下	山东聊城	5~7次	比赛	结伴出行	厦门大学翔安校区的国际学术交流中心	四星	否
P10	男	26~35岁	本科以上	财务/审计人员	5000~10 000元	福建福州	8~10次	出差	独自一人	三亚湾附近（地点不详）	四星	否
P11	女	18~25岁	大专及本科	全日制学生	5000元以下	（空）	8~10次	探访亲友	结伴出行	宁波太平洋国际大酒店	五星	是
P12	男	18~25岁	本科以上	财务/审计人员	10 000~20 000元	重庆铜梁区	10次以上	出差	结伴出行	东莞丽逸酒店	四星	否
P13	男	26~35岁	大专及本科	销售人员	5000~10 000元	上海黄浦区	8~10次	出差	独自一人	郑州如家酒店	三星	是
P14	男	26~35岁	大专及本科	财务/审计人员	5000~10 000元	河北邯郸	8~10次	出差	独自一人	伊犁大酒店	四星	否
P15	男	26~35岁	大专及本科	销售人员	5000~10 000元	河北石家庄	10次以上	出差	独自一人	派酒店	四星	是
P16	女	36~45岁	大专及本科	专业人士	5000~10 000元	福建漳州	10次以上	出差	结伴出行	龙岩悦馨大酒店	三星	否

续表

编号	性别	年龄	受教育程度	职业	月收入	籍贯	每年入住酒店的次数	入住原因	最近一次入住酒店是否有其他人陪同	酒店名称	酒店星级	是否连锁
P17	女	36~45岁	大专及本科	教师	5000~10 000元	河北唐山	10次以上	探访亲友	独自一人	北京汉庭酒店	非星级	是
P18	女	36~45岁	大专及本科	销售人员	5000~10 000元	黑龙江哈尔滨	2~4次	探访亲友	独自一人	南果酒店	三星	是
P19	男	36~45岁	本科以上	销售人员	10 000~20 000元	江苏南通	10次以上	出差	结伴出行	格林豪泰酒店	三星	是
P20	女	36~45岁	高中、职高及中专	市场/公关人员	10 000~20 000元	河南周口	5~7次	出差	独自一人	南山酒店	非星级	是
P21	女	26~35岁	大专及本科	文职/办事人员	5000~10 000元	天津南开区	10次以上	旅游	结伴出行	唐山南湖国际会展中心	四星	否
P22	男	36~45岁	本科以上	其他	30 000元以上	广东深圳	10次以上	出差	结伴出行	四季酒店	五星	是
P23	女	36~45岁	大专及本科	销售人员	5000~10 000元	河北唐山	10次以上	旅游	结伴出行	香格里拉大酒店	五星	是
P24	男	36~45岁	本科以上	文职/办事人员	10 000~20 000元	上海长宁区	8~10次	出差	结伴出行	浏阳银天大酒店	五星	是
P25	男	26~35岁	大专及本科	行政/后勤人员	5000元以下	黑龙江哈尔滨	5~7次	出差	结伴出行	白金汉爵大酒店	四星	是

资料来源：作者自行整理

（二）消费者酒店住宿期间的积极情感体验

访谈发现，受访消费者在入住酒店期间产生了多种积极情感。具体而言，20%的受访者表示在酒店入住期间仅有一种积极情感。然而，无论是单一积极情感还是多种积极情感，主要的积极情感为满意：

"他们可以提供免费的早餐，并且种类还挺多，这让我感到很满意。"（P5）

"接触了一些当地的文化，酒店各方面的设施体验都很好，服务人员的细心服务让我很满意。"（P14）

"外卖可以由机器人送到房间门口，这很方便，不用自己下楼去前台拿，我觉得很满意。"（P16）

"用餐时，厨师热情介绍甜点和主食的位置，他们都非常热情，让我很满意并享受那种环境。"（P18）

"早餐种类丰富，可以自由选择，拿房卡也很方便，酒店服务人员的服务也很到位，当时非常满意。"（P21）

80%的受访者表示自己在入住期间有多种积极情感。例如：酒店的装修让人感到惊叹："它的外部装修看起来很气派，让我觉得很震撼。"（P1）酒店外围环境的白天和夜景变化让人感到惊喜："入住时是白天，晚上灯亮起来后是另一种感觉，夜景非常好看，感觉很惊喜。"（P9）完善的服务设施让人感到意外："没想到有一个免费的洗衣房，而且洗衣液和烘干都是免费的。"（P3）工作人员贴心周到的服务让人感动："工作人员提前问我为什么来住宿，知道我要在校外隔离后，贴心地提供了最近的核酸检测地点的信息，这种人文关怀让我很感动。"（P7）"当时急需资料，酒店派人送来后，我内心非常感激。"（P8）"找不到身份证时很着急，服务人员安慰后我不那么慌张了，最后找到身份证时感觉很感激。"（P20）

此外，安全感也是受访者非常强调的一种积极情感：

"我觉得那个酒店给我的感觉相对来说还是比较有安全感，住一个地方肯定会给你足够的安全感。"（P2）

"服务很周到，给了我们一个除了家之外比较封闭的空间，让人觉得很有安全感。"（P11）

"酒店在安全方面做得很好。由于我的工作性质比较敏感，他们在旅客的人身安全、财产安全以及隐私保护方面都做得很到位。"（P25）

部分受访者在入住期间感到舒适和放松：

"整体的舒适度非常高，因为酒店房间很大，装修风格我也喜欢，而且特别干净卫生。"（P6）

"酒店的住宿真的非常好，让我有一种放松和度假的感觉，很舒服。"（P9）

"结束工作后还能去游泳池学游泳，或者去健身，觉得很放松。"（P10）

"整体感觉很舒心，交流上没有什么障碍，服务人员也能很好地理解我的意思。整个旅行过程中，休息的部分是比较放松的。"（P23）

"当有人接待并帮你办理入住时，心情放松了不少，也减少了很多麻烦。"（P25）

（三）消费者酒店住宿期间的消极情感体验

同样，受访者在酒店入住期间也会产生消极情感。其中26%的受访者表示只经历了一种消极情感，主要为愤怒：

"第一天晚上住的酒店环境极其差，因为我们发现了南方的巨型蟑螂，我觉得很生气。"（P5）

"外套拿回来时污渍仍然很明显，我觉得他们清洁得很敷衍，就有点生气。"（P20）

"在五星级酒店发生这样的情况让我很生气……我当时没注意听，工作人员直接把门打开……有种被侵入的感觉，我很生气，他应该敲门或打电话，而不是直接开门。"（P22）

也有受访者感到无话可说："我已经在门外挂了'不用打扫'的牌子，但保洁阿姨还是敲门，这让我觉得很无语。"（P7）或者感到不太舒服："隔音效果不好，电梯只有一部，有时还要等一会儿，这种感觉不太方便，让人不太舒服。"（P17）还有受访者感到压抑："本来想好好洗个澡，但空调坏了，导致不想洗澡，洗完澡后会很冷，最后直接钻被窝里睡觉，整个感觉很难受，很压抑。"（P18）

74%的受访者表示在入住期间经历了多种消极情感。大部分受访者表示感到郁闷、烦躁：

"酒店出现了一些失误，让我觉得前台员工不太熟练，这种不熟练给人一种不专业的感觉，让我有点烦躁。"（P4）

"窗户不隔音,在机场附近,飞机的声音很吵,睡不着的时候很烦。"(P8)

"早餐必须有一个鸡蛋,但等了差不多十分钟还没做好,导致我的早餐没吃成,做得非常慢,等得很烦躁和焦虑。"(P15)

"餐厅人特别多,吃早餐时没有位置,要等很久,等久了会很烦。"(P19)

"空调声音很大,不是静音模式,影响休息,感觉很郁闷。"(P23)

此外,部分受访者因为酒店服务不齐全感到很麻烦:

"停车很麻烦,因为没有停车位,需要找其他地方停车,最后停到一个小巷子里,感觉入住后还要自己找停车位,很无语。"(P1)

"附近没有核酸检测点,因为去上海要求72小时核酸检测,没有检测点就很不方便,还挺麻烦的。"(P6)

还有受访者感到难受、不舒服:

"床铺有莫名的污渍,这很影响观感,客房床铺的整洁很关键,床铺不干净会影响我的心情,让人感觉很难受、很闹心。"(P9)

酒店附近地理位置偏僻,施工导致道路昏暗,这让受访者感到非常害怕:"太偏僻了,没有直达公交站,路都是黑的,特别害怕,还在修路,交通很不便。"(P3)

在处理服务问题时,前台工作人员的不当服务让受访者感到失望和愤怒:

"当时很生气,本来是酒店的问题,还要让我等。"(P2)

"我们订的是双人间,但他们默认是大床房,处理效率很低,没有积极反馈,真的非常生气。"(P4)

"他们只送了一对耳塞上来,我们两个人都能听到噪音,当时很生气。"(P8)

"工作人员有点不耐烦,说正在做不要急,觉得被怠慢了,等的时候很生气。"(P15)

(四)引发消费者积极情感体验的刺激物

根据25位受访者的访谈内容,能够引发受访者积极情感的酒店服务主要集中在以下三个方面:酒店硬件、服务、地理位置。

1. 酒店硬件

酒店硬件方面的多个因素对消费者的情感体验具有显著的积极影响。外部装修可以给消费者留下深刻的第一印象，精美且符合酒店定位的设计能够迅速提升消费者的期待值。例如："就是没有想到会有一种很豪华的感觉，就是扑面而来那种惊艳的感觉。然后它还有那种小庭院，然后也有水池、喷泉，整体设施感觉都是很奢华的，让我觉得很惊喜。"（P9）"我觉得，尤其是，在我入住酒店的时候，它的一个服务还是比较好的。里面的东西让我大开眼界，觉得这个酒店非常不错，酒店的设施很大气优雅，进入酒店的大堂就感觉气质很不一般，我觉得它设计还是挺好的。"（P24）

完善的基础设施是酒店服务质量的重要保障，能让消费者的入住体验更加顺畅。正如受访者P13所述："房间里有很多智能设备，如智能窗帘、智能镜子、中央空调和网络电视。房间里还有花香的味道，工具也都很齐全，我非常满意。"受访者P23也提道："酒店环境很好，星级酒店的装饰以金黄色为主，空气中弥漫着淡淡的清香，没有异味。大堂安排了宽敞的等候沙发空间，外部环境上档次，还挺满意的。"

房间的舒适度至关重要，因为消费者在酒店中停留时间最长的地方就是房间。宽阔的房间布局能让消费者感到更加自在和放松。正如受访者所提道的：

"它整体的舒适度非常高，因为酒店房间很大，然后装修风格我也比较喜欢，并且特别干净卫生。"（P6）

"刚刚说到的那一点，就是他的设计，我觉得非常聪明……而且就是整体来说的话是比较亮堂一点，然后很适合你工作……他的酒店有浴缸，这一点我会比较喜欢，这些都让我感觉比较愉快。"（P4）

"那个房间的面积，就是整个环境不会让我觉得像有些可能只有20多平（方米）的酒店那种让人觉得压抑，它非常宽敞。然后它再让我满意的地方就是，很多酒店的那种窗户，可能就只有那种半开的小窗户，甚至是没有窗户，而它那是有一整片玻璃墙的落地窗，我非常满意。"（P12）

"而它单独的写字台是离床的位置比较远的，如果说两个人一起住，就有人在睡觉，也不会打扰到别人。我觉得它设计还是挺好的。"（P17）

美食是旅行中不可或缺的一部分，因此酒店的餐饮服务也至关重要。提供多样化的餐品能够满足不同消费者的口味需求。优质的餐饮服务还能提升消费者的满意度和口碑传播效果："当时他就是赠送早餐，我觉得这个还挺不错的……然后种类还挺多，我觉得这就让我对他们印象就很好。"（P5）"就是早餐我觉得算比较好吃吧，然后种类也比较丰富。然后我觉得早上吃完早餐心情还蛮好的。"（P6）"早餐的话就是中餐和西餐你都可以自己去选择，根据你的需要去吃就可以。拿着餐券比较方便……食品也比较丰富，牛奶咖啡都是热的，还有比较多的餐点，挺丰富的，整体下来体验感挺好的。"（P17）

2. 酒店服务

友好的问候和热情的微笑等主动服务能让消费者感受到被尊重和欢迎。例如，一位受访者提道："办理入住时，他主动打招呼，并询问我是否需要帮助，这种人文关怀让我感动。"（P7）这种亲切的互动不仅能增加消费者的满意度，还能增强他们的情感连接。

在服务过程中，关注消费者的每一个细节需求，并提供超出预期的服务，如额外的关怀和提醒，可以显著提升他们的积极体验。当消费者遇到问题或困难时，酒店能够迅速识别并提供解决方案，以减少他们的困扰。例如，受访者P8分享了她在使用酒店打印机时的经历："我不太会用打印机，当时没有服务人员在场，我很着急。一位服务人员看到我焦急的样子，主动过来帮我解决了问题，没有耽误我的复习时间，这让我感到非常意外和感动。"这位受访者还提到，由于忘记带准考证而感到焦虑，酒店工作人员的及时帮助让她内心的石头落地，感到非常放松和感激。

酒店提供的一站式服务，能够快速解决消费者在使用产品或服务过程中遇到的各种问题，从而减轻他们的消极情感。受访者P25提道："我们带的行李较多且较重，有专门的服务人员主动帮我们办理入住并将行李送到房间。这大大减少了我们的麻烦，节约了宝贵的时间，让我们没有走冤枉路，也没有过长时间的等待。整个过程让我心情放松，非常愉快。"

3. 地理位置

当酒店位于市中心或交通枢纽附近时，消费者可以方便地前往各个景点、商业区或交通枢纽，无须花费过多时间和精力在交通上。这种便利性极大地提升了消费者的出行效率和体验。例如，受访者P6表示："酒店的地理位置离我想去的地方非常近，走路几分钟就能到达，体验非常好。"近距离也意味着消费者可以更充分地利用时间，享受更多的休闲和娱乐时光。

酒店提供的接送服务也能进一步增加消费者的便利感。受访者 P8 提道："酒店的接送机服务非常贴心，他们在航班起飞前会打电话确认航班时间，并告知到达后如何找到接送服务。送机过程也是提前一天晚上确认出发时间和地点。我觉得这种一对一的接送服务比其他酒店的定点班车更加贴心和让人满意。"这种个性化的接送服务不仅提高了消费者的便利性，也增强了他们的整体住宿体验。

酒店周边的物价水平也会影响消费者的入住体验。如果酒店附近的餐饮、购物和娱乐等场所价格合理，消费者就可以更加轻松地享受当地的美食和文化，而不必担心过高的消费压力。例如，受访者 P3 表示："那里吃得很多，而且很热闹，小吃都很便宜，这是我没想到的。"合理的物价使得消费者可以尝试更多的当地特色美食和购物体验，增加旅行的乐趣和收获。

（五）引发消费者消极情感体验的刺激物

根据 25 位受访者的访谈内容，能够引发受访者消极情感的酒店服务主要集中在以下三个方面：酒店硬件、服务和地理位置。

1. 酒店硬件

脏乱不堪的酒店或房间环境会让消费者感到不舒适和失望。例如，受访者提道："我不知道为什么那个被套上会有一些莫名的污渍，这会比较影响我的观感。"（P9）此外，不干净的环境也会引发愤怒情绪："第一天晚上住的酒店环境极其差，因为我们发现了南方的巨型蟑螂，我觉得很生气。"（P5）

酒店设备老旧且存在问题也影响了受访者的居住体验："门锁的设计不太合理，感应系统不好，有时需要尝试多次才能打开，另外浴室没有防滑垫，这两点让我觉得体验感不佳。"（P21）

粗糙的装修或过于简陋的室内设计会让消费者觉得酒店缺乏品质感，不符合他们的期望。例如，受访者提道："酒店没有提供晾衣服的地方，这非常影响我们的体验。"（P9）"酒店的布置过于老式，办公桌是纯玻璃的，用鼠标时非常不便。"（P12）

受访者普遍对酒店的基础设施表示不满，缺少基本的生活用品或这些用品质量差、数量不足都可能引发不满。例如："酒店的基础设施不完善，毛巾、洗漱用品缺乏或质量差。"（P3）部分酒店存在装修不合理或过于老旧的问题：

"窗帘后面的窗户是黑的，热水要放很久才热。"（P2）"酒店的装修风格破旧且不够气派。"（P16）"大酒店的楼层低，墙面旧，这让我觉得很违和。"（P4）以及没有足够的停车位："停车不便，需要找其他地方停车，这让我感到无语。"（P1）

此外，隔音效果差、门锁不安全、隐私保护不到位等问题会让消费者担心自己的安全和个人隐私。例如："隔音不好，晚上能听到来回走动的声音。"（P17）"窗户不隔音……，飞机的声音很吵。"（P8）"空调噪音大，影响休息。"（P23）"浴缸边上的落地窗对着施工现场，缺乏私密性。"（P11）

2. 酒店服务

办理入住和退房手续的时间过长，或者响应消费者需求的速度过慢，会让消费者感到不耐烦和失望。例如，受访者P4提道："我们办理双人间入住时效率非常低，我们拖着行李很累，想尽快入住，但他们处理事情的速度很慢，也没有给我们积极的反馈，让我在那儿尴尬地等待，影响了体验。"另一位受访者P13表示："办理退房时，前台工作人员一直在打电话，无视我的存在，四五分钟都没有理我，让我对他们的服务很失望。"消费者期望在返回房间时看到整洁的环境，如果房间打扫不及时，会给他们带来不便和不满。受访者P9提道："有时毛巾更换不及时，酒店也没有配备洗衣服务，让我很难受。"

服务人员冷漠、不友好会极大地影响消费者的情感体验。例如，受访者P12表示："酒店服务人员显得很冷漠，没有专业服务态度，感觉不想管我，令我非常不满意。"服务态度不周到、不认真也受到诟病。受访者P1分享道："我们让服务人员晚点打扫房间，但他晚上来时只简单打扫了一下，没有彻底清洁，导致我们对酒店的印象不好。"受访者P13补充道："前台工作人员打了很久电话，无视我的存在，让我感到被怠慢。"服务流程不合理、服务人员效率低也加剧了消费者的不满。受访者P10提道："支付宝上有电子身份证，但酒店不认可，一定要实体身份证，导致我还得去办临时身份证，非常不便。"此外，有受访者反映了酒店存在强行收费的情况。受访者P12表示："酒店放的矿泉水看起来像是赠送的，但结账时被告知要收费，这让我很生气。"

3. 地理位置

酒店附近的交通噪声会严重影响消费者的休息和睡眠。例如，受访者P8

提道:"在机场附近,飞机的声音很吵,睡不着的时候很烦。"噪声污染不仅破坏了消费者的睡眠质量,还可能导致整体入住体验的负面评价。

酒店附近如果没有公共交通站点或出租车停靠点,或者距离主要交通枢纽较远,会给消费者的出行带来不便。例如,受访者 P1 表示:"那里不能停车,需要去其他地方找停车位,不能直接停在路边。后来我们停到了后面的小巷子里,感觉入住了还不能保证有停车位,挺无语的。"这不仅增加了消费者的出行时间和精力,也降低了他们对酒店的满意度。

夜间出行的安全性也是消费者关注的重要因素。受访者 P3 表示:"酒店前的路段没有路灯,还在修路,晚上出行很不方便。白天有直达公交,但晚上七点后就没有了。那一条路没有直达公交站,路又黑又在修,我一个女生特别害怕,交通非常不便。"这种情况不仅影响了消费者的出行体验,还增加了他们的安全隐患和心理压力。

(六)消费者酒店住宿期间的积极情感调节策略

1. 同他人分享

同他人分享是受访者在入住酒店时最常用的调节策略。如果在入住酒店时有同行者,受访者会频繁与他们分享自己感受到的积极入住体验。例如,受访者 P1 表示:"会和同行的人说酒店订得还不错。"也有受访者会与朋友分享自己的感受:"跟朋友聊过住的这个酒店,比如说吃早餐的时候有拍照。"(P6)有些受访者会用日记或视频的方式与家人分享自己的经历:"我会和家人分享住宿的体验,这样的方式可以加强感受。"(P23)"我录了一个短视频发给我的父母,说这个酒店住宿环境蛮好。"(P9)此外,受访者还会与室友分享自己外出考试时的入住体验:"我一回去就跟室友讲了这个事,并讨论了接送机服务,觉得很满意。"(P8)还有一些因工作原因经常出差的受访者,他们将酒店打卡作为与女朋友分享的日常:"酒店打卡基本成了我和女朋友的交流方式,两个审计天天出差,就分享住哪个酒店还不错。"(P12)拍照记录并发布到社交媒体也是常见的分享方式,例如,受访者 P11 表示:"我们会拍一些在酒店玩的照片,然后上传到社交媒体上。"或者在旅行结束后发布在朋友圈:"我也会写旅行日记,记录感受,旅行结束后总结一下发朋友圈。"(P23)

2. 沉浸专注

当受访者感受到积极情感时，他们会更加沉浸在这种体验中。受访者 P18 表示："我会沉浸式地选择一个角落，做自己喜欢的事，比如刷朋友圈、看书，这都是我享受环境的方式。"另外，专心享受当下的服务也是一种方式："如果自己很享受，就专心享受，不想着去拍照什么的。"（P10）

3. 重复体验

当受访者在入住酒店期间的整体体验良好时，他们会愿意再次选择类似的方式来延长积极感受。例如，受访者 P4 表示："如果这家酒店很不错，下一次我在类似区域订酒店时还会选择它。"P10 提道："酒店的露天泳池很好玩，我想待在那儿泡一整天。"其他受访者也表示："喜欢的服务会多次体验来延长积极感受。"（P14）"如果有机会再去，我还是会体验。"（P25）

4. 行为表达

部分受访者通过语言、肢体表达或在线留言评价等方式向酒店服务人员反馈，以增强自己的积极情感。例如，受访者 P15 表示："我对服务人员表示感谢和满意。"当酒店工作人员解决了紧急问题时，受访者会通过赠送礼物表达感谢："服务人员帮我找到身份证时，我给了他们一个小礼物，表示感谢。"（P20）

一些受访者会通过在线平台预订酒店，并在平台上给予好评、高分，增强自己的体验。例如，受访者 P13 表示："我会在美团上写好评、打五星，来回馈他们的服务。"受访者 P17 也提道："我在美团上给了他们好评，并在离开时告诉服务人员，觉得酒店体验挺好，服务很到位。"

5. 对比

受访者会将过往的酒店入住经历与当前的经历进行比较，从而更加认可当下的积极情感。例如，受访者 P3 表示："对比之前酒店的洗衣房服务，我觉得没有免费洗衣的酒店真的不合理。"受访者 P21 提道："之前住的酒店隔音不好，而这家酒店非常安静。"P24 则表示："在这家酒店住了之后，真的让我流连忘返，设施和我住过的其他酒店相比太不一样。"

（七）消费者酒店住宿期间的消极情感调节策略

1. 转移注意力

在糟糕的入住经历导致产生消极情感时，部分受访者表示会通过看手机、电视、书等方式转移注意力，以避免消极情感的影响。例如，受访者 P13 表示："我会通过玩手机分散注意力，虽然心里还是不爽，但可以缓解焦急和不舒服的感觉。"P19 说："会拿出手机看一下今天的行程安排。"P7 则表示："会打游戏或看电视，忘记不愉快的事情。"另外，受访者 P10 表示："去办临时身份证时，我带了书，排队时看书来转移注意力。"P18 表示："通常通过睡觉或玩手机不去想不开心的事，第二天感觉就会好些。"P23 说："会看电视，用其他声音尽量分散注意力。"

2. 逃避

部分受访者在遇到糟糕的服务或体验且无法解决时，会采取逃避策略以快速调节消极情感。例如："我只想快点走到酒店，虽然心里默念不会再来第二次，但还是很害怕。"（P3）"脏衣服不洗让我难受，我就把它们放在衣柜里，最后一天再处理。"（P9）"关于浴缸的问题，我直接选择不用。"（P11）"企业没有限制晚上出入时间，我会早出晚归，尽量减少在酒店的停留时间。"（P18）

3. 情感压制

面对消极情感时，部分受访者会选择压抑自己的情感。受访者 P13 表示："我在外的工作也是服务行业（工作），所以理解他们，我会不断压制自己的坏情绪。"P21 说："解决不了的问题继续纠结也没意义，所以减少纠结。"P16 说："换多少个房间都没有用，只能劝自己接受。"P12 表示："关于矿泉水收费的事，当时很生气，但也没办法，只能自认倒霉。"

4. 抒发情感

抒发情感指的是向亲人朋友讲述自己在入住时遇到的负面经历，以期缓解消极情感。例如，受访者 P8 表示："我会跟室友吐槽噪音的问题。"P17 说："会和其他朋友交流，可能会好一些。"最常见的是直接向酒店工作人员投诉并要求解决措施。例如，受访者 P23 表示："我会反馈给前台，如果再发生会打电话。"P15 说："我当时叫了餐厅经理，要求解释为什么一个鸡蛋做这么久，经理道歉后催促，鸡蛋立马就做好了。"P20 提道："外套擦洗不干净，我去找服务人员，对方道歉后重新擦洗，最后污渍确实去掉了。"P22 表示："会反馈给前台，如果再发生可能会打电话。"

5. 转换视角

部分受访者会通过换位思考的方式重新看待已发生的、难以改变的糟糕事件，从而减轻消极情感。例如，受访者 P4 表示："基础设施的问题无法改变，但可以理解，毕竟翻新需要很大成本。"P9 说："床铺脏了后，我联系前台更换，觉得无所谓，因为问题在我上床前就解决了。"

（八）访谈内容总结

访谈结果显示，80% 的参与者在酒店住宿期间经历了不止一种积极情感，这强调了在酒店住宿期间提高客户情感多样性的必要性。例如，19 号参与者（36 岁，销售人员，出差，江苏南通三星级酒店）表示："我甚至觉得有点感动，因为酒店的工作人员非常热情和友好，帮我提行李，还提醒我怎么登记办理入住。晚上很放松，因为没有噪音，我也睡得很好。他们的工作效率也给我留下了深刻的印象——第二天，洗衣服的服务人员也很快地过来了，打扫卫生也很快，我很高兴，也很满意。"此外，25 位受访者中有 15 位报告在酒店住宿期间经历了多种负面情感。例如，17 号参与者（45 岁，教师，拜访朋友，入住北京连锁酒店）表示："它的隔音效果不好，晚上能听到有人来回走动的声音，导致我睡得不好，非常烦躁。我很失望，因为酒店没有健身房，而我了解的很多同价位的酒店都有健身房。更让我生气的是酒店只有一部电梯，每次乘坐电梯时都挤满了人。"

对于那些在酒店住宿期间经历过多种积极或消极情感的受访者来说，他们中的大多数表示有强烈的意愿在未来再次光顾该酒店或同一品牌的酒店。特别是，参与者经常提到，体验多种积极情感使他们的入住经历更加难忘。例如，11 号参与者（21 岁，全日制大学生，拜访朋友，入住浙江宁波五星级酒店）表示："我在这家酒店期间产生了很多美好的感受，这让这次住宿更加难忘。我仍然可以回忆起每一个细节，因为它为我提供了更丰富的体验，这让我觉得留在这里是值得的，所以我愿意再来这家酒店。"与调查结果一致，参与者认为积极情感多样性的体验可以帮助他们摆脱享乐适应的窒息效应。正如21号受访者（26岁，秘书，旅游，入住河北唐山四星级酒店）所说："不同的情绪体验会更加强烈。如果你每天都体验同一种情绪，就像每天吃同一道菜，你会觉得没趣。长时间体验同一种情绪，即使是快乐的情绪，也会变得平淡无奇。"另一方面，报告一种负面情感的酒店客人发现很难缓解这种情感。3号参与者（25岁，大学生，旅游，入住福建厦门四星级酒店）说："酒店位置太偏远，去的路上没有路灯，非常恐怖，根本没有工作人员引导我，这种感觉持续了一整夜，直到现在我还是觉得很恐怖。"相反，多种负面情感的经历使个体无法沉浸在一种特定的负面情感中，从而降低了他们对负面情感的意识。例如，11号参与者（21岁，大学生，拜访朋友，入住浙江宁波五星级酒店）提道："门锁感应系统不好，有时需要尝试多次才能打开房间的门，这让我有点生气。但这并没有困扰我太久，因为另一件事分散了我的注意力——我发现浴室没有防滑垫，我觉得挺失望的。"

与品味在缓解负面情感感知与回购意愿之间起调节作用的研究结果相呼应，大多数酒店客人提到，当陷入消极情感时，他们会更多地思考体验的积极方面以减轻对负面方面的关注。13号参与者（26岁，销售人员，出差，入住河南郑州三星级酒店）表示："我花了10分钟才办理好入住，因为有很多客人在等，我有点不高兴，但我理解他们，因为我也在服务行业工作。我意识到曾经在另一家酒店等了半小时才入住，所以这没什么大不了的。"这位客人使用了布莱恩特和维罗夫提出的一种特殊的品味策略——比较，即将当前经历与之前更糟糕的情况进行比较，这种"向下比较"可以缓解消极情感的强度（Bryant, Veroff, 2007）。通过比较，酒店客人减少了对消极情感的自觉意识，从而进一步促进了他们再次入住酒店的意愿。

然而，中国客人在体验上往往缺乏主动追求积极感受的倾向（主动品味）。当被问及在酒店住宿期间的愉悦感受时，他们中的大多数人仅表示可能会再次选择入住，却很少提及具体的策略或行动来延长或深化这种愉悦体验。简而言之，中国客人在享受酒店住宿体验时更倾向于进行比较，尤其当遇到不愉快的服务时。而在面对积极的住宿体验时，他们却很少会主动沉浸其中，也很少通过其他方式来重复或延续那些美好时光。这为研究2中并不支持H5的问卷数据结果提供了证据和解释。

二、研究 2 问卷调查

（一）参与者人口统计信息

在 354 名参与者中，男性占比 36.4%，女性占比 63.6%。参与者的年龄段主要集中在 26~35 岁，占 46%，其次是 18~25 岁年龄组，占 31.6%。大多数参与者（79.1%）拥有本科或大专学历。在月收入方面，41.8% 的受访者收入在 5000~10 000 元。至于每年入住酒店的频率，32.8% 的受访者表示每年入住 2~4 次，而 30.8% 的受访者表示每年入住 5~7 次。在分享酒店住宿体验方面，大多数参与者（39.8%）住在经济型连锁酒店。超过一半的参与者停留了 1~3 天。69.5% 的受访者表示，入住酒店最常见的原因是旅游。详细信息如表 5-3 所示。

表 5-3 参与者人口统计信息

变量		N	百分比（%）	变量		N	百分比（%）
性别	男性	129	36.4	每年入住酒店的次数	1 次及以下	9	2.5
	女性	225	63.6		2~4 次	116	32.8
年龄	18~25 岁	112	31.6		5~7 次	109	30.8
	26~35 岁	163	46.0		8~10 次	67	18.9
	36~45 岁	51	14.4		10 次以上	53	15.0
	46~55 岁	8	2.3	酒店星级	经济连锁酒店	141	39.8
	56 岁及以上	20	5.6		非连锁酒店	48	13.6
受教育水平	高中	11	3.1		三星级酒店	51	14.4
	本科/大专	280	79.1		四星级酒店	67	18.9
	硕士	57	16.1		五星级酒店	47	13.3
	博士	6	1.7	入住天数	1~3 天	300	84.7

续表

变量		N	百分比（%）	变量		N	百分比（%）
月收入	5000 元以下	103	29.1	入住天数	4~6 天	45	12.7
	5000~10 000 元	148	41.8		7 天及以上	9	2.5
	10 000~20 000 元	77	21.8	入住原因	旅游	246	69.5
	20 000~30 000 元	20	5.6		拜访亲朋好友	17	4.8
	30 000 元以上	6	1.7		出差	82	23.2
					其他	9	2.5

资料来源：作者自行整理

（二）共同方法偏差（CMV）

在本研究中，所有变量均来自单一来源，这可能导致共同方法偏差的发生。为了解决这一问题，进行了 Harmon 单因素检验。结果显示，第一个因子对总方差的解释比例为 37.23%，低于 50% 的临界值。因此，在研究中，共同方法偏差的问题并不存在（Podsakoff et al., 2003）。

（三）验证性因子分析（CFA）

使用 Mplus 8.3 进行验证性因子分析（CFA）。在消极情感变量中，第六个题项因因子载荷低于 0.5 而被删除。如表 5-4 所示，与其他备选模型相比，六因子模型对数据拟合较好（$\chi^2 = 1081.710, df = 512, \chi^2/df = 2.113$, CFI = 0.939, TLI = 0.933, RMSEA = 0.056），区分效度可接受。

量表题项的因子载荷均显著，在 0.509~0.944 之间，均大于 0.5，表明具有较好的收敛效度（Hair, 2010）。此外，变量的组合信度（CR）的范围为 0.871~0.967，均大于 0.7。方差萃取值（AVE）的范围为 0.482~0.881，大部分超过 0.5。这些结果表明量表具有较好的效度（Fornell 和 Larcker, 1981）。此外，所有变量的 Cronbach's α 值均超过 0.8，表明量表具有较好的信度。表 5-5 展示了各变量的因子载荷、变量的组合信度（CR）和方差萃取值（AVE），并给出了模型比较结果。

表 5-4　模型比较结果

模型	χ^2	df	χ^2/df	CFI	TLI	RMSEA
1. 六因子模型	1081.710	512	2.113	0.939	0.933	0.056
2. 五因子模型 [a]	2181.826	517	4.220	0.823	0.807	0.095
3. 四因子模型 [b]	2744.026	521	5.267	0.763	0.745	0.110
4. 三因子模型 [c]	4413.702	524	8.423	0.585	0.556	0.145
5. 两因子模型 [d]	4671.811	526	8.882	0.558	0.529	0.149
6. 单因子模型 [e]	4967.368	527	9.426	0.527	0.496	0.154

注：$N=354$，a，是积极情感和消极情感的结合，b，将积极情感、消极情感和积极情感感知相结合，c，结合积极情感、消极情感、积极情感感知和消极情感感知，d，将积极情感、消极情感、积极情感感知、消极情感感知和品味结合起来，e，将所有变量合并为一个因素。

资料来源：作者自行整理

表 5-5　变量测度及指标结果

变量	题项	均值	标准差	因子载荷	方差萃取值（AVE）	组合信度（CR）	Cronbach's a
积极情感（PE）	PE1	4.588	1.564	0.676	0.555	0.925	0.923
	PE2	3.946	1.703	0.617			
	PE3	4.723	1.519	0.742			
	PE4	5.079	1.416	0.803			
	PE5	4.582	1.577	0.819			
	PE6	5.243	1.463	0.783			
	PE7	5.602	1.294	0.822			
	PE8	5.424	1.343	0.836			
	PE9	4.407	1.619	0.777			
	PE10	5.328	1.282	0.509			

续表

变量	题项	均值	标准差	因子载荷	方差萃取值（AVE）	组合信度（CR）	Cronbach's a
消极情感（NE）	NE1	2.158	1.281	0.772	0.482	0.892	0.890
	NE2	1.794	1.046	0.571			
	NE3	1.816	1.087	0.744			
	NE4	2.003	1.243	0.798			
	NE5	2.404	1.348	0.651			
	NE7	1.771	1.081	0.804			
	NE8	2.006	1.223	0.684			
	NE9	2.076	1.238	0.553			
	NE10	2.446	1.406	0.621			
积极情感感知（APE）	APE1	5.565	1.108	0.851	0.740	0.919	0.919
	APE2	5.672	1.244	0.843			
	APE3	5.712	1.196	0.858			
	APE4	5.681	1.196	0.889			
消极情感感知（ANE）	ANE1	3.582	1.725	0.928	0.881	0.967	0.967
	ANE2	3.432	1.930	0.944			
	ANE3	3.492	1.919	0.943			
	ANE4	3.537	1.898	0.940			
品味策略（SAV）	SAV1	5.740	1.035	0.713	0.628	0.871	0.870
	SAV2	5.859	1.143	0.783			
	SAV3	5.901	1.018	0.840			
	SAV4	5.921	1.114	0.828			
回购意愿（RI）	RI1	5.616	1.246	0.905	0.817	0.930	0.928
	RI2	5.644	1.417	0.892			
	RI3	5.607	1.380	0.914			

资料来源：作者自行整理

（四）情感多样性

通过参考已有关于情感多样性的文献，可以分别计算积极情感多样性和消极情感多样性的数值。以往研究确定了衡量情感多样性的两个关键指标，即丰富度和均匀度（Wang et al.，2020）。丰富度是指个体所经历的不同情感的数量，而均匀度反映了每一种情感所经历的程度。Shannon（1984）将这两个指标结合起来，提出了以下公式：

$$情感多样性（Emodiversity）= \sum_{i=1}^{s}(p_i \times \ln p_i) \times (-1)$$

其中，s 表示个体经历情感的数量，p_i 表示某一特定情感（i）在总情感中所占的份额。为了得到 p_i 的值，将某一特定情感的得分除以所有特定情感的总得分。然后，可以计算每个特定情感的值。最后，将所有（$p_i \times \ln p_i$）×（-1）相加，即可计算出情感多样性的值。表5-6举例说明了该公式如何从积极情感中产生积极情感多样性的值。

表 5-6　情感多样性计算举例

情感	分数	p_i	$\ln p_i$	$(p_i \times \ln p_i) \times (-1)$
开心	3	0.07	-2.64	0.19
敬畏	2	0.05	-3.04	0.14
感激	4	0.10	-2.35	0.22
期待	5	0.12	-2.13	0.25
激动	5	0.12	-2.13	0.25
有趣	3	0.07	-2.64	0.19
高兴	5	0.12	-2.13	0.25
喜爱	4	0.10	-2.35	0.22
自豪	4	0.10	-2.35	0.22
平静	7	0.17	-1.79	0.30
共计	42			
情感多样性				2.23

资料来源：作者自行整理

（五）假设检验

在检验本研究的假设之前，首先评估了变量之间的相关性。如表5-7所示，积极情感多样性和积极情感感知均与回购意愿呈正相关（$\beta = 0.34$，$p < 0.001$；$\beta = 0.67$，$p < 0.001$）。消极情感多样性与回购意愿呈正相关（$\beta = 0.14$，$p < 0.01$），而消极情感感知与回购意愿呈负相关（$\beta = -0.46$，$p < 0.001$）。这些相关值与本研究的假设一致，支持进一步的分析。

本研究采用多元层次回归分析对提出的假设进行检验，结果如表5-8所示。模型1显示，积极情感多样性与回购意愿正相关（$\beta = 10.01$，$p < 0.001$），H1得到支持。模型2显示，积极情感感知与回购意愿正相关（$\beta = 0.77$，$p < 0.001$）。纳入积极情感感知的模型3显示，积极情感多样性与回购意愿的正向关系有所降低（$\beta = 5.47$，$p < 0.001$）；但积极情感感知与回购意愿仍呈正相关（$\beta = 0.72$，$p < 0.001$）。因此，H2得到部分支持。通过10 000次迭代的bootstrapping过程进一步证实了积极情感多样性通过积极情感感知对回购意愿的间接作用显著（$\beta = 4.54$，SE $= 1.47$，95% CI，LLCI $= 1.96$，ULCI $= 7.78$，见图5-3）。

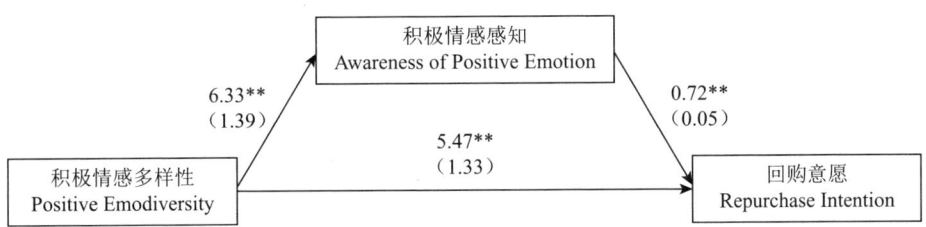

图5-3　积极情感感知的中介作用

资料来源：作者绘制

模型4显示，消极情感多样性正向预测回购意愿（$\beta = 2.95$，$p < 0.05$），H3得到支持。模型5显示，消极情感感知与回购意愿负向相关（$\beta = -0.31$，$p < 0.001$）。模型6在加入负面情感感知后，消极情感多样性与回购意愿的正相关关系变得不显著（$\beta = 0.50$）；然而，消极情感感知与回购意愿仍然负向相关（$\beta = -0.31$，$p < 0.001$）。因此，H4得到支持。通过10 000次迭代的bootstrapping过程，进一步证实了消极情感多样性通过消极情感感知对回购意愿的间接作用显著（$\beta = 2.45$，SE $= 0.65$，95% CI，LLCI $= 1.26$，ULCI $= 3.82$，

见图 5-4）。

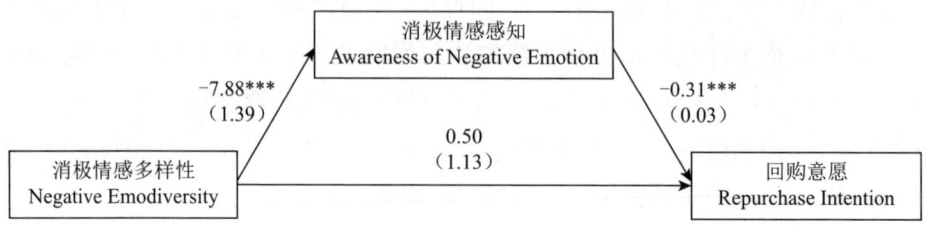

图 5-4　消极情感感知的中介作用

资料来源：作者绘制

为检验品味策略的调节作用，本研究以积极情感感知、消极情感感知为中介变量。如模型 7 所示，积极情感感知与品味的交互作用与回购意愿的关系不显著（$\beta = -0.05$）。因此，H5 未得到支持。相反，消极情感感知与品味的交互作用预测了回购意愿（$\beta = 0.257$，$p < 0.01$）。进一步地，如图 5-5 所示，与低品味个体相比，高品味个体对消极情感感知的负向作用更弱（low = -0.40，$p < 0.01$；High = -0.12，$p < 0.001$）。因此，H6 得到支持。

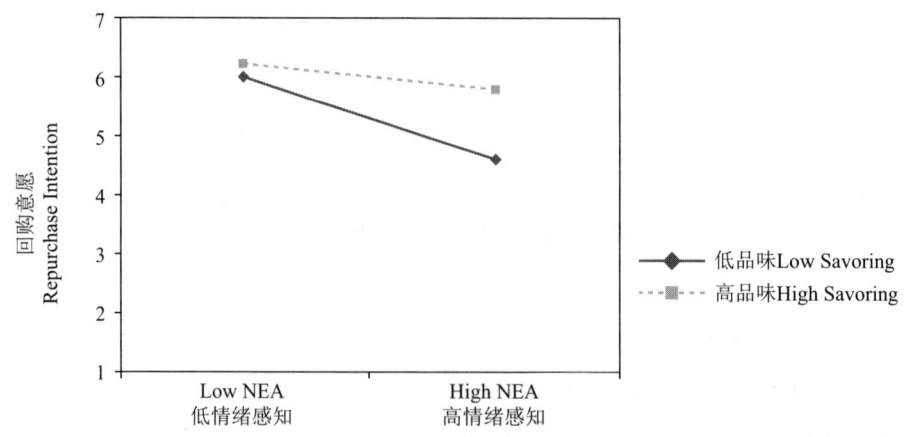

图 5-5　品味策略的调节作用

资料来源：作者绘制

表 5-7 相关关系及描述性统计

	M	SD	1	2	3	4	5	6	7	8	9	10	11	12	13	14	15
1. 性别	0.36	0.48															
2. 年龄	3.04	1.03	0.06														
3. 受教育程度	4.16	0.48	0.01	−0.12*													
4. 月收入	2.09	0.94	0.05	0.32**	0.14*												
5. 情感辨别能力	5.56	0.86	−0.04	0.07	0.06	0.08											
6. 每年入住酒店次数	3.11	1.10	0.07	0.09	0.09	0.22**	0.09										
7. 酒店星级	2.52	1.49	−0.04	0.24**	0.07	0.34**	0.07	0.06									
8. 入住天数	1.18	0.44	−0.05	0.16**	−0.11*	0.16**	0.03	0.08	0.06								
9. 入住原因	1.61	1.00	0.02	0.18**	−0.06	0.03	0.02	0.04	0.01	−0.04							
10. 积极情感多样性	2.27	0.04	0.07	0.20**	−0.09	0.12*	0.01	−0.00	0.14**	0.06	−0.01						
11. 消极情感多样性	2.23	0.05	0.00	0.17**	−0.05	0.04	−0.01	−0.08	0.00	−0.17	−0.01	0.35**					
12. 积极情感感知	5.66	1.06	−0.01	0.12*	0.03	0.08	0.30**	0.09	0.18**	0.10	−0.07	0.25**	−0.01	(0.92)			
13. 消极情感感知	3.51	1.78	0.03	−0.09	0.12*	−0.01	0.01	0.03	−0.05	−0.08	−0.05	−0.17**	−0.24**	−0.15**	(0.97)		
14. 回购意愿	5.62	1.26	−0.05	0.17**	−0.06	0.09	0.20**	0.12*	0.20**	0.10	−0.03	0.34**	0.14**	0.67**	−0.46**	(0.93)	
15. 品味策略	5.86	0.91	−0.01	0.04	−0.03	0.01	0.25**	−0.03	0.05	0.07	−0.16**	0.18**	0.07	0.74**	−0.26**	0.54**	(0.87)

注：N = 354，*$p < 0.05$，**$p < 0.01$，***$p < 0.001$，均为双侧。
资料来源：作者自行整理。

表 5-8 假设检验结果

		回购意愿							
		模型1	模型2	模型3	模型4	模型5	模型6	模型7	模型8
交互效应		−18.85*** (3.77)	1.64** (0.60)	−10.63*** (3.04)	−2.43 (2.73)	4.66*** (0.67)	3.59 (2.52)	5.66*** (0.05)	5.69*** (0.05)
控制变量	1. 性别	−0.17 (0.13)	−0.12 (0.10)	−0.15 (0.10)	−0.11 (0.13)	−0.09 (0.12)	−0.09 (0.12)	−0.17 (0.10)	−0.13 (0.10)
	2. 年龄	0.08 (0.07)	0.07 (0.05)	0.05 (0.05)	0.11 (0.07)	0.11 (0.06)	0.10 (0.06)	0.05 (0.05)	0.10 (0.05)
	3. 受教育程度	−0.12 (0.13)	−0.22* (0.11)	−0.18 (0.10)	−0.17 (0.14)	−0.06 (0.12)	−0.06 (0.12)	−0.17 (0.10)	−0.04 (0.10)
	4. 月收入	−0.07 (0.07)	−0.01 (0.06)	−0.03 (0.06)	−0.05 (0.08)	−0.05 (0.07)	−0.05 (0.07)	−0.03 (0.06)	−0.06 (0.06)
	5. 情感辨别能力	0.27*** (0.07)	0.00 (0.06)	0.02 (0.06)	0.28*** (0.07)	0.27*** (0.07)	0.27*** (0.07)	0.03 (0.06)	0.16** (0.06)
	6. 每年入住酒店次数	0.12* (0.06)	0.07 (0.05)	0.08 (0.05)	0.11 (0.06)	0.13 (0.05)	0.13* (0.05)	0.10* (0.05)	0.14** (0.05)
	7. 酒店星级	0.12** (0.04)	0.07 (0.04)	0.06 (0.04)	0.14** (0.05)	0.13** (0.04)	0.13** (0.04)	0.07 (0.04)	0.12*** (0.03)
	8. 入住天数	0.13 (0.14)	0.01 (0.12)	0.01 (0.11)	0.15 (0.15)	0.06 (0.13)	0.06 (0.13)	0.01 (0.11)	0.01 (0.11)
	9. 入住原因	−0.05 (0.06)	0.00 (0.05)	0.01 (0.05)	−0.06 (0.06)	−0.09 (0.06)	−0.09 (0.06)	0.02 (0.05)	0.02 (0.05)
自变量	1. 积极情感多样性	10.01*** (1.63)		5.47*** (1.33)				5.37*** (1.32)	
	2. 消极情感多样性				2.95* (1.23)		0.50 (1.13)		0.04 (0.95)
中介变量	1. 积极情感感知		0.77*** (0.05)	0.72*** (0.05)				0.56*** (0.07)	
	2. 消极情感感知					−0.31*** (0.03)	−0.31*** (0.03)		−0.26*** (0.17)
调节变量	品味策略							0.13 (0.09)	0.38*** (0.15)

续表

		回购意愿							
		模型 1	模型 2	模型 3	模型 4	模型 5	模型 6	模型 7	模型 8
交互项	1. 积极情感感知 × 品味							−0.05 (0.03)	
	2. 消极情感感知 × 品味								0.15*** (0.03)
F		8.55***	30.77***	30.80***	4.95***	14.90***	13.53***	27.27***	26.86***
R^2		0.18	0.46	0.48	0.10	0.28	0.30	0.49	0.49

注：N =354，$*p < 0.05$，$**p < 0.01$，$***p < 0.001$，均为双侧。
资料来源：作者自行整理

第五节 研究启示和展望

一、结论

本研究构建并实证检验了一个综合模型，详细探究了积极情感多样性和消极情感多样性对客人回购意愿的具体影响，同时揭示了影响这一关系的边界条件。通过精心设计的半结构式访谈和问卷调查两项研究，得出了以下重要结论：

首先，通过半结构式访谈证实了酒店客人在入住期间存在情感多样性，包括积极情感多样性和消极情感多样性。实证检验显示，无论情感的效价如何，情感多样性均与酒店客人的回购意愿呈现显著的正相关关系。这一发现与先前在不同背景下的研究结果一致（Quoidbach et al., 2014；Wang et al., 2020），强调了消极情感多样性在提升个人体验方面的潜在价值。

其次，本研究揭示了情感感知在情感多样性对酒店评价产生积极影响中的潜在机制。当酒店客人产生情感时，他们的情感感知水平会影响对酒店的整体评价，进而影响其回购意愿。即使在控制了多种与酒店相关的变量及人口统计特征之后，这一结果依然稳健，进一步增强了研究结论的可靠性。

再次，通过半结构式访谈，研究发现酒店硬件、酒店服务、酒店位置是能够引发消费者不同情感体验的主要刺激物。此外，酒店客人在面对积极情感或消极情感时会采取不同的调节策略，因此，研究共梳理出同他人分享、沉浸专注、重复体验、行为表达和对比共5种积极情感的调节策略，以及转移注意力、逃避、情感压制、抒发情感和转换视角共5种消极情感的调节策略。

最后，本研究还发现，品味策略在消极情感感知与回购意愿之间起到了显著的调节作用。这表明，当客人产生消极情感时，通过采取适当的品味策略，他们有可能转变对酒店的态度，并增加再次购买的意愿。这一发现不仅丰富了现有理论，也为酒店业提供了实践上的指导，即如何通过优化酒店服务来提升客人的回购意愿。

二、理论意义

对于心理学领域中的情感多样性和酒店行业中的客人情感研究方面，本研究具有重要的理论贡献。

首先，现有健康和社会心理学领域的研究已经广泛探讨了情感多样性对个体心理健康（Urban-Wojcik et al., 2022）、身体健康（Ong et al., 2018）、思维逻辑（Grossmann et al., 2019）以及参与度（King, Frondozo, 2022）的积极作用。本研究在此基础上进一步拓展，将情感多样性与酒店住宿背景下客人的回购意愿相联系，揭示了二者之间的作用机制。与先前的健康和社会心理学研究结论相一致，本研究不仅强调了积极情感多样性对心理和身体健康的积极影响（Ong et al., 2018），还提供了初步的理论依据和实证支持。研究结果表明，在酒店住宿期间，客人展现出的积极情感多样性有助于形成对酒店的正面评价，进而提高他们再次选择该酒店入住的可能性。研究通过引入情感多样性作为酒店消费者行为意向的新预测因子，为现有理论框架增添了新的维度。这不仅突破了以往研究主要关注积极情感总体平均水平的局限（Hermann et al., 2016；King, Frondozo, 2022），更为酒店业消费者行为研究提供了新的理论视角和研究方向。

其次，本研究扩展了情感多样性研究的方向，探讨了消极情感多样性对酒店客人回购意愿的积极影响，并提供了更多证据。这一发现进一步证明了消极情感多样性除了对临床症状或个人幸福感有影响外，还具有更为广泛的积极影响（Quoidbach et al., 2014；Werner-Seidler et al., 2020）。研究结果丰富了酒店领域内关于客人的情感研究，明确指出了各种负面情感体验对酒店客人回购意愿的积极作用。具体而言，本研究假设体验负面情感多样性能够削弱任何一种负面情感的主导地位，从而减轻极端负面情感对客人整体体验的不利影响。研究与奎德巴赫等（Quoidbach et al., 2014）的研究结果一致，支持了消极情感多样性在体验消费背景下是有益的观点。

再次，本研究不仅扩展了关于情感多样性的现有文献的研究，还强调了情感感知作为阐述情感多样性的重要潜在机制。研究结果表明，情感感知在客人情感多样性对客人回购意愿的影响中起到了中介作用。以往的心理学研究主要集中于情感多样性对生理和心理结果的影响（Urban-Wojcik et al., 2022），而对其潜在机制的实证探索相对有限。奎德巴赫等（Quoidbach et al., 2014）从概念上提出了情感感知可能是连接情感多样性与更好结果的关键因素。本研究通过实证数据证实了不同情感的体验会影响消费者的情感感知，进而塑造他们的回购意愿，为情感多样性文献贡献了新的见解。研究结果与情感反馈理论相一致，该理论认为情感可以作为信息输入，进而影响后续的个人行为（Baumeister et al., 2007）。因此，通过提升对情感多样性的认知和管理，酒店业不仅可以提升客户的满意度，还能够促进客户的忠诚度。

另外，本研究对积极心理学做出了显著的贡献，揭示了品味策略在消极情感感知和回购意愿间的调节作用。认识到自身的情感状态是后续调节这些情感的前提条件，这一发现有助于个体实现自己的目标（Tuerlan et al., 2021）。在酒店住宿的情境中，本研究发现品味策略负向调节了消极情感感知与回购意愿之间的关系。这与先前的研究相吻合，即品味能够有效地减轻消极情感和相关的抑郁症状（Hurley 和 Kwon, 2012）。对于有意识关注自身消极情感的酒店客人而言，运用品味策略能够转移注意力，使他们不再过分聚焦于不良刺激和相关的消极情感（Sytine et al., 2018）。

最后，根据资源保存理论（Hobfoll, 1989），品味可以被视为一种获取额外资源和能量的途径，进而用于抵御消极影响。此外，品味策略还使消费者能够将资源重新投向积极的体验，避免持续反思消极经历（Bryant, Smith,

2015）。本研究在酒店住宿的情境中发现，品味策略无法调节积极情感感知与回购意愿之间的关系。访谈数据强调了中国客人享受酒店住宿体验的独特方式，这种方式与文化背景密切相关。中国客人在面对不愉快经历时更可能选择细细品味，但不太倾向于刻意延长或关注积极的情感体验。这一发现与林德伯格（Lindberg，2004）的观察相吻合，他注意到东方文化中的个体不太重视主动品味。宫本和赖夫（Miyamoto，Ryff，2011）进一步将这种现象归因于东方人的生活哲学——"幸运和不幸就像一根缠绕的绳子"。因此，酒店的中国客人可能更欣赏积极情感和消极情感之间的相对平衡，而不是像西方人一样最大化积极情感并最小化消极情感。这种文化差异为本研究中发现的品味策略的单边效应提供了合理解释。

三、实践意义

本研究的结果对酒店经营者具有显著的价值。研究表明，将关注范围扩展到单一情感之外，为深入理解酒店客人与服务提供商之间的互动提供了一种富有成效的方法。结果显示，客人在酒店住宿期间体验到的积极情感越丰富多样，他们对酒店服务体验的评价就越为积极。本研究并未忽视消极情感的重要性，反而强调酒店通过提供多元化的情感体验能够获取更多益处。因此，酒店的每一个服务流程都应经过精心策划和执行，以最大化积极情感的多样性，并激发或增强各种类型的积极体验。

服务提供商应了解如何在酒店住宿环境中激发不同的积极情感，避免将客人的酒店体验简化为"同质化的愉快旅程"。例如，可靠且专业的工作人员能够唤起客人的满足或感激之情，而房间升级则可能带来惊喜（Wu，Gao，2019）。当酒店员工超越职责范围，展现出卓越的解决问题能力时，能够激发顾客的喜悦之情（Torres，Kline，2013）。因此，酒店经营者应认识到提供"追求情感多样性"之旅的重要性，而非仅仅将酒店客房宣传为短暂的逃离和同质化的愉悦之地。定期更新酒店设施并重新设计服务流程，将有助于酒店最大化客人在入住期间可能体验到的积极情感。

尽管本研究表明，消极情感多样性有助于提升客人的酒店住宿评价，但这并不意味着提倡故意诱导过多的负面情感。相反，一种主导且强烈的负面情感，虽然可能增强体验的可记忆性，但也可能导致客人对酒店住宿的负面评价。因此，服务提供者应密切关注出现强烈负面情感的客人，并实施有效的服务恢复策略，以确保客户忠诚度。对一线服务人员进行培训，使其能够通过观察面部表情来识别服务过程中出现的强烈负面情感（Balaji et al., 2017），将是一项重要举措。及时识别不满意的客户并提供适当的安慰，往往能够带来更为满意的结果。这凸显了加强员工培训以确保有效恢复服务的重要性。训练有素的员工能够迅速感知消费者的情感或需求，并采取行动，利用机会减轻极端的负面情感（Wu, Gao, 2019）。技术同样可以发挥关键作用，采用面部编码系统的视频监控系统能够检测客人的强烈情感（Tuerlan et al., 2021）。例如，迪士尼便利用这些设备捕捉消费者的情感，并根据实时情感调整游乐设施。

此外，本研究还强调，采用品味策略可以有效地减轻负面情感对消费者回购意愿的负面影响。酒店应积极促进品味过程，并提醒消费者在入住期间采用各种具体的品味策略。主要目标在于帮助客人积极欣赏他们住宿的积极方面，并呵护他们的积极感受。例如，可以利用布莱恩特和维罗夫（Bryant, Veroff, 2007）在酒店住宿背景下提出的11种具体的品味策略，欢迎卡可以介绍酒店独特的设施或服务（感官知觉锐化）。在窗户上放置一张卡片，可以鼓励客人欣赏窗外短暂的美景（时间意识）。提醒客人与朋友和家人分享他们难忘的经历（与他人分享），能够帮助他们发现并欣赏在酒店体验中可能被忽视的最简单和最小的快乐，从而积极调节他们的积极情感。

四、不足与展望

本研究尽管具有深远的意义，但也存在一些局限性。

首先，尽管本研究采用了混合方法来探索酒店客人的积极与消极情感，然而其结论可能仍受到自我报告偏差的影响。正如图尔兰（Tuerlan et al., 2021）所述，情感具有自发性与短暂性，涉及主观体验、运动表达（如面部表情）及神经生理激活等多个层面。为了更精准地捕捉客人的情感状态，未来的研究可以考虑采用更为先进的测量方法，如皮肤电导反应、面部表情识别技术以及心率监测等。这些生理指标可以提供更客观的数据，减少自我报告的偏差。此外，使用体验抽样方法亦能更精确地追踪酒店客人在入住期间的连续情感变化，从而提供更细致的情感动态数据。

其次，尽管本研究探讨了品味策略作为情感多样性对回购意愿影响的调节因素，但未来研究可进一步拓展至其他个体差异变量，如感觉寻求水平或多样性寻求倾向。例如，对于追求多样性的人群而言，情感多样性可能对其影响更为显著，相较于那些偏好单调体验的人群。探讨这些个体差异可以帮助理解不同类型消费者的情感需求，从而制定更为个性化的服务策略。此外，本研究主要聚焦于情感多样性对酒店客人回购意愿的影响，未来研究可以进一步拓宽视野，探讨其对其他结果变量的作用，如可持续消费行为或总体消费行为等。这将有助于更全面地了解情感多样性对消费者行为的影响。

最后，需要指出的是，本研究虽具有相关性，但尚无法确立因果结论。为了进一步验证情感多样性与酒店客人行为意图之间的因果关系，未来的研究可以采用实验设计，通过操纵不同水平的情感多样性来观察其效果。基于场景的研究方法可以模拟不同的条件（即高情感多样性与低情感多样性情境），从而为二者之间的关系提供更为坚实的证据支持。

参考文献

[1] Ali F, Amin M. The influence of physical environment on emotions, customer satisfaction and behavioural intentions in Chinese resort hotel industry [J]. Journal for Global Business Advancement, 2014, 7（3）: 249-266.

[2] Ali F, Hussain K, Omar R. Diagnosing customers experience, emotions and satisfaction in Malaysian resort hotels [J]. European Journal of Tourism Research, 2016, 12: 25-40.

[3] Balaji M S, Roy S K, Quazi A. Customers' emotion regulation strategies in service failure encounters [J]. European Journal of Marketing, 2017, 51（5/6）: 960-982.

[4] Barsky J, Nash L. Evoking emotion: Affective keys to hotel loyalty [J]. Cornell Hotel and Restaurant Administration Quarterly, 2002, 43（1）: 39-46.

[5] Bastiaansen M, Lub X D, Mitas O, et al. Emotions as core building blocks of an experience [J]. International Journal of Contemporary Hospitality Management, 2019, 31（2）: 651-668.

[6] Baumeister R F, Vohs K D, Nathan DeWall C, et al. How emotion shapes behavior: Feedback, anticipation, and reflection, rather than direct causation [J].

Personality and Social Psychology Review, 2007, 11（2）: 167–203.

［7］Bravo R, Martinez E, Pina J M. Effects of service experience on customer responses to a hotel chain［J］. International Journal of Contemporary Hospitality Management, 2019, 31（1）: 389–405.

［8］Brislin R W. Back-translation for cross-cultural research［J］. Journal of Cross-cultural Psychology, 1970, 1（3）: 185–216.

［9］Bryant F. Savoring Beliefs Inventory（SBI）: A scale for measuring beliefs about savouring［J］. Journal of Mental Health, 2003, 12（2）: 175-196.

［10］Bryant F B. Current progress and future directions for theory and research on savoring［J］. Frontiers in Psychology, 2021, 12: 771698.

［11］Bryant F B, Smith J L. Appreciating life in the midst of adversity: Savoring in relation to mindfulness, reappraisal, and meaning［J］. Psychological Inquiry, 2015, 26（4）: 315–321.

［12］Ciarrochi J, Caputi P, Mayer J D. The distinctiveness and utility of a measure of trait emotional awareness［J］. Personality and Individual Differences, 2003, 34（8）: 1477–1490.

［13］Clifford G, Hitchcock C, Dalgleish T. Negative and positive emotional complexity in the autobiographical representations of sexual trauma survivors［J］. Behaviour Research and Therapy, 2020, 126: 103551.

［14］Fornell C, Larcker D F. Evaluating structural equation models with unobservable variables and measurement error［J］. Journal of Marketing Research, 1981, 18（1）: 39–50.

［15］Fredrickson B L, Tugade M M, Waugh C E, et al. What good are positive emotions in crisis? A prospective study of resilience and emotions following the terrorist attacks on the United States on September 11th, 2001［J］. Journal of Personality and Social Psychology, 2003, 84（2）: 365–376.

［16］Frederick S, Loewenstein G. 16 Hedonic adaptation［J］. Well-Being the Foundations of Hedonic Psychology, 1999: 302–329.

［17］Garland E L, Farb N A, R. Goldin P, et al. Mindfulness broadens awareness and builds eudaimonic meaning: A process model of mindful positive emotion regulation［J］. Psychological Inquiry, 2015, 26（4）: 293–314.

［18］Greenberg L S, Goldman R N. Clinical handbook of emotion-focused therapy［M］. American Psychological Association, 2019.

［19］Giombini L. Handbook of emotion regulation［J］. Advances in Eating Disorders: Theory, Research and Practice, 2015, 3（1）: 115-117.

［20］Grossmann I, Oakes H, Santos H C. Wise reasoning benefits from emodiversity, irrespective of emotional intensity［J］. Journal of Experimental Psychology: General, 2019, 148（5）: 805-823.

［21］Guest G, Bunce A, Johnson L. How many interviews are enough? An experiment with data saturation and variability［J］. Field Methods, 2006, 18（1）: 59-82.

［22］Joseph F, Barry J B, Rolph E A, et al. Multivariate data analysis［M］. New York: Pearson Prentice Hall, 2010.

［23］Hermann H, Trachsel M, Elger B S, et al. Emotion and value in the evaluation of medical decision-making capacity: a narrative review of arguments［J］. Frontiers in Psychology, 2016, 7: 197511.

［24］Hurley D B, Kwon P. Results of a study to increase savoring the moment: Differential impact on positive and negative outcomes［J］. Journal of Happiness Studies, 2012, 13: 579-588.

［25］Igbinovia M O. Emotional self-awareness and information literacy competence as correlates of task performance of academic library personnel［J］. Library Philosophy and Practice（e-journal）. 2015.

［26］Jani D, Han H. Influence of environmental stimuli on hotel customer emotional loyalty response: Testing the moderating effect of the big five personality factors［J］. International Journal of Hospitality Management, 2015, 44: 48-57.

［27］Jiang Y, Li S, Huang J, et al. Worry and anger from flight delay: Antecedents and consequences［J］. International Journal of Tourism Research, 2020, 22（3）: 289-302.

［28］Kang S M, Shaver P R. Individual differences in emotional complexity: Their psychological implications［J］. Journal of Personality, 2004, 72（4）: 687-726.

［29］Kashdan T B, Rottenberg J. Psychological flexibility as a fundamental aspect of health［J］. Clinical Psychology Review, 2010, 30（7）: 865-878.

［30］Keltner D, Gross J J. Functional accounts of emotions［J］. Cognition &

Emotion, 1999, 13（5）: 467-480.

［31］King R B, Frondozo C E. Variety is the spice of life: How emotional diversity is associated with better student engagement and achievement［J］. British Journal of Educational Psychology, 2022, 92（1）: 19-36.

［32］Lane R D, Smith R. Levels of emotional awareness: theory and measurement of a socio-emotional skill［J］. Journal of Intelligence, 2021, 9（3）: 42.

［33］Leventhal A M, Martin R L, Seals R W, et al. Investigating the dynamics of affect: Psychological mechanisms of affective habituation to pleasurable stimuli［J］. Motivation and Emotion, 2007, 31: 145-157.

［34］Li S, Jiang Y, Cheng B, et al. The effect of flight delay on customer loyalty intention: the moderating role of emotion regulation［J］. Journal of Hospitality and Tourism Management, 2021, 47: 72-83.

［35］Li S, Wang Y, Filieri R, et al. Eliciting positive emotion through strategic responses to COVID-19 crisis: Evidence from the tourism sector［J］. Tourism Management, 2022, 90: 104485.

［36］Li S, Zhan J, Cheng B, et al. Frontline employee anger in response to customer incivility: Antecedents and consequences［J］. International Journal of Hospitality Management, 2021, 96: 102985.

［37］Li Y, Lu C, Bogicevic V, et al. The effect of nostalgia on hotel brand attachment［J］. International Journal of Contemporary Hospitality Management, 2019, 31（2）: 691-717.

［38］Lo A S, Wu C. Effect of consumption emotion on hotel and resort spa experience［J］. Journal of Travel & Tourism Marketing, 2014, 31（8）: 958-984.

［39］Lockwood A, Pyun K. How do customers respond to the hotel servicescape?［J］. International Journal of Hospitality Management, 2019, 82: 231-241.

［40］Lyubomirsky S. 11 hedonic adaptation to positive and negative experiences［M］. New York: Oxford University Press, 2010.

［41］Ma J, Scott N, Gao J, et al. Delighted or satisfied? Positive emotional responses derived from theme park experiences［J］. Journal of Travel & Tourism Marketing, 2017, 34（1）: 1-19.

［42］Maguire L, Geiger S. Emotional timescapes: the temporal perspective and consumption emotions in services [J]. Journal of Services Marketing, 2015, 29 (3): 211-223.

[43]Miyamoto Y, Ryff C D. Cultural differences in the dialectical and non-dialectical emotional styles and their implications for health [J]. Cognition and Emotion, 2011, 25 (1): 22-39.

[44]Novick-Kline P, Turk C L, Mennin D S, et al. Level of emotional awareness as a differentiating variable between individuals with and without generalized anxiety disorder [J]. Journal of Anxiety Disorders, 2005, 19 (5): 557-572.

[45]Ong A D, Benson L, Zautra A J, et al. Emodiversity and biomarkers of inflammation [J]. Emotion, 2018, 18 (1): 3-14.

[46]Peng J, Zhao X, Mattila A S. Improving service management in budget hotels [J]. International Journal of Hospitality Management, 2015, 49: 139-148.

[47]Peng N, Chen A. Examining consumers' luxury hotel stay repurchase intentions-incorporating a luxury hotel brand attachment variable into a luxury consumption value model [J]. International Journal of Contemporary Hospitality Management, 2019, 31 (3): 1348-1366.

[48]Pm P. Common method biases in behavioral research: A critical review of the literature and recommended remedies [J]. Journal of Applied Psychology, 2003, 88: 879-903.

[49]Quoidbach J, Gruber J, Mikolajczak M, et al. Emodiversity and the emotional ecosystem [J]. Journal of Experimental Psychology: General, 2014, 143 (6): 2057-2066.

[50]Sharipudin M N S, Cheung M L, De Oliveira M J, et al. The role of post-stay evaluation on eWOM and hotel revisit intention among Gen Y [J]. Journal of Hospitality & Tourism Research, 2023, 47 (1): 57-83.

[51]Scherer K R. The dynamic architecture of emotion: Evidence for the component process model [J]. Cognition and Emotion, 2009, 23 (7): 1307-1351.

[52]Schlegel K. Inter-and intrapersonal downsides of accurately perceiving others' emotions [J]. Social Intelligence and Nonverbal Communication, 2020: 359-395.

[53]Kim S, Miao L, Magnini V P. Consumers' emotional responses and emotion regulation strategies during multistage waiting in restaurants [J]. Journal of Hospitality &

Tourism Research, 2016, 40（3）: 291-318.

[54] Shannon C E. A mathematical theory of communication [J]. The Bell System Technical Journal, 1948, 27（3）: 379-423.

[55] Smith R, Steklis H D, Steklis N G, et al. The evolution and development of the uniquely human capacity for emotional awareness: A synthesis of comparative anatomical, cognitive, neurocomputational, and evolutionary psychological perspectives [J]. Biological Psychology, 2020, 154: 107925.

[56] Su L, Swanson S R, Hsu M, et al. How does perceived corporate social responsibility contribute to green consumer behavior of Chinese tourists: A hotel context [J]. International Journal of Contemporary Hospitality Management, 2017, 29（12）: 3157-3176.

[57] Sukhu A, Choi H, Bujisic M, et al. Satisfaction and positive emotions: A comparison of the influence of hotel guests' beliefs and attitudes on their satisfaction and emotions [J]. International Journal of Hospitality Management, 2019, 77: 51-63.

[58] Sytine A I, Britt T W, Pury C L S, et al. Savouring as a moderator of the combat exposure–mental health symptoms relationship [J]. Stress and Health, 2018, 34（4）: 582-588.

[59] Tom Dieck M C, Jung T H. Value of augmented reality at cultural heritage sites: A stakeholder approach [J]. Journal of Destination Marketing & Management, 2017, 6（2）: 110-117.

[60] Torres E, Kline S. From customer satisfaction to customer delight: Creating a new standard of service for the hotel industry [J]. International Journal of Contemporary Hospitality Management, 2013, 25（5）: 642-659.

[61] Tuerlan T, Li S, Scott N. Customer emotion research in hospitality and tourism: conceptualization, measurements, antecedents and consequences [J]. International Journal of Contemporary Hospitality Management, 2021, 33（8）: 2741-2772.

[62] Urban-Wojcik E J, Mumford J A, Almeida D M, et al. Emodiversity, health, and well-being in the Midlife in the United States (MIDUS) daily diary study [J]. Emotion, 2022, 22（4）: 603-615.

[63] Walls A R. A cross-sectional examination of hotel consumer experience and relative effects on consumer values [J]. International Journal of Hospitality Management,

2013, 32: 179-192.

[64] Wang L, Hou Y, Chen Z. Are rich and diverse emotions beneficial? The impact of emodiversity on tourists' experiences [J]. Journal of Travel Research, 2021, 60(5): 1085-1103.

[65] Werner-Seidler A, Hitchcock C, Hammond E, et al. Emotional complexity across the life story: Elevated negative emodiversity and diminished positive emodiversity in sufferers of recurrent depression [J]. Journal of Affective Disorders, 2020, 273: 106-112.

[66] Wu S H, Gao Y. Understanding emotional customer experience and co-creation behaviours in luxury hotels [J]. International Journal of Contemporary Hospitality Management, 2019, 31(11): 4247-4275.

[67] Yan N, Halpenny E A. Savoring and tourists' positive experiences [J]. Annals of Tourism Research, 2021, 87: 103035.

[68] Zhang H, Zhang J, Lu S, et al. Modeling hotel room price with geographically weighted regression [J]. International Journal of Hospitality Management, 2011, 30(4): 1036-1043.

图书在版编目（CIP）数据

游客情感体验研究：新方法与新路径 / 李山石著. -- 北京：旅游教育出版社, 2024. 11. --（旅游研究前沿书系）. -- ISBN 978-7-5637-4770-2

Ⅰ. F713.55

中国国家版本馆CIP数据核字第2024GB1525号

旅游研究前沿书系

游客情感体验研究：新方法与新路径

李山石　著

策　　划	赖春梅
责任编辑	贾东丽
出版单位	旅游教育出版社
地　　址	北京市朝阳区定福庄南里1号
邮　　编	100024
发行电话	（010）65778403　65728372　65767462（传真）
本社网址	www.tepcb.com
E - mail	tepfx@163.com
排版单位	北京旅教文化传播有限公司
印刷单位	唐山玺诚印务有限公司
经销单位	新华书店
开　　本	710毫米×1000毫米　1/16
印　　张	18.75
字　　数	263千字
版　　次	2024年11月第1版
印　　次	2024年11月第1次印刷
定　　价	68.00元

（图书如有装订差错请与发行部联系）